WEDNESDAY MARTIN

LES PRIMATES DE PARK AVENUE

Traduit de l'anglais (États-Unis)
par Morgane Saysana

10
18

GLOBE

Titre de l'édition originale :
Primates of Park Avenue
(Simon & Schuster, New York)

ISBN 978-2-264-07208-5
Dépôt légal : juin 2018

Pour Blossom et Daphne.
Et pour toutes les mamans.

INTRODUCTION

Parmi les premiers cadeaux que j'ai reçus à la naissance de mon fils aîné figurait un album jeunesse offert par une amie de longue date, qui a deux enfants et habite toujours la petite ville du Michigan où nous avons grandi, elle et moi. Tout en souhaitant la bienvenue à mon fils, ce cadeau soulignait le fait que je résidais désormais à New York, un endroit très différent de celui où nous avions passé notre enfance. *Urban Babies Wear Black* est un livre cartonné pour enfants aux illustrations saugrenues qui énumère avec concision, à la façon d'une mini-conférence de sociologie en cinq minutes, les raisons pour lesquelles les bébés citadins sont à part : cela va de leurs habits (noirs et élégants au lieu de roses ou bleus et tout choupinous) à ce qu'ils ingurgitent (sushis et *caffè latte* Starbucks au lieu de hot-dogs et verres de lait), en passant par leurs loisirs (aller à l'opéra et à des expositions au lieu de jouer au square). Je crois que c'est à moi, et non à mon fils, que l'histoire a le plus plu en fin de compte. Lors de nos premières semaines ensemble, je la lui racontais sans arrêt. Je me suis même surprise à la lire pendant qu'il siestait.

Au bout d'un moment, j'ai percuté : l'intérêt de ce livre tenait à ce qu'il disait des *mamans* de ces bouts de chou. Ces créatures n'étaient évoquées que par touches légères, sous forme de petits accessoires aguicheurs (des chaussures à talons par-ci, une laisse de luxe par-là), tandis qu'elles se promenaient, faisaient leur footing, sautaient dans un taxi, trimbalaient leurs bambins d'une page à l'autre, s'évertuant à élever leurs bébés selon les codes du chic urbain tout en s'y conformant elles-mêmes. Tout en lisant l'histoire à mon fils, j'étudiais dans les moindres détails les manucures et les porte-bébés en fourrure véritable. Qui étaient-elles vraiment, ces femmes glamour et très élégamment mises, affublées de bébés sophistiqués ? Que faisaient-elles dans la vie ? Et comment le faisaient-elles ?

Si j'avais envie de zoomer sur les mamans de ces bébés urbains, c'était pour en apprendre davantage sur mes pairs, ces autres mamans de Manhattan. Moi qui élevais des enfants en Occident, dans le monde industrialisé, j'avais une expérience de la maternité aux antipodes de celle des peuples que j'avais étudiés pendant des années en tant que chercheuse en sciences sociales dont les travaux s'articulaient, entre autres, autour de l'histoire et de la préhistoire évolutionniste de la vie de famille. Les chasseurs-cueilleurs et autres fourrageurs, ayant un mode de vie similaire à celui de nos ancêtres, élèvent leur progéniture de façon communale, au sein d'un réseau social foisonnant de mères, sœurs, nièces et autres congénères de confiance capables de garder – voire d'allaiter – les nourrissons des autres comme s'il s'agissait des leurs. Ma mère a bénéficié d'un semblant de ce système lorsque mes frères et moi étions petits, dans le Michigan : elle comptait dans son voisinage une bonne dizaine d'autres femmes, mères à plein temps, autant de parentes de substitution qu'elle pouvait solliciter pour nous surveiller le temps qu'elle fasse une course ou la sieste, ou tout simplement lorsqu'elle avait désespérément besoin de voir d'autres adultes. Et pendant ce temps-là, nous, nous avions la chance de traîner avec d'autres gamins. Les jardins connectaient les maisons, les mères et les enfants en un réseau basé sur l'altruisme réciproque : si tu m'aides, je t'aide. Si je garde un œil sur tes enfants depuis ma fenêtre aujourd'hui, tu me rendras la pareille demain. Merci pour la farine, je t'apporterai une part ou deux du gâteau une fois qu'il sera cuit.

À l'opposé du spectre, notre vie, à mon bébé new-yorkais et moi, était extrêmement privatisée, malgré notre proximité physique avec tant d'autres de nos semblables. D'ailleurs, à Manhattan, il m'arrivait même rarement ne serait-ce que d'*apercevoir* mes voisins (j'en avais pourtant des centaines), tant leurs vies étaient bien remplies… Tout ce qu'ils faisaient se passait dans des lieux clos – bureaux, appartements, écoles –, à l'abri des regards et du public. Ayant quitté mon groupe natal, vivant désormais loin de mon pays, je n'avais autour de moi aucun parent proche à qui demander de l'aide. Mes parents d'adoption (au sens large) les plus proches étaient un beau-père et une belle-mère âgés, toujours ravis de nous voir, mais pas en mesure de prêter main-forte. Et puisque, aux États-Unis, nous avions opté pour un mode de résidence néolocal – c'est-à-dire que les jeunes couples quittent leurs familles respectives pour former leur propre foyer, une fois mariés –, ils habitaient à une demi-heure de route de chez nous, de toute façon.

De plus, mon mari, comme mon père et tant d'autres pères dans le monde occidental, et en particulier à Manhattan (une ville extraordinairement chère où les actifs rapportant l'argent à la maison subissent une pression incommensurable), a repris le travail une semaine après la naissance du bébé. Pendant quelque temps, nous avons fait appel à une assistante maternelle spécialisée en néonatalité, un élément incontournable lorsqu'on a un bébé à Manhattan. Les autochtones les recrutent par bouche à oreille afin d'acquérir le genre de savoir-faire basique que nos mères ou nos grands-mères nous inculquaient autrefois à propos des nourrissons. Chaque matin, elle arrivait toute fringante pour m'épauler et me faire réviser ce que j'avais appris lors des brefs cours de puériculture dispensés à la maternité ou quand j'avais été baby-sitter, des années plus tôt. En dehors de ces visites et de celles de quelques amies, je passais le plus clair de mon temps seule avec notre nouveau-né, et avec mes doutes quant à mon aptitude à être une bonne mère.

Il faut dire que je vivais un peu en recluse, à cette époque-là. Nous possédions un charmant petit jardin, un vrai bijou, derrière la maison, et j'aimais m'y installer avec le bébé. À part cela, je n'avais pratiquement jamais envie de sortir. Les chauffeurs de taxi kamikazes, la marée humaine trépidante, les marteaux-piqueurs et les klaxons rendaient tout à coup cette ville que je portais dans mon cœur depuis dix ans inhospitalière, voire dangereuse, pour mon fils. Une amie proche, qui avait accouché juste avant moi, avait trouvé tellement invivable la maternité dans une grande ville qu'elle avait fui pour la banlieue. Et je ne m'étais liée d'amitié avec personne au studio de yoga du coin de ma rue, Mommy & Me. Bien qu'aucune d'entre elles ne semblât avoir d'activité professionnelle, les néo-mamans adeptes de la posture du chien tête en bas se dispersaient poliment à peine le cours terminé – sans doute pour aller se cloîtrer dans leurs chez-elles individuels avec leurs bébés rien qu'à elles pour faire leurs trucs rien qu'à elles. Qui donc, me demandais-je souvent, allait m'apprendre à être la maman urbaine d'un bébé urbain ?

*

Née dans le Midwest, j'ai eu une enfance tranquille, plutôt traditionnelle. Avec une bande de mômes du voisinage, nous allions à l'école à pied chaque matin, puis nous jouions à la gamelle et nous musardions dans les jardins des uns et des autres ou dans les bois alentour, sans surveillance, jusqu'en début de soirée. En grandissant, j'ai aussi gardé des petits, le soir en semaine ou le week-end, un premier boulot qui allait de soi pour une grande sœur déjà aguerrie, un passe-temps très populaire parmi les jeunes filles en phase préreproductrice de notre quartier.

S'il y a une chose à retenir de mon environnement, une chose qui allait m'aider à trouver mes marques, c'est la fascination de ma mère pour l'anthropologie et le domaine émergent qu'était alors la sociobiologie. *Adolescence à Samoa*, de Margaret Mead, figurait parmi ses livres de chevet. L'hypothèse de Mead selon laquelle la conception occidentale de l'enfance et de l'adolescence ne serait pas la seule, ni même la bonne, et que les Samoans s'y prenaient mieux que nous scandalisa tout le pays lorsque le livre parut en 1928, puis derechef lors de sa réédition en 1972. Mead, m'expliqua ma mère, était anthropologue. Elle étudiait les peuples de cultures différentes et apprenait qui ils étaient en vivant parmi eux et en faisant ce qu'ils faisaient à leurs côtés. Puis elle couchait sur le papier ce qu'elle avait constaté. Le métier d'anthropologue paraissait incroyablement exotique, glamour et alléchant vu de mon monde où les mères étaient, pour la plupart, au foyer et les pères, médecins ou avocats.

C'était également l'époque de Jane Goodall, une blonde envoûtante qui, avec sa queue-de-cheval, son casque colonial vissé sur la tête et son treillis, devint l'incarnation de la primatologie. Goodall, qui observait et protégeait sa portée de chimpanzés en Tanzanie et amena le monde entier à découvrir leur univers par l'entremise du *National Geographic*, avait à mes yeux l'aura d'une véritable rock star. À table, au dîner, nous parlions de la journée qu'avaient passée ma mère, mon père, de ce que mes frères et moi avions fait à l'école… et de Mary Leakey, une mère de trois enfants qui, en découvrant cigare au bec des fossiles dans les gorges d'Olduvai et à Laetoli, en Tanzanie, avait révolutionné notre conception de la préhistoire humaine.

Lorsque mes jeunes frères se chamaillaient à table, ma mère invoquait les théories de Robert Trivers sur l'investissement parental et la rivalité au sein des fratries. Lorsqu'ils étaient sages, elle parlait de sélection de parentèle et d'altruisme. N'était-il pas étrange, estima-t-elle un jour tout haut devant moi – je devais avoir environ dix ans –, de se dire que, si jamais une voiture menaçait de me renverser et qu'elle (ma mère) m'ôtait subitement de sa trajectoire, elle le ferait pour me protéger, certes, mais aussi pour protéger ses propres gènes ?

Cette conception pragmatique (quoiqu'un peu simpliste, datant des années 1975) de la sociologie de la maternité, cette théorie tout à fait novatrice sur les rapports entre parents et enfants, éveilla mon intérêt. En parallèle, la bibliothèque de ma mère (où Mead jouxtait les ouvrages de Colin Turnbull sur les

Iks d'Ouganda et les Pygmées Mbuti du Zaïre, Betty Friedan, le « rapport Hite », *Printemps silencieux* et des piles vertigineuses du *National History Magazine*) a sans doute joué un rôle non négligeable dans mon orientation vers des études d'anthropologie biologique et culturelle centrées sur la condition féminine. J'étais fascinée au plus haut point par les notions de toilettage, d'amitié et par les luttes de domination au sein des différentes espèces de babouins. Ou par la bizarrerie de certains mondes à l'intérieur d'autres mondes, comme le microcosme des sororités et des fraternités « grecques » du campus de mon université, dont les semaines d'intégration sont rythmées par des rituels chorégraphiés que les membres respectent à la lettre, étant tous animés par des loyautés et des rivalités acharnées. J'étudiais les singes de l'Ancien Monde et du Nouveau Monde, je comparais les tailles du cerveau d'*Homo habilis* et d'*Homo ergaster*, et j'écrivais sur les similitudes entre les filles qui faisaient partie de sororités et les grands singes.

À vingt ans et quelques, ma soif d'aventure me poussa à m'installer à New York pour y suivre un doctorat en études culturelles et littérature comparée. Manhattan me transforma en profondeur, modifiant mes aspirations (mon doctorat en poche, je décidai que je n'avais plus envie de devenir universitaire, finalement), mon rapport à la mode (l'intérêt que je vouais depuis toujours aux fringues devint une véritable fixation, stimulée que j'étais dans cette ville où les femmes sont superbes et toujours superbement apprêtées) et même mon identité au niveau cellulaire (l'excitation pure provoquée par le fait de vivre dans une grande ville modifia mon taux de cortisol et mon métabolisme, faisant de moi un cliché vivant de la Manhattanite filiforme et insomniaque). Débordant d'énergie, j'écrivais et faisais du suivi éditorial pour des magazines, et je dispensais quelques cours dans ma discipline pour payer mon loyer.

À trente ans bien tassés, ayant repoussé l'échéance du mariage et de la reproduction, comme il est de coutume chez les femmes des métropoles prospères ayant un niveau d'éducation élevé, j'épousai un autochtone plutôt caustique profondément enraciné dans cette ville, sur le plan professionnel et sentimental. Il était né et avait grandi ici, fait aussi exotique à mes yeux que s'il avait été originaire de, mettons, Tahiti. Ou des Samoa. Sa connaissance affûtée de la ville et de son histoire lui donnait un air de Schtroumpf à lunettes tout à fait charmant, et avec lui le moindre coin de rue, bâtiment ou quartier était prétexte à l'anecdote personnelle. Si j'avais quelques réticences quant à l'idée de faire ma vie à New York, il les dissipa d'emblée grâce à son amour pour cette ville. Ses parents, son frère et sa belle-sœur habitaient sur place, et le week-end il avait la garde de ses filles adolescentes, issues de son précédent mariage ; tout cela avait quelque chose de très tentant. Ses proches m'offraient une sorte de famille douillette clés en main, à moi dont la famille était si loin.

De plus, New York présentait l'avantage d'être un des rares endroits où une rédactrice comme moi pouvait prospérer en s'immisçant dans des niches écologiques aussi variées que la publicité, l'édition et l'enseignement. Pullulante et pleine de vie, cette métropole me faisait penser à une forêt tropicale, seul habitat capable de supporter des variations aussi extrêmes entre différentes formes de vie. À un moment, j'ai vécu dans un quartier indien adjacent à un quartier péruvien, avant de m'installer non loin d'une enclave baptisée Little Sweden, la Petite Suède. Mon mari, lui, refusait de déménager, ce qui ne me posait aucun souci. Nous nous sommes établis à Manhattan et, six mois après notre mariage, j'étais enceinte. Pas une seule seconde nous n'avons envisagé de quitter New York. Mon mari y avait grandi, après tout ; quant à moi, je m'étais donné la peine de migrer jusqu'à Manhattan depuis le Michigan, et il m'aurait fallu retraverser la moitié du pays pour rentrer à la maison. Pourquoi ce décor ne conviendrait-il pas à notre progéniture ? Ainsi, notre moment de découverte – « On va avoir un bébé ! » – fut bien plus qu'une simple joie personnelle. Il marqua également le début de quelque chose qui dépassait le cadre de ma petite personne, de mon mariage, de mon environnement socioprofessionnel ou de mon ressenti quant au rôle de mère. Il marqua une transition, même si je n'en pris conscience qu'*a posteriori* : celle de mon initiation à un monde tout à fait nouveau – la maternité à Manhattan.

*

Ce livre, qui relate mes découvertes à partir du moment où j'ai érigé en expérience académique mon observation de la maternité à Manhattan, dépasse la fiction. C'est le récit, vu de l'intérieur, d'un monde au sein d'un autre monde, d'un microcosme – et je pèse mes mots. Nous avons emménagé dans l'Upper East Side juste après les attentats du 11-Septembre, mus par une envie impérieuse de nous éloigner de cette tragédie et de nous rapprocher de la famille de mon mari. Cette dernière raison nous paraissait cruciale à présent que nous avions un enfant. Nous aspirions, en ces temps où le monde semblait si dangereux et notre île si vulnérable, à nous octroyer à tous trois le confort que procure une bande de parents aimants et soudés. Ça, ce serait du gâteau. Ce qui m'inquiétait davantage, c'étaient les autres mamans, dont il me faudrait apprendre les us et coutumes pour m'intégrer.

Nous avons fini par nous installer sur Park Avenue, au-dessus de la 70e Rue. Depuis mon camp de base, je suis allée à des sessions Mommy & Me, j'ai inscrit mon fils à des cours de musique très sélects, je me suis crêpé le chignon avec des nounous, j'ai pris des cafés avec d'autres mamans, j'ai passé des « auditions » afin de trouver une école pour mon premier fils, puis pour son petit frère.

Ce faisant, j'ai appris que le monde de la maternité était une autre île au sein de l'île de Manhattan, et que les mères de l'Upper East Side étaient une tribu à part. Elles vivaient dans une sorte de société secrète régie par des règles, des rituels, des uniformes et des modèles migratoires qui m'étaient totalement inconnus, et sous-tendue par des croyances, des ambitions et des pratiques culturelles dont jamais je n'aurais soupçonné l'existence.

Devenir une maman de l'Upper East Side, jour après jour, interaction après interaction, au fil des virées à l'aire de jeux, ne fut pas une mince affaire et c'est avec appréhension que je me suis lancée dans l'aventure. Dans le quartier richissime où nous avons atterri, le statut social primait tout le reste, et les mamans que je croisais, l'air suffisant, tirées à quatre épingles, étaient à des années-lumière de moi et m'intimidaient. Mais, comme un primate de haut rang et comme les humains partout à travers le monde, j'avais envie de me fondre dans le décor, pour mon propre bien et, plus encore, pour celui de mon fils, puis, ensuite, pour celui de son petit frère.

Mes études de littérature et d'anthropologie m'avaient bien inculqué que, sans le sentiment d'appartenance et sans l'appartenance effective à une communauté, nous, les grands singes, sommes perdus. Si, en littérature et dans la vraie vie, les laissés-pour-compte peuvent faire des anti-héros fort intéressants qu'il nous prend l'envie d'aider, en règle générale ils sont bien malheureux. D'Ulysse à la Daisy Miller excentrique de Henry James, en passant par Huckleberry Finn, la Hester Prynne de *La Lettre écarlate*, les figures d'Isabel Archer ou de la Lily Bart d'Edith Wharton, ceux que la société laisse sur la touche, les parias, et à plus forte raison ceux de sexe féminin, ne sont pas bien lotis. Sans la protection ni le soutien d'un réseau, ils meurent au sens figuré et parfois au sens propre, non seulement dans les livres mais aussi au sein de la société et du monde sauvage, comme les biologistes de terrain l'ont abondamment démontré dans leurs ouvrages. Et il n'est créature plus exposée au danger qu'une primate femelle avec son nouveau-né tentant de rejoindre un nouveau groupe. D'après les primatologues, les mères chimpanzés qui cherchent à s'intégrer dans un groupe d'inconnus sont très souvent victimes de harcèlement et de violences physiques terribles. Celles-ci sont perpétrées par les femelles déjà établies au sein de la communauté ; il arrive parfois que leurs petits et elles soient tués par ces mêmes pairs auprès desquels elles avaient cherché à s'assimiler.

Bien sûr, personne n'essayait de me sauter à la gorge lorsque je m'évertuais à faire mon trou dans l'Upper East Side – enfin, en tout cas pas au sens propre. Mais réussir à percer et à me faire accepter n'en paraissait pas moins crucial et même urgent. Qui a envie de rester sur la touche ? Qui n'a pas envie d'avoir quelques amies pour boire un café après avoir déposé les enfants à la crèche ou à l'école ? Qui n'a pas envie que ses enfants aient des copains avec qui jouer le mercredi ou le week-end ? Ma belle-famille et mon mari m'aidèrent tout au long du processus, m'indiquant les bonnes épiceries, m'expliquant les règles byzantines des galas, des bar- et bat-mitsvah incroyablement chics, des salons, des syndicats de copropriété, entre autres rites, us et coutumes spécifiques à notre nouveau quartier d'adoption. Mais, pour moi, la culture propre aux mamans de l'Upper East Side constituait un véritable phénomène en soi, et j'allais devoir en résoudre l'énigme toute seule comme une grande, puisque j'étais une maman aspirant à jouer le jeu – et ayant besoin de le faire. Oui, j'avais fait maintes excursions dans ce quartier depuis que j'habitais à New York. Je le savais très lisse, friqué et favorisé. Je savais qu'ici on n'était pas du genre à dissimuler sa richesse. Et que l'uniforme, la philosophie et l'*ethos* différaient de ceux en vigueur *downtown*, au sud de Manhattan. Si je n'avais pas eu d'enfants, je n'aurais sans doute pas prêté attention à ce monde parallèle où des parents privilégiés élèvent des enfants privilégiés. En revanche, puisque j'étais mère, me familiariser avec cette bulle me semblait plus qu'obligatoire : je me sentais contrainte de la comprendre, de l'infiltrer et de percer ses codes culturels. Apprendre à connaître les mamans qui évoluaient autour de moi, apprendre à faire à leur façon, devenir une maman de l'Upper East Side se révéla un voyage si singulier, si surprenant, que rien de ce que j'avais vécu ou étudié auparavant (ni les rites initiatiques massaïs consistant à sauter de vache en vache ou à boire du sang, ni les combats à la hache des Yanomamis en Amazonie, ni les cérémonies très ritualisées et dignes de véritables bacchanales observées par les sororités dans une école de la Big Ten[1]) n'aurait pu rivaliser avec cette expérience, ni même m'y préparer.

La vie d'un enfant dans l'Upper East Side passe pour exceptionnelle aux yeux du commun des mortels. Elle est jalonnée de chauffeurs, de nounous et de trajets en hélicoptère jusqu'aux Hamptons. De cours de musique (et attention à choisir le bon !) pour bambins de deux ans, de tuteurs qui aident les petits bouts de trois ans à préparer leur examen et leur test d'admission à la maternelle, de consultants en « activités ludiques » pour ceux de quatre ans qui ne savent plus jouer parce qu'ils n'ont pas le temps de s'amuser tant ils doivent suivre de « cours extrascolaires » (français, mandarin, ateliers « Little Learners[2] », cours de cuisine, leçons de golf, de tennis et de chant) après la maternelle. De conseillers vestimentaires qui aident les mamans à acheter les habits appropriés pour aller déposer puis récupérer les enfants à l'école. De talons aiguilles chancelants, de fourrures J. Mendel et Tom Ford à vous couper le souffle pour parader au pied de toboggans et lors de fêtes d'anniversaire à cinq mille dollars données dans des appartements si spacieux et hauts de plafond qu'on peut y monter des châteaux gonflables – et pas des miniatures.

Si la vie d'un enfant est exceptionnelle ici-bas, celle d'une mère est plus qu'étrange. J'ai appris sur

1. Liste des quatorze universités du Middle West en lice dans quatorze sports différents de la NCAA (National Collegiate Athletic Association). *(Toutes les notes sont de la traductrice.)*

2. Concept de centre de loisirs et garderie pour enfants de 0 à 12 ans implantés un peu partout dans le monde anglophone.

le tas à reconnaître les *must have* qui balisent la vie des femmes privilégiées et parfaites parmi lesquelles je vivais. Comme j'allais le découvrir, elles forgent leur identité *via* des rites de passage cruels et propres à l'Upper East Side : les entretiens des syndicats de copropriété, les politiques d'éviction appliquées par les écoles ; les cours de fitness Physique 57 et SoulCycle, auxquels les femmes fortunées, très diplômées, souvent sans emploi que j'en suis venue à envisager comme des geishas de Manhattan, vouent un vrai culte, car ils leur permettent de canaliser toutes leurs ambitions professionnelles en les transférant sur la recherche du corps parfait. Il y a des quêtes obsessionnelles visant à traquer des objets de luxe quasi introuvables (j'en veux pour preuve la mienne propre, après mon « indigénisation », en vue de me procurer un sac à main Birkin Hermès) et des échanges de renseignements frisant le délit d'initié pour, par exemple, louer sous le manteau les services d'un guide Disney nanti d'un pass pour handicapé faisant office de coupe-file. L'identité d'une maman de l'Upper East Side se tisse aussi à travers les relations tendues et compliquées qu'elle entretient avec les femmes qu'elle emploie pour l'aider à élever ses enfants et à tenir sa (ou ses) maison(s). Découvrir ce qu'était la maternité dans ce quartier, à l'ouest de Lexington Avenue, vivre et apprendre au côté de ces mamans m'a ouvert les portes d'un monde à part entière qui m'a titillée, fascinée, instruite et parfois atterrée.

Les femmes qui m'ont appris à être une maman de l'Upper East Side se montraient parfois impitoyables quand il s'agissait de promouvoir leur progéniture ou leur propre personne. Elles étaient aimantes avec leurs enfants, ça ne faisait aucun doute, mais c'étaient aussi des femmes d'affaires de grand lignage prêtes à tout pour réussir, et donc pour que les leurs réussissent. Par exemple, aucune d'entre elles n'admettrait avoir fait suivre à son enfant de trois ans des cours de préparation à cet examen d'entrée à la maternelle délivré par l'ERB (Educational Records Bureau), pas même à sa meilleure amie. Et pourtant, toutes s'y pliaient, trouvant les tuteurs par bouche à oreille, déboursant parfois jusqu'à plusieurs milliers de dollars à cet effet, mues à parts égales par l'amour, la peur et une ambition pas larmoyante pour un sou. Et combien faisaient des pieds et des mains pour que leurs enfants jouent avec la « progéniture alpha » des riches et puissants, dans l'espoir de gravir ainsi quelques échelons dans la hiérarchie invisible mais ubiquitaire et solidement ancrée qui régit la vie ici-bas, fuyant comme la peste les enfants issus de parents « de rang inférieur ».

Je constatais avec stupeur que, pour ces femmes de mon entourage, les enfants n'étaient qu'un moyen supplémentaire de « mener grand train », des sortes de babioles de luxe plutôt que des bébés, des êtres à qui il fallait acheter les bons articles, faire prodiguer les conseils de la crème des experts, procurer les meilleurs et les plus sains des aliments, et payer un tuteur pour s'assurer qu'ils seraient admis dans les établissements scolaires les plus prestigieux. Je ne vous cache pas que, parfois, cette aventure suscita chez moi un certain cynisme.

Le revers de la médaille pour ces femmes dévorées d'ambition et débordant d'agressivité, c'est, selon moi, une anxiété incroyable. Devoir faire tout parfaitement, être une mère parfaite, une femme en parfaite forme physique, toujours vêtue de la tenue parfaite, sexy en toutes circonstances, semble en stresser plus d'une jusqu'au point de rupture. Pour remédier à cela, elles ont recours à l'alcool, aux médicaments, à des escapades en jet privé avec les copines, direction Las Vegas, Saint-Barth et Paris, à des cours de gym qu'elles consomment de façon compulsive, à un soin tout aussi obsessionnel pour leur santé (le vélo stationnaire, les bouillons d'os et les jus crus, bio, pressés à froid, étaient très en vogue), à des séances de shopping atteignant des sommes astronomiques (ces femmes utilisent couramment le néologisme « prévente » et ne voient rien d'exceptionnel à claquer en un jour dix mille dollars chez Bergdorf Goodman ou Barneys), à des déjeuners brushing ou spa avec leurs copines tout aussi anxieuses, voire parfois avec des « amies » envieuses qui les haïssent en secret.

À l'origine, mon objectif était de m'assimiler tout en restant à bonne distance du stress, de la folie et de la compétitivité inhérents à la culture des mamans de l'Upper East Side. Mon bagage en sciences sociales et en anthropologie, mon expérience de chercheuse m'aideraient, me disais-je, à conserver un certain équilibre mental et un certain ancrage, le temps de nous intégrer, mes enfants et moi, dans un monde qui m'apparaissait souvent inhospitalier. Or, comme nombre d'anthropologues à travers le monde, je finis par « m'indigéniser », terme employé pour décrire ce basculement qui s'opère chez la chercheuse troquant peu à peu l'objectivité contre l'identification à ses sujets d'étude, franchissant ainsi la frontière entre comprendre et carrément « devenir » ceux qu'elle observe. Mes connexions avec mes amies *downtown*, le sud de Manhattan, s'étiolant à mesure que je me consacrais à mon travail, à mon rôle de mère et à cultiver des amitiés *uptown*, le nord de Manhattan, je me mis lentement mais sûrement, sans même m'en rendre compte, à m'habiller et à me comporter de plus en plus comme les femmes parmi lesquelles j'évoluais, et à aligner mes préoccupations sur les leurs. Leur monde m'était à la fois, et à proportions égales, étranger, séduisant et aliénant, mais je sentais avec une intensité étonnante que je devais trouver ma place parmi elles.

Heureusement, je finis par me faire des amies au sein de la tribu très confidentielle des jeunes mamans que je croisais. Nouer et entretenir une amitié profonde et enrichissante n'est pas chose aisée dans un environnement social régi par une hiérarchie très rigide où la lutte pour défendre son pré carré, la compétition, le manque de confiance généralisé et le stress sont de mise. Les rituels, les règles et coutumes de cette tribu m'étaient pour la plupart étrangers, voire me rebutaient. Tout comme l'indifférence et les airs de supériorité auxquels je me suis tout d'abord heurtée. Ces caractéristiques font de ces femmes des êtres à part, mais j'ai appris qu'elles avaient beaucoup en commun avec toutes les autres mères de New York et du monde entier. Dans l'adversité, il n'est pas rare qu'elles resserrent les liens et s'épaulent les unes les autres par des biais inattendus et extraordinaires. L'impératif universel et vieux comme le monde qui enjoint à notre espèce et à tant d'autres primates de coopérer nourrit, conditionne et définit les amitiés entre femmes et les codes de la maternité aux quatre coins de la planète. Même dans un environnement aussi lisse, hypercompétitif et ultra-argenté que l'Upper East Side.

Ce qui m'a paru (et me paraît toujours) exceptionnel chez ces amies dont il est question ici, c'est la générosité et la promptitude avec lesquelles elles ont traduit pour moi ce monde dont elles maîtrisaient les codes, l'enthousiasme avec lequel elles m'ont transmis des informations éclairantes à propos de leur univers, le regard ironique qu'elles portaient sur leur existence et celle de leurs congénères. Et leur sens de l'humour. « De toute façon, la fille qui n'a pas capté à quel point nos vies sont ridicules et *too much*, que tout ça est à la fois dingue et risible, je n'ai aucune envie de l'avoir comme amie, vois-tu », me répondit une mère que je venais, en plaisantant mais seulement à moitié, de mettre en garde quant au fait que, une fois mon livre publié, traîner avec moi pourrait lui attirer des ennuis. J'avais peur d'écrire ce livre. Cette femme et d'autres ont dissipé mes craintes en me montrant que même dans les contextes les plus étranges, les plus rebutants, même au sein de mondes qui nous semblent tout à fait singuliers, on trouve toujours une bonne dose de normalité, que même dans des climats en apparence hostiles, inhospitaliers, la chaleur et la gentillesse bien réelles vous offrent toujours de quoi vous réjouir.

Ces années passées à les étudier et à vivre parmi elles en tant que chercheuse en sciences sociales m'auront appris que les mères de l'Upper East Side souhaitent exactement la même chose à leurs enfants que toute mère partout ailleurs : qu'ils soient en bonne santé et heureux, qu'ils se sentent aimés, qu'ils s'épanouissent, et qu'un jour ils accomplissent quelque chose de bien dans la vie. Mais les similitudes s'arrêtent là. À moins d'avoir grandi à Manhattan – et encore… –, rien de ce qui a trait à la maternité dans ce quartier ne semble naturel. Et, par extension, à moins d'avoir soi-même été élevé par une maman de l'Upper East Side, rien de ce qui a trait à la maternité ici ne semble logique, simple, ou même sensé. Comme je l'ai compris en essuyant de nombreux revers, les mères de l'Upper East Side ne viennent pas à la vie lorsque leurs enfants voient le jour.

Elles sont fabriquées. Voici le récit de ma fabrication et de ma re-fabrication, qui, à de nombreuses reprises, m'ont plutôt fait l'effet d'une suffocation. Voici l'analyse d'une petite tranche de vie, celle d'une jeune maman sur une île minuscule, doublée d'une réflexion sur les résonances qu'elle pourrait trouver chez toutes les autres.

1

Comme il faut[1]

NOTES DE TERRAIN

Environnement et écologie

L'île, une masse terrestre retranchée sur les plans géographique, culturel et politique, est approximativement sept fois plus longue que large. Le climat y est tempéré, marqué par des hivers relativement rigoureux et des étés extrêmement chauds et humides qui, depuis quelques années, confinent à des conditions tropicales, conséquence, entre autres, de deux siècles de déforestation et d'activité industrielle intenses. La latitude de l'île est 40°47′00″ Nord et sa longitude, 73°57′58″ Ouest.

Sur l'île, le relâchement des pressions de compétition interspécifique est total, et les habitants sont bien lotis : les ressources en nourriture et eau sont abondantes et faciles à se procurer ; les maladies sont quasi inexistantes ; il n'y a aucune prédation. Vivant dans une niche caractérisée par une abondance absolument inédite, peu exposés à l'adversité, les insulaires les plus fortunés sont

1. En français dans le texte, ainsi que tous les mots en italiques suivis d'un astérisque.

en mesure d'investir massivement dans leur progéniture et d'inventer des codes sociaux et des rites complexes dont l'observance requiert énormément de temps, de travail et de ressources.

Malgré l'abondance extraordinaire en termes de nourriture, d'eau et autres ressources sur toute la superficie de l'île, on observe une très nette pauvreté dans certains secteurs. Certains comportements des insulaires les plus riches faisant l'objet de cet ouvrage peuvent sembler étranges, et nous verrons que cela est, en partie, à mettre sur le compte des grandes disparités de revenus, des rôles et attitudes traditionnellement codifiés quant au travail et à l'éducation des enfants, qui conditionnent les sujets.

Habitat des insulaires

Les habitants de l'île vivent principalement à la verticale, leurs logements sont directement empilés les uns sur les autres dans des structures en pierre finement polie. Vivre dans ces « villages à la verticale » permet aux habitants d'optimiser l'espace physique, commodité rare et précieuse sur leur île minuscule et incroyablement peuplée. Dans certains endroits, en particulier ceux où résident les insulaires les plus riches, ces villages à la verticale sont très difficiles d'accès et chapeautés par un « conseil des anciens » très secret triant sur le volet les habitants. Chercher une habitation est une des tâches les plus laborieuses incombant aux femelles de la tribu que j'ai étudiée, et elle est, en général, accomplie par les primipares. Des « chamanes du logement » assistent ces femmes dans leur quête pour un foyer – qui est aussi une quête d'identité. Les chamanes leur prodiguent expertise, conseils et soutien moral tout au long de cette démarche initiatique onéreuse, méticuleuse et interminable.

Origines géographiques des insulaires

Les insulaires sont d'origines géographiques diverses. Une fois arrivés à maturité sexuelle, nombre d'entre eux ont quitté leurs groupes natals situés dans des villages lointains, plus petits, voire ruraux, pour émigrer vers l'île et augmenter ainsi leurs chances de réussite aux plans professionnel, sexuel et marital. D'autres sont indigènes ; ils jouissent d'un statut plus élevé que les non-autochtones, surtout s'ils ont grandi dans certains secteurs de l'île et s'ils ont fréquenté certaines « huttes d'apprentissage » précises.

Croyances des insulaires, croyances à propos des insulaires

Qu'ils soient autochtones ou immigrés, les insulaires sont perçus par les non-insulaires, par les innombrables visiteurs et par leurs compatriotes comme des individus dédaigneux ayant une haute opinion d'eux-mêmes et de leur île. Leur brusquerie, leur aisance intellectuelle, leurs rites d'embellissement et d'apparat époustouflants, leur sagacité pour le commerce, le marchandage et la négociation sont bien connus à travers le pays. Leurs activités professionnelles étant de plus en plus orientées vers des notions invisibles et abstraites, le sentiment qu'ils possèdent un savoir bien à eux et même des pouvoirs « magiques » s'en voit renforcé. Les périples et pérégrinations de ceux qui s'installent sur l'île et se démènent pour y percer tiennent de la légende, au sens propre : il existe une tradition aussi bien orale qu'écrite très fournie sur l'esprit unique et, paraît-il, indomptable des personnes qui parviennent à y « faire leur trou ». Une fois qu'elles se sont établies sur l'île, on les dit capables de « faire leur trou n'importe où ».

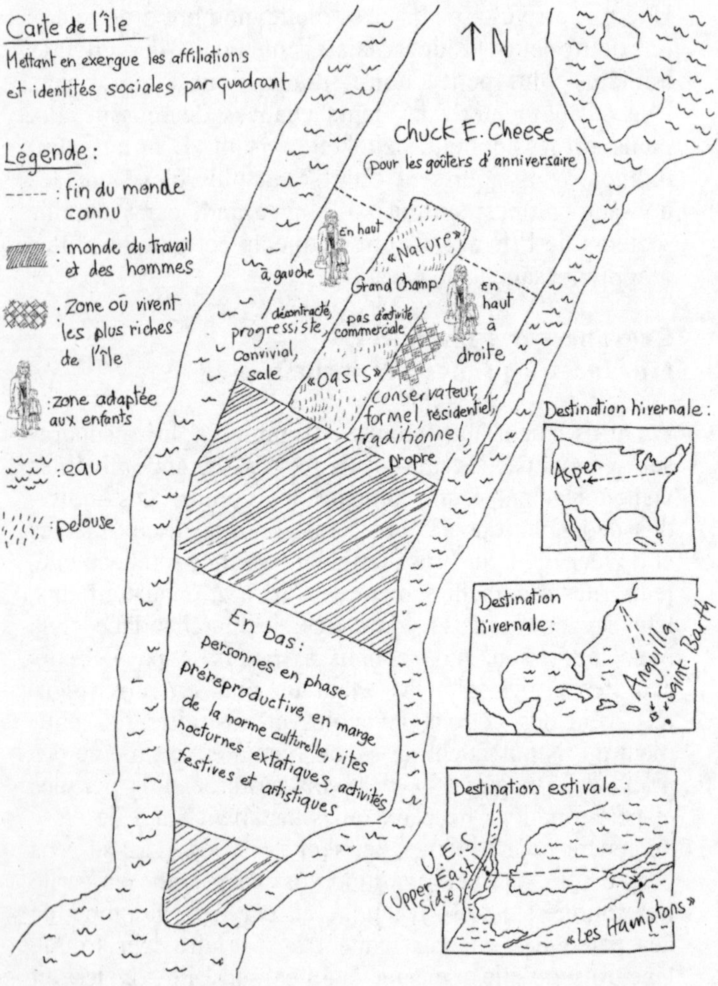

Carte de l'île
Mettant en exergue les affiliations et identités sociales par quadrant
Légende :
: fin du monde connu
: monde du travail et des hommes
: Zone où vivent les plus riches de l'île
: zone adaptée aux enfants
: eau
: pelouse
↑N
Chuck E. Cheese
(pour les goûters d'anniversaire)
En haut
à gauche
«Nature»
Grand Champ
en haut à droite
décontracté, progressiste, convivial, sale
pas d'activité commerciale
«oasis»
conservateur, formel, résidentiel, traditionnel, propre
En bas :
personnes en phase préreproductive, en marge de la norme culturelle, rites nocturnes extatiques, activités festives et artistiques
Destination hivernale :
Asper
Destination hivernale :
Anguilla, Saint Barth
Destination estivale :
U.E.S. (Upper East Side)
«Les Hamptons»

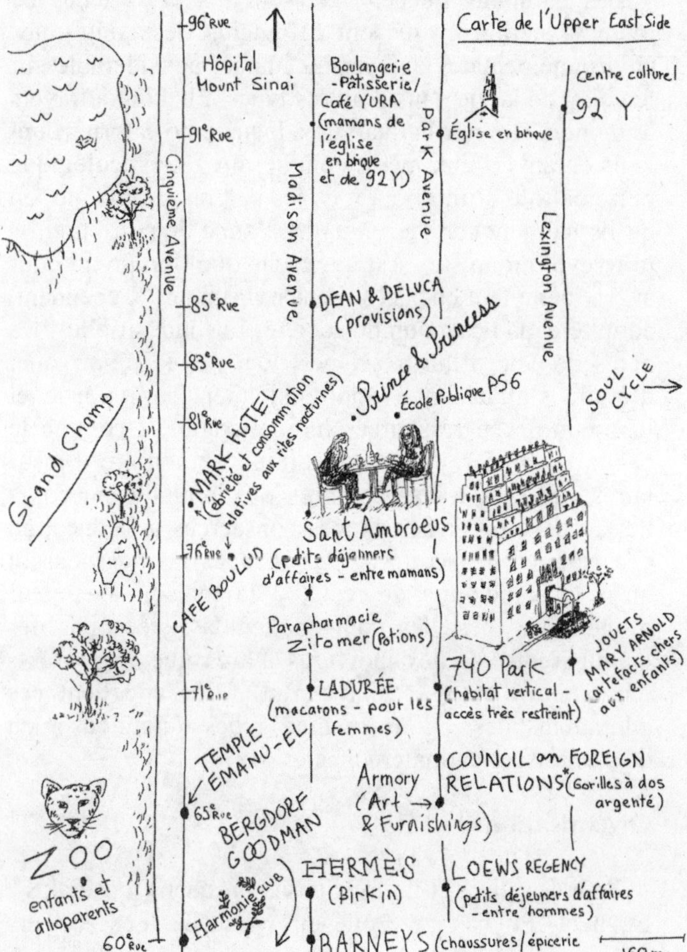

* « Think tank » non partisan américain ayant pour but d'analyser la politique étrangère des États-Unis et la situation politique mondiale

Acquisition et distribution des ressources

Les habitants de cette île sont les plus riches de toute la nation et se sont affranchis des contraintes environnementales qui ont un impact considérable sur le cours de la vie dans d'autres types d'habitat à travers le monde. Obtenir la quantité adéquate de calories dont leurs enfants et eux-mêmes ont besoin – défi écologique principal qui s'impose à tous les parents du monde, où qu'ils habitent sur Terre, depuis l'aube de notre préhistoire évolutionniste – est une tâche que l'on prend pour argent comptant chez ces îliens richissimes. Cependant, comme dans beaucoup de sociétés postindustrielles, les pères de cette tribu très typée dont j'ai fait mon sujet d'étude s'attachent à approvisionner leur épouse et leur famille en ressources moins tangibles, comme le capital financier, social et culturel. Si nombre d'insulaires femelles travaillent hors du domicile, au cours de la gestation et des années consacrées à l'éducation des enfants, beaucoup de ces îliennes nanties pensent qu'il leur incombe de rester à la maison avec leur progéniture, où elles sont souvent assistées par des « alloparents » : des individus autres que les parents qui s'octroient un rôle parental. Elles appellent ces alloparents des « gouvernantes », des « nounous » ou des « assistantes maternelles ».

Organisation de l'île

Pour les îliens, l'île est divisée en quatre quadrants : En haut, En bas, À droite et À gauche. Les secteurs « Up » (« En haut ») et « Down » (« En bas ») sont perçus comme très différents, « Up » étant plus propice à l'éducation des jeunes enfants alors que « Down » est avant tout assimilé à un lieu où les personnes en phase préreproductrice, hors normes d'un point de vue culturel, peuvent s'encanailler et s'adonner à des rites nocturnes extatiques. Les îliens découpent aussi leur île en deux hémisphères : le gauche et le droit. À l'instar d'« En haut » et « En bas », les zones appelées « À gauche » et « À droite » sont vues comme très différentes (voire diamétralement opposées) sur de nombreux points. La zone « À gauche » est réputée plus décontractée, plus progressiste, par contraste avec la formalité et le conservatisme qu'on associe à la zone « À droite ».

Aux yeux des îliens, En haut/En bas et À gauche/À droite sont plus que de simples indications ou des coordonnées géographiques ; ces oppositions tenaces et profondément ancrées dans le ressenti et le quotidien de chaque habitant forgent leur identité. Les sous-tribus sont définies par le quadrant où elles vivent : *Right Siders*, *Left Siders*, *Updwellers*, *Downdwellers*. Les habitants de cette île sont pour la plupart indifférents à ceux des régions adjacentes de l'archipel ; ils s'y rendent rarement et n'y font même quasiment jamais allusion. Pour atteindre d'autres parties de leur territoire et d'autres îles de l'archipel, il faut utiliser un système de transports publics complexe, posséder la connaissance des meilleurs itinéraires et payer une taxe, ce qui renforce non seulement la xénophobie intense des îliens mais aussi leur isolement géographique (au sens propre).

Affiliation à un quadrant et construction de l'identité sociale

Beaucoup d'insulaires disent ressentir une certaine appréhension et sont sujets à l'anxiété et à la détresse quand ils quittent leur quadrant pour se rendre dans un autre secteur de leur petite île, et considèrent ce genre de transitions comme fastidieuses, chronophages, difficiles et même de mauvais augure. Par superstition, certains organisent leur vie et leurs rendez-vous (avec leurs chamanes en médecine, en finances et en puériculture) de façon à ne devoir quitter que très rarement leur périmètre familier. L'identité liée au quadrant influe également sur des us tels que l'habillement et l'apparat, l'éducation des enfants et les flux migratoires saisonniers volontaires (les habitants des zones occidentales de l'île auront davantage tendance à passer leurs vacances estivales dans des massifs montagneux, tandis que les résidents de la zone orientale, et en particulier ceux de la zone En haut À droite ont une nette préférence pour une destination océanique réservée à l'élite. À chaque zone de l'île correspondent quelques destinations hivernales sous des latitudes plus chaudes).

Sur toute l'île, il est largement admis que deux zones sont plus adaptées à la vie de famille et à l'éducation des enfants. Ces deux zones, *Up Right* et *Up Left*, flanquent le gigantesque et bien nommé « Grand Champ », une étendue de verdure fétichisée dont la proximité est hautement prisée. Cet attachement vient peut-être de l'histoire et de la préhistoire des insulaires ; en tant qu'habitants de la savane habitués à se réfugier dans les arbres, puis en tant que propriétaires agraires devant être à l'affût d'intrus aux intentions hostiles, il est possible qu'ils affectionnent particulièrement ce genre d'environnement car ils sont rassurés par la vue dégagée que leur procure une hauteur où ils se sentent en sécurité. Ainsi, un logement avec vue sur Grand Champ sera très recherché et onéreux, car il assoit et renforce le statut social. Grand Champ est également considéré comme idéal pour les enfants, qui y jouent sous la surveillance de leurs professeurs, de leurs parents et, le plus souvent, de leurs alloparents. Il est strictement interdit d'y implanter quelque industrie que ce soit. Les activités commerciales y sont quasi inexistantes. C'est une zone sacrée à laquelle on reconnaît des vertus tonifiantes, notamment pour la santé. Ceux qui vivent le plus près de Grand Champ dans le quadrant En haut À droite, secteur aussi appelé l'*Upper East Side*, sont les plus riches de l'île et obéissent à des coutumes tribales, des rituels et des croyances parmi les plus surprenants, les plus profondément ancrés et les plus étranges à observer. Ces habitants constituent le sujet de notre étude.

Nous avions décidé de nous installer dans le nord de Manhattan, *uptown*, afin d'offrir une « meilleure enfance » à notre fils. Là-haut, il y a quand même Central Park, une sorte d'oasis enclavée entre l'Upper East Side et l'Upper West Side, et une ribambelle de bonnes écoles, privées comme publiques. À l'époque, on y trouvait aussi des services quasi inexistants au sud de Manhattan : des restaurants aménagés pour les petits, des magasins de vêtements pour enfants et des coiffeurs chez qui votre bambin peut se faire couper les cheveux tout en regardant un épisode des Wiggles, calé dans un fauteuil en forme de camion de pompier. Nous espérions trouver un semblant de répit en nous éloignant des stigmates omniprésents du 11-Septembre qui marquaient toujours le sud de Manhattan (la qualité médiocre de l'air dans les bâtiments, l'anxiété permanente, le chagrin palpable) près d'un an après la tragédie. Nous voulions avoir accès à des aires de jeux et à un quartier familial, non loin d'une excellente école publique. Et nous voulions nous rapprocher des parents de mon mari ainsi que de la famille de son frère, un réseau de cousins aimants et d'adultes qui nous prêteraient main-forte lorsque nous serions en manque de sommeil, aux prises avec une poussée dentaire ou des crises de colère. Puisque nous étions résolus à rester à Manhattan, une seule option s'offrait à nous : l'Upper East Side.

Chaque fois que je disais à mes amis du sud de Manhattan que nous envisagions de nous installer dans le nord, *uptown*, ils me regardaient comme si je venais de leur annoncer, des étoiles plein les yeux, que je m'apprêtais à rejoindre une secte. « *Downtown*, au moins, une femme faire-valoir a des lunettes, un doctorat en poche et ses propres activités associatives », me fit observer le mari d'une amie un soir que nous en discutions autour d'un verre. Inutile de préciser – nous le savions tous – qu'une femme faire-valoir de l'Upper East Side avait les cheveux blonds et les seins refaits. Et qu'elle restait à la maison avec les enfants. Et les domestiques. C'était vrai, non ? Je n'en savais trop rien. Il y avait des années que je ne m'étais pas aventurée plus haut que la 23e Rue Ouest, sauf pour rendre visite à ma belle-famille ou, de temps à autre, pour une virée au musée. Lors de ces incursions, l'aspect verni, poli et bien lustré des gens, des boutiques, de la moindre surface, du moindre équipement et du moindre petit bout de laiton ne m'avait pas échappé. Mais les mamans ne m'avaient pas marquée. En fait, je ne connaissais pas vraiment de maman de l'Upper East Side. Comment tout cela allait-il se passer ? Comment seraient-elles, ces femmes ? « Surtout, prévois un budget manteau de fourrure », commenta mon amie, caustique. J'éclatai de rire, mais mon mari, lui, faillit s'étouffer avec une noix de cajou. La manne de clichés à propos des différences entre *uptown* et *downtown* semblait inépuisable, et j'étais curieuse de voir tout cela de mes propres yeux afin de démêler le vrai du faux.

Avant tout, il fallait que je nous trouve un logement. Et je dis bien *je*, car mon mari m'a d'emblée délégué les recherches. C'était logique sur le papier, puisque, ayant un enfant en bas âge, j'avais remanié mon emploi du temps professionnel de façon à être plus « flexible » et « indépendante » : je pouvais mettre mon activité d'écrivain en veilleuse pendant des jours ou des semaines d'affilée. Nous avions aussi une nounou à temps partiel qui pouvait s'occuper de mon fils pendant que je me mettrais en chasse. Mais une logique culturelle bien ancrée était à l'œuvre ici : à Manhattan, c'est la femme qui se charge de trouver un toit pour sa famille. Il arrive aussi qu'elle finance ce logement, ou du moins la moitié, mais au sein des couples hétérosexuels mariés, c'est de toute façon la femme qui trouve l'appartement. M'étant creusé les méninges à propos de cet état de fait qui me laissait perplexe, j'avais fini par le mettre sur le compte de l'agriculture. Alors que nos ancêtres chasseurs-cueilleurs erraient de-ci de-là au gré des migrations dues à leurs réserves de nourriture, établissant puis levant le camp sans s'attacher aux lieux ni aux possessions, la transition vers une économie centrée sur les récoltes changea du tout au tout nos habitudes. S'ensuivirent l'apparition de la notion de propriété (« Ils sont à moi, ces champs ! ») et l'augmentation de la fertilité chez les femmes, désormais relativement sédentaires, et ovulant, par conséquent, plus fréquemment. En moins de temps qu'il ne faut pour dire « millet », les femmes furent destituées de leur statut de cueilleuses (et également de tout le bagout, l'influence et la liberté que leur conférait le fait de subvenir aux besoins quotidiens des leurs en calories) et se métamorphosèrent en gardiennes de l'âtre et du foyer, n'ayant plus vraiment voix au chapitre, hormis pour annoncer à quelle heure on servirait le dîner qu'elles avaient passé la journée à préparer, et n'ayant plus d'autre prestige que celui de servir de réceptacle à embryons. Cela ne me dérangeait pas d'être celle qui s'occupait du bébé, de la maison et de nous dégoter un nouveau chez-nous. C'était dans l'ordre des choses puisque la carrière de mon mari était plus lucrative que la mienne, et que j'étais animée par un désir intense de rester auprès de notre tout-petit. Mais, certains jours, je me demandais si ce que mon amie et son mari avaient affirmé autour d'un verre était vrai : que, comparés à ceux qui avaient cours au sud de Manhattan, les rapports entre individus de genre masculin et féminin dans l'Upper East Side tenaient encore *plus* du modèle agriculturaliste des Bantous que du modèle, plus autonome, plus dans l'esprit *downtown*, des sociétés basées sur la chasse et la cueillette, celle des Bochimans, par exemple.

En parallèle, je m'imaginais que vendre notre maison de ville pour nous installer dans un appartement *uptown* ne serait pas la mer à boire, même pour une néophyte comme moi. Après tout, à New York, les maisons sont de véritables et ultimes symboles de réussite sociale. Pour un Manhattanite, habiter son propre logement non mitoyen, sans voisins au-dessus, ni en dessous, reste un mode de vie inhabituel, très prisé et fort désirable. Une configuration censée vous procurer davantage d'intimité – commodité précieuse en Occident – et une certaine noblesse sur le plan de l'espace au sein d'une ville où tout se monnaie au mètre carré. Ainsi, bien que notre maison fût relativement modeste (la cuisine était exiguë et il n'y avait pas d'ascenseur), les acheteurs potentiels se bousculaient au portillon. Je passais le plus clair de mon temps à la briquer pour qu'elle ait l'air immaculée, puis à déguerpir pour laisser la place à un agent immobilier et son client venu la visiter.

Je profitais de ces moments d'exil pour appeler des agents depuis un bistrot du quartier. Une majorité de femmes. Elles *me* tenaient la jambe et *me* bombardaient de questions (quel métier exerçait mon mari, quel métier j'exerçais, moi, d'où je venais, où j'avais été à l'école et même nos revenus nets) ; c'était le monde à l'envers.

Les Manhattanites se livrent à ce même exercice lors de réceptions et autres réjouissances, avec toute la subtilité d'agents recenseurs, afin de vous cataloguer. La première fois que j'ai été confrontée à cette coutume, je suis tombée des nues. « Oh, ils t'ont fait une petite séance de géographie juive, m'expliqua mon juif de mari. Ils voulaient juste savoir où tu te situais. » Or, d'après ce que j'en avais vu, ce petit jeu ne se cantonnait à aucune religion. Dans une ville immense, chercher à savoir si vous connaissez quelqu'un et, si oui, comment, ou si votre interlocuteur connaît quelqu'un que vous connaissez ou aimeriez connaître (les Chinois appellent cela être « guanxi », un système pour mettre en exergue les liens sociaux dans un pays où les habitants se comptent en milliards), me paraît tout à fait sensé. Même si la pratique a quelque chose d'un peu – de très – mercenaire.

Après chaque interrogatoire, les agents m'annonçaient inéluctablement qu'ils n'avaient pas *exactement* le bien que je recherchais mais qu'ils avaient autre chose à me montrer. En réalité, on aurait dit qu'aucun des appartements somptueux que je repérais en ligne ou *via* les petites annonces n'existait vraiment : mes appels téléphoniques m'apprenaient que tel ou tel bien était

« déjà vendu » ou « en négociation », et qu'on avait oublié de mettre le site Internet à jour. Quand j'en fis part à mon mari, il y vit un cas typique de produit-leurre et suggéra que nous fassions appel à un « agent côté acquéreur ». Un peu comme un indic du cru ? Ou un guide ? demandai-je, tout excitée. On pouvait tout à fait le décrire comme ça, répondit mon mari. À l'instar des loyaux pisteurs qui aidèrent Dian Fossey à débusquer ses gorilles jour après jour, des Inuits de l'île de Baffin qui prirent l'initiative d'expliquer leurs us et coutumes à Franz Boas, père de l'anthropologie moderne, quand il arriva parmi eux, j'avais besoin d'un individu qui connaisse ce milieu de l'intérieur pour me conseiller et éclairer ma lanterne.

Mon mari me transmit le numéro d'une femme qui l'avait aidé à vendre son petit studio situé dans l'Upper East Side des années plus tôt, et je l'appelai dès le lendemain. Je me présentai et lui dis que j'aurais aimé visiter des appartements. J'étais certaine qu'avec quelqu'un pour m'épauler, ce serait un jeu d'enfant. Ce que je pouvais être naïve… Je venais à peine de mettre un pied dans la porte. Les choses sérieuses allaient commencer.

Inga avait un accent glamour (d'après mon mari, c'était une Danoise, un ex-mannequin) et une attitude très vive, très professionnelle. « Tout d'abord, vous avez bien quelqu'un qui s'occupe de vendre votre maison, dites-moi ? Parce que, normalement, je ne travaille pas *downtown.* » Elle m'expliqua qu'il y avait un monde entre l'immobilier *downtown* et *uptown*. Et que l'Upper West Side n'était pas son fort ; son rayon, à elle, c'était l'Upper East Side.

« Ah, euh, d'accord, oui, nous voulons nous installer du côté est. » Je perdis un peu pied à cet instant, prenant soudain conscience des disparités, semblait-il, incommensurables, insurmontables entre les quartiers en matière d'immobilier. « Et, poursuivis-je, recouvrant un peu d'assurance, nous voulons un logement dans le quartier des bonnes écoles publiques. » S'ensuivit une longue pause. Puis vint la déclaration laconique : « Ça ne va pas être une mince affaire. » Je ne savais pas trop pourquoi, mais mes critères l'avaient déçue, et tout à coup, je me sentis déconfite et désespérée. *Ça ne va pas être une mince affaire*...

« Mais... » La voix d'Inga était infléchie de notes scandinaves mélodieuses que je trouvais charmantes. « ... nous allons essayer. J'ai des choses à vous montrer. » À cet instant, je retrouvai le sourire et une vague de soulagement et d'optimisme déferla sur moi. Elle avait des choses à me montrer ! Oui, j'avais un guide ! En raccrochant, j'eus le pressentiment qu'Inga ne se contenterait pas de m'aider à trouver un logement. Elle allait m'inculquer le langage de l'Upper East Side. Tout anthropologue doit s'appuyer sur au moins un informateur indigène fiable et perspicace, prêt à lui montrer les coutumes, à traduire la langue et à divulguer les secrets peu reluisants et les codes sociaux tacites inhérents à sa culture. Et j'étais à peu près sûre d'avoir tiré le bon numéro.

*

« Votre patronne va venir, aujourd'hui ? » me demanda d'un ton suspicieux la femme très bien mise, foulard Hermès autour du cou. Son front luisant, figé par le Botox, affichant soudain une subtile nuance de ce qui devait être de la confusion lorsqu'elle me vit arriver avant Inga dans un vestibule ouvragé sur Park Avenue, le premier jour de notre chasse à l'appartement.

« Euh... je n'ai pas... de patronne... » réussis-je à ânonner, tendant la main et déclinant mon identité. Elle m'avait de toute évidence prise pour l'assistante de la cliente d'Inga, à la vue de mon ensemble Marc Jacobs décontracté et très « hipster intello », look qui faisait fureur *downtown*. Pour la première fois, je pris conscience que dans ma ville certaines femmes, pourtant sans emploi, engageaient des assistantes pour chercher des appartements à leur place. Et que j'avais besoin d'un nouvel uniforme adapté à la chasse immobilière. Inga arriva pile à ce moment-là, une brune magnifique à la silhouette ciselée, vêtue d'un superbe tailleur couleur crème, et je décelai chez l'autre agente une admiration qui me mit à l'aise d'emblée ; ce que j'avais sur le dos, notre déménagement imminent et la démarche de trouver un logement avec tout ce que cela impliquait, plus rien ne me causait de tracas. Envolé, comme par magie.

Je ne croyais pas si bien dire. Le secteur du courtage en immobilier (l'achat et la vente d'appartements) à Manhattan est une niche gérée par les femmes et pour les femmes. C'est d'autant plus flagrant dans l'Upper East Side. Le langage du courtage passe par les vêtements. L'agente de la vendeuse s'habille de façon à s'attirer le respect qu'elle veut engranger dans l'intérêt de sa cliente ; l'agente de l'acquéreuse s'habille de façon à impressionner et intimider l'agente de la vendeuse et à renvoyer une certaine image au nom de sa cliente, qui à son tour s'habille de façon à faire montre de son sérieux aux deux agentes (si elle est vraiment richissime, elle peut s'habiller un peu moins chic, laissant ainsi entendre qu'elle est au-dessus de ce petit jeu, que les deux autres se mettent sur leur trente et un *pour* elle). Le point d'orgue de ce manège étant l'espèce de concours de mode qui se joue de vestibule en vestibule, visite après visite, jour après jour. Imaginez une bande-son à la Sergio Leone et des femmes parées de Brunello Cucinelli et de Loro Piana aux premières lueurs de l'aube.

Les sacs semblaient revêtir une importance toute particulière ; nombre des agentes que j'ai vues ce fameux premier jour, durant lequel nous avons visité quatre ou cinq appartements, étaient affublées de sacs à main Chanel, molletonnés et bien lustrés, nantis de chaînes, de rabats massifs et des mythiques C entrelacés. Ou de modèles rectangulaires en veau ouverts sur le dessus avec des poignées, les C incrustés juste en dessous, pratiques et élégants. « Si on veut trouver un appartement, il va me falloir un nouveau sac », lançai-je à mon mari, ne plaisantant qu'à moitié, lorsque je rentrai à la maison en début de soirée. J'étais exténuée par toute cette marche (si j'avais été une cliente d'une autre catégorie, plus en phase avec les mœurs de l'Upper East Side, j'aurais réquisitionné les services d'un chauffeur pour Inga et moi), toute cette gymnastique psychologique totalement inattendue, les efforts sur le plan émotionnel, les visites en elles-mêmes et les échanges avec les agentes, durant lesquels je m'étais efforcée de tordre mes critères et mes désirs en fonction de ce que chaque appartement avait à offrir, me demandant si cela pourrait coller.

Chaque matin pendant les quelques semaines qui suivirent, je revêtis mon uniforme de chasse à l'appartement spécial Upper East Side : robe fourreau très sage, chaussures à talons plats agnès b. ou French Sole et le sac à main le plus « femme » que j'avais dans ma penderie : pas question de partir en mission avec une besace toute flasque. La touche finale étant une queue-de-cheval lisse (enfin, du moins je l'espérais). N'étais-je pas en route pour le Pays des Gens lisses, après tout ? Ainsi accoutrée, je hélais un taxi et après un trajet d'environ une demi-heure, en général, en direction du nord-est, je retrouvais Inga dans le hall donné d'un bâtiment donné, toujours ancien, toujours à l'ouest de Lexington Avenue. Notre terrain de chasse se circonscrivait au secteur où se trouvaient les écoles publiques d'excellence, ce qui fait que nous cherchions dans le quartier le plus cher de tout Manhattan. Afin de pouvoir y scolariser gratuitement notre enfant. L'ironie grinçante de notre situation ne m'avait pas échappé, pas plus qu'à mon mari, ou à Inga, qui ne tarda pas à faire partie de la famille. « Nous pourrions visiter beaucoup plus de biens si vous étiez un peu plus flexible au sujet des écoles, suggéra-t-elle avec diplomatie, une fois la glace brisée. Mais j'ai bien compris ce que vous et votre mari vouliez, s'empressa-t-elle d'ajouter quand je lui lançai un regard assassin. Alors nous allons continuer à creuser dans ce secteur-ci. »

Cette quête d'appartement me parut durer une éternité. Il faut dire qu'on était en plein boom et que le marché de l'immobilier était bouché. Les vendeurs demandaient des sommes faramineuses et les acquéreurs leur mangeaient dans la main. L'endroit où nous voulions nous établir était, comme l'insinuait sans cesse Inga, la coque de noix la plus difficile à fendre de tout New York. Nous cherchions, cherchions, cherchions encore et encore.

Nous cherchions des *classic sixes* (des six pièces), des *classic sevens* (des sept pièces) et des *classic eights* (des huit pièces) dans des *good building*s (des bâtiments de bonne facture) et même dans des *white-glove buildings* (ces immeubles où le personnel de maison porte littéralement des gants blancs). Tous ces immeubles étaient pourvus de portiers payés pour vous accueillir, et dans nombre d'entre eux les ascenseurs comportaient des liftiers, c'est-à-dire des employés payés pour appuyer sur les boutons à votre place. Ils se différenciaient, en revanche, des *great buildings* (bâtiments de prestige), qui pouvaient se trouver dans le même pâté de maisons que leurs homologues moins prestigieux sans trop sortir du lot, mais dont les conseils syndicaux requéraient un apport colossal, refusaient les hypothèques et exigeaient que tout acquéreur potentiel fût en possession de cinq à dix fois la valeur du bien en liquidités, et qu'il le prouvât, bien sûr. Les conseils de ces « bâtiments de prestige » sont en mesure d'imposer de telles conditions, mais aussi de faire une entorse à la règle pour certaines personnes, comme Inga ne tarda pas à nous l'expliquer, car ce sont, pour la plupart, des clubs privés gérés par des syndicats de copropriété qui rédigent et appliquent les règles à leur bon vouloir. Le genre de copropriétés qui refusent les candidatures de célébrités pourtant très prospères, qui ont poussé Richard Nixon ou Madonna à revoir leurs standards à la baisse et à opter pour une maison de ville, écœurés et blessés qu'ils étaient, sans nul doute, de s'être ainsi fait éconduire. Les *great building*s, ces bâtiments de prestige, abritent des magnats de l'industrie et leurs épouses mondaines, et on les désigne par leur adresse : 740 Park. 927 Fifth. 834 Fifth. 1040 Fifth. D'autres ont des noms : le Beresford. Le San Remo. Le Dakota. River House. Ils sont bâtis en pierre calcaire et conçus par des architectes de renom comme Rosario Candela ou Emery Roth. Ces biens n'étaient pas pour nous, mais les immeubles « familiaux », qui m'avaient l'air idéaux, ne l'étaient pas davantage. « Non, m'expliqua patiemment Inga, ça ne veut pas dire qu'ils sont équipés de salles de jeux. Ça veut dire qu'ils autorisent l'acquéreur à se faire financer à hauteur de quatre-vingt-dix pour cent. On peut faire mieux. » De la même manière que les tenues d'Inga – Jil Sander, Piazza Sempione, Prada, me répondait-elle quand je lui demandais – étaient le reflet de mon statut, l'immeuble dans lequel je finirais par m'installer serait une réflexion de son propre statut. Elle voulait le meilleur pour nous... parce qu'elle jouait également son avenir dans cette transaction.

Je n'étais pas tatillonne à propos de ces distinctions : tout ce dont nous avions besoin, c'était d'un endroit convenable près d'une bonne école publique. Mais, à ma grande surprise (qui finit par se mâtiner de frustration), faire preuve de flexibilité ne nous facilitait même pas la tâche. Il n'y avait tout bonnement pas assez d'offres, le « stock » n'était pas assez fourni, comme ne cessaient de nous le rabâcher les agentes. Et puis, c'était éminemment bizarre de pénétrer ainsi dans les vies, les intérieurs et l'intimité de ces gens : voir leurs effets personnels et leurs habitudes, ou, à l'inverse, constater l'absence de traces de vie humaine dans des décors aseptisés. Je pris note du style de décoration spécifique à l'Upper East Side. Il y avait énormément de toile de lin. Et de jaune. Et de bleu. À n'en plus finir. J'avais du mal à me projeter et à imaginer un de ces intérieurs refait à mon goût, notre mobilier redéployé dans ces pièces, notre quotidien, à mon mari, mon fils et moi, dans un de ces appartements. Quel coin serait le plus adapté pour accueillir le lit de bébé ? Si nous décidions d'avoir un autre enfant, où s'installerait-il ? Serais-je capable de travailler à domicile dans cet appartement ? Et ainsi de suite.

Si le bien visité répondait à nos critères principaux (bon emplacement par rapport à la carte scolaire, nombre adéquat de salles de bains, bonne exposition et vue agréable), le lendemain, mon mari, comme tout mari qui se respecte, venait y jeter un œil, et alors sa venue insufflait aux femmes présentes (Inga et moi, l'agente de la vendeuse et parfois la vendeuse elle-même) une énergie nouvelle, différente, une attention mêlée d'anxiété, un désir de plaire. J'avais l'impression d'être dans la peau de Vanna White, la présentatrice vedette de « La Roue de la fortune », je me sentais ridicule, à « faire l'article » de l'appartement au côté de mes congénères, ouvrant les portes, exhibant les placards à linge. Ce n'était pas dans mon tempérament de faire des courbettes la bouche en cœur, mais voilà que je me prenais au jeu, comme si nous étions dans une pièce de théâtre où chacun savait quel rôle on lui avait attribué. Comme pour se conformer aux indications d'un metteur en scène invisible, mon mari se mettait à fureter de-ci de-là, les agentes guettant ses moindres faits et gestes, à l'affût du plus petit signe, si subtil fût-il, de (mé)contentement. Dans ce genre de situation, il savait se montrer poli sans pécher par excès d'affabilité. Il ne laissait rien transparaître devant les agentes et, après un rapide tour des lieux, il s'en allait à la hâte pour retrouver le Monde Important du Travail des Hommes. Puis il m'appelait pour me donner ses impressions.

Je me serais sentie aussi cruche que Marion Cunningham dans la série télévisée *Happy Days* si je n'avais pas su que, en définitive, ce serait moi qui trancherais et qui déciderais où nous nous installerions. La sphère domestique était une affaire de femmes. C'est pour cela que tous les agents et les acquéreurs potentiels étaient des femmes. Les hommes venaient ajouter un brin de gravité et un soupçon de frisson à la scène avant de disparaître puis d'approuver. Ou pas. Après quoi, nous ferions comme bon nous semblerait. Bienvenue dans l'Upper East Side !

Tandis que je méditais à propos de cette répartition des tâches très sexuée qui semblait avoir cours dans ce qui allait devenir mon nouvel habitat, je ne pus m'empêcher de m'interroger sur des points plus prosaïques. Par exemple, sur le fait que, malgré un budget qui, à Atlanta ou Grand Rapids, nous donnerait accès à un manoir avec piscine, la plupart des appartements que nous visitions étaient décevants. C'était toujours le même schéma : un hall splendide, tout en dorures, avec domestiques, situé à une adresse prestigieuse sur Park, Madison ou Fifth Avenue. Nous montions, nous entrions dans l'appartement… et je manquais défaillir. *C'est là que toutes les femmes bien mises de l'Upper East Side habitent ?* m'arrivait-il souvent de me demander, incrédule. Certains endroits étaient immaculés et même *triple mint* (c'est-à-dire respectant la sainte trilogie cuisine, salle de bains et ensemble des pièces en parfait état), mais beaucoup, si ce n'était la majorité, étaient à un stade de délabrement assez, voire très avancé. Tapis effilochés et moquette défraîchie. Cuisine abîmée. Peintures jaunies. Et presque toujours, une bonne occupée à épousseter ou polir l'argenterie ou à plier le linge.

Et puis, chaque fois, les photos et autres souvenirs exposés dans le séjour racontaient la même histoire. Ils me subjuguaient, appartement après appartement : une jeune femme posant à côté d'un diplôme de Brearley ou de Spence[1]. Un jeune homme sur sa photo de remise de diplôme… près d'un diplôme de Horace Mann[2], Buckley[3] ou St. Bernard[4] encadré, tout en lettres latines recouvertes de feuille d'or. Les cheveux impeccables. Les jeunes visages lisses, sans rides. Les sourires retouchés, les dents ajustées à la perfection par l'orthodontie. Et soudain, un jour que je visitais un appartement sur Madison Avenue, au niveau de la 80e Rue, je compris enfin, et ce fut comme si on m'assénait un coup de massue : ces gens déménageaient pour un logement plus petit ou vendaient par nécessité. Leurs enfants, en qui ils avaient investi tant d'argent et d'énergie, avaient enfin obtenu leurs diplômes et étaient désormais en mesure de quitter le nid. Les parents s'étaient saignés aux quatre veines, financièrement… pour payer des domestiques et des écoles privées. Ils auraient déménagé plutôt que renoncé à l'un ou l'autre. Alors, à présent, ils vendaient leur bien pour s'installer dans un appartement moins spacieux. Où les suivraient diplômes et domestiques.

« Tu te rends compte ? ai-je demandé à mon mari, le soir de ma grande révélation, en me vautrant sur le lit, exténuée et déprimée après quatre visites consécutives d'appartements similaires avec halls tout en dorures, moquette élimée et diplômes classieux.

– Oui, parfaitement », a-t-il soupiré.

1. Deux établissements privés prestigieux pour filles (de la maternelle à l'équivalent du lycée) situés dans l'Upper East Side.

2. École privée prestigieuse située dans le Bronx, à New York (de la maternelle à l'équivalent du lycée).

3. École privée prestigieuse pour garçons située dans l'Upper East Side (de la maternelle à l'équivalent du collège).

4. École privée prestigieuse pour garçons située dans l'Upper East Side (de la maternelle à l'équivalent du collège).

Né à Brooklyn, ayant déménagé pour l'Upper East Side à l'adolescence, et donc originaire de New York mais pas de Manhattan, il était très au fait des aspirations, des croyances et des efforts acharnés, des angoisses et des priorités de ces gens dont je visitais les appartements jour après jour, mais il était aussi capable de percevoir la bizarrerie qui en émanait. « Tous ces trucs, les gouvernantes, les diplômes des grandes écoles privées… ce n'est pas simplement pour le décorum, me répondit-il. Ils sont vraiment comme ça. »

Il bâilla mais moi, d'un coup, je me sentis très éveillée. Je me remémorai un professeur d'anthropologie qui avait tenté de nous aider à saisir le concept de l'honneur au sein d'une tribu qu'il avait étudiée au Yémen. « Ce n'est pas une notion abstraite, avait-il expliqué à une salle comble, ce jour-là, des années plus tôt. Quand quelqu'un entache votre honneur, vous ne pouvez pas faire comme si de rien n'était et vous contenter d'en être gêné. Non, avait-il déclaré, c'est comme si ce quelqu'un vous avait ôté un pan de votre chair. Une partie de vous a disparu, vous êtes endommagé, blessé au sens propre. » Les écoles privées et les gouvernantes, je m'en rendais compte à présent, n'étaient pas que des marqueurs de statut, ou des artefacts à posséder ou afficher fièrement. Elles étaient éminemment inhérentes à l'identité de l'Upper East Side, cruciales, fondamentales au point qu'on renonçait à rafraîchir son sisal, à rénover sa cuisine et à jouir d'un logement en parfait état, *triple mint*, pour pouvoir s'y cramponner.

Ceci expliquait donc cela. Cette manie qu'avaient les femmes que je côtoyais (les agentes qui avaient des enfants, les propriétaires des appartements que je visitais, les amies d'amies vivant dans l'Upper

East Side) à parler des écoles que fréquentaient leurs enfants, à mentionner leur âge à eux et leur établissement pour se présenter, elles. Certes, c'était une façon de se décrire et de nouer des liens potentiellement utiles. Mais c'était aussi leur façon d'être. Point barre. « Bonjour, je m'appelle Alicia. Mes enfants Andrew et Adam sont à Allen-Stevenson… Comme les vôtres, il me semble, non ?

— Ah non, les miens sont à Collegiate (Bim ! Disant cela, elle prouve sa supériorité en montrant que ses enfants sont inscrits dans une école de premier rang), mais les quatre garçons de ma copine Marjorie sont tous à AS, eux. (Sous-texte : ma copine Marjorie est vraiment riche – il faut l'être pour élever quatre enfants – et, par ricochet, moi aussi.) Vous les connaissez peut-être ? Quel âge ont vos petits ?

— Oh, vraiment ? Mes neveux sont tous les deux à Collegiate. (Ce disant, elle révèle qu'elle n'est qu'à un degré d'une école de premier rang puisque les enfants de sa *sœur* en fréquentent une, ce qui les place donc plus ou moins sur un pied d'égalité.) Ce sont des jumeaux : Devon et Dayton. Ils sont en CE1. » Et ainsi de suite.

L'affiliation à une école privée était si importante que toutes sans exception semblaient abasourdies d'apprendre que j'envisageais d'inscrire mon fils à l'école publique du quartier, pourtant excellente, PS 6, en temps voulu. Certaines me disaient poliment, après une pause bien marquée, et avec un haussement de sourcils : « Oui, enfin, vous verrez où il finira quand arrivera l'échéance. » D'autres étaient plus frontales : « *Voyons*, me lança une agente avec un sourire forcé, une pointe d'exaspération dans la voix tandis qu'elle ouvrait les placards d'une cuisine pour me montrer qu'ils étaient éclairés de l'intérieur. Vous mettrez votre fils dans une école privée, comme tout le monde. Vous le déposerez en voiture avec votre chauffeur, comme tout le monde. Alors vous pouvez acheter *où vous voulez.* »

Mais mon mari et moi étions intransigeants. Nous avions été à l'école publique, notre fils pouvait bien faire de même. Convaincus que cette perspective était normale et sensée, nous avons persisté dans notre volonté de trouver un logement à proximité de cette école de très haut niveau située sur la 81e Rue, entre Madison et Park Avenue. En plein dans le secteur baptisé *Upper East Side Prime* (Premier choix de l'Upper East Side) par les agents. Ce qui rendait notre quête d'autant plus difficile.

Arrivée à ce stade, j'avais besoin des lumières de mon mari et d'Inga. J'avais conscience d'avoir réussi à combler le premier fossé, fondamental en termes d'identité sociale et immobilière à Manhattan, celui qui sépare locataires et propriétaires, en me mariant. Mon mari m'avait ajoutée au bail de sa maison et elle était devenue la nôtre, rien de plus. Apparemment, dans notre secteur de la ville, ce changement était significatif. Nombre de gens qui louent à Manhattan en font un secret ou se gardent bien de le mentionner, à cause d'un complexe d'infériorité, le sentiment que la location est une solution marginale réservée aux citoyens de second rang. « Vous êtes propriétaire, n'est-ce pas ? » était une des premières questions que les agentes me posaient (enfin, le plus souvent, elles s'adressaient à Inga en parlant *de nous*, avant de consentir à nous montrer des appartements), afin de s'assurer que nous n'allions pas les confronter à un obstacle supplémentaire, ravies de se voir confirmer que nous faisions déjà partie de la tribu des propriétaires.

Autre distinction de taille : la différence entre bâtiments *pre-war* et *post-war*, grosso modo « anciens » (datant d'avant les années 1940) et « récents » (datant d'après 1945). Bien sûr qu'habiter un magnifique immeuble truffé de beaux détails originaux, conçu par un architecte de renom et classé monument historique serait chouette, me disais-je, mais si ce n'était pas le cas, je n'en ferais pas une affaire d'État. Puis, une autre différence s'imposait à nous, qui éclipsait presque celle entre bâtiments anciens et récents : le distinguo entre *co-op* et *condo*. Vivant dans une maison du sud de Manhattan, je n'avais pas la moindre notion de cette dichotomie très singulière constituant une des distinctions fondamentales dans l'organisation des immeubles de Manhattan et l'identité de l'Upper East Side.

Au sein des *co-op*, comme me l'expliquèrent Inga et mon mari, les membres du conseil décident qui est autorisé à résider dans l'immeuble et qui ne l'est pas, et quelles sont les règles. Certaines sont pragmatiques et logiques. Les « règles estivales » veillent à s'assurer que les travaux de rénovation n'auront lieu que pendant l'été, quand il est plus facile de fuir le vacarme en sortant prendre l'air ou en passant toute la saison dans sa maison de villégiature. Puisque à Manhattan nous vivons les uns au-dessus des autres, les travaux peuvent vraiment vous empoisonner la vie. Ces règles estivales sont typiques de l'Upper East Side, m'informa Inga ; presque aucune *co-op* de l'Upper West Side ne se conforme à ce genre de pratiques. Et elles ont leur raison d'être.

Certaines autres règles édictées par les *co-op* sont plus arbitraires, fondées sur des raisons davantage culturelles que fonctionnelles. Par exemple, quand vous faites partie d'une *co-op*, vous ne pouvez pas sous-louer votre logement, ni laisser votre fils ou votre fille de vingt ans s'y installer sans consulter votre voisinage. Le conseil syndical doit au préalable donner son aval. De même, le conseil syndical de telle ou telle *co-op* pourra enjoindre à un candidat de fournir des justificatifs de revenus astronomiques. Ou pas. Ce genre de documents sont requis (par les syndicats qui décident de ne pas passer outre à l'obligation) plus ou moins en guise « d'assurance », alors que les *co-op* ont déjà un nantissement sur chaque appartement. Ceci car dans une *co-op* personne ne possède d'appartement. Chaque propriétaire possède des « quotes-parts » : sachant que, plus l'appartement est grand, plus il représente de quotes-parts. Celles-ci sont des gages de pouvoir. Les personnes souhaitant acquérir un bien doivent quasi systématiquement passer un entretien avec les membres du syndicat de copropriété. Et durant cet entretien, comme Inga et mon mari m'avaient prévenue, les membres présents peuvent vous demander tout et n'importe quoi. Ou balayer votre candidature d'un refus catégorique non motivé. Voilà donc pourquoi les rares appartements en copropriété *co-op* sur Park Avenue et la Cinquième Avenue qui s'enorgueillissaient de fonctionner « sans aval du syndicat » étaient pris d'assaut, réalisai-je soudain, me demandant si posséder des parts dans une copropriété était du même ordre qu'avoir une gouvernante et des enfants scolarisés dans le privé.

Les *condos* (ou condominiums), je le découvris, sont un tantinet plus chers, plus ouverts aux prêts bancaires en règle générale, et une fois que vous avez signé ils vous appartiennent vraiment. Ils ont aussi quelque chose de plus décontracté. Vous pouvez sous-louer votre logement sans souci, l'utiliser comme simple pied-à-terre, si vous le voulez. Et quand vous cherchez à acheter un condominium, c'est une agence de gestion immobilière qui épluche votre dossier, ce qui, d'une certaine manière, me paraît moins intrusif et plus anonyme qu'une brochette de futurs voisins potentiels en train de passer au crible votre vie financière et privée.

Que ce soit un *condo* ou une *co-op*, que ce soit un bâtiment ancien ou récent, me disais-je lors de mon trajet quotidien entre le West Village et l'Upper East Side, il était temps de se décider. Le trajet en taxi me tapait sur le système. Il fallait absolument qu'on s'installe *uptown* pour m'épargner la corvée de m'y rendre chaque jour.

*

Et puis, un jour, j'ai trouvé un endroit qui ferait l'affaire, un immeuble moderne sur Park Avenue, pas un bâtiment « de prestige » conçu par un architecte célèbre. Ça m'était égal… Après tout, il était à quelques encablures de Central Park. L'appartement lui-même me sembla un peu sombre au début. Mais c'était juste à cause de la peinture et j'arrivais à « m'y projeter ». La cuisine était ultra haut de gamme, comme disent les agents, quoiqu'un peu exiguë. Il y avait des « vues dégagées sur la ville », ce qui voulait dire qu'on ne donnait pas directement sur le parc, mais qu'il n'y avait pas non plus de vis-à-vis ; tous les bâtiments adjacents se trouvaient à bonne distance, et l'on y jouissait d'une belle lumière et de la sensation d'avoir de l'espace sans pour autant être isolé. L'appartement comportait le bon nombre de chambres, et dans l'une d'elles se trouvaient une petite table et des chaises toutes mignonnes, ainsi qu'un projet de travaux pratiques en cours : des boutons et des macaronis séchés, du papier cartonné rose saupoudré de paillettes… Cette chambre de petite fille pourrait facilement devenir celle de mon fils, songeai-je en la regardant de plus près. La touche chaleureuse apportée par cette mise en scène « spécial bambins » supplanta le scepticisme que m'inspiraient les plafonds bas, l'emplacement bruyant, à un coin de rue, et l'agencement pas optimum.

Je fis le tour des lieux une deuxième fois puis une troisième, mon enthousiasme gagnant chaque fois du terrain. « L'agente n'a pas pu se libérer », m'expliqua Inga. Je saisis que son absence équivalait à une sorte d'affront dans le langage des agents, des vendeurs et des acquéreurs, une façon de nous dire qu'Inga et moi ne valions pas le déplacement, qu'elle avait mieux à faire… tant pis. Une deuxième visite fut organisée dans les plus brefs délais afin que l'agente de la vendeuse (stressée, indifférente, antipathique) puisse me rencontrer et me donner sa bénédiction. Ensuite, nous planifiâmes une autre visite, talonnées, cette fois, par mon mari.

Le premier signe qui trahit la présence de la propriétaire lorsque nous ouvrîmes la porte pour notre « visite de couple » furent les réprimandes que je l'entendis lancer à sa fille. Scrutant l'autre bout du couloir, je vis qu'elle était blonde, comme moi, et que nous avions à peu près le même âge et la même morphologie. Elle rouspétait : « Leda, si tu manges quelque chose, proposes-en aux autres personnes avant de te servir ! » Elle faisait apparemment référence à son agente, une femme forte aux cheveux ras et roux que j'avais aperçue en coup de vent lors de ma visite précédente, et qui, à l'instant, se dressait entre la famille et nous tel un pitbull affublé de bijoux Jean Schlumberger. Bagues et bracelets étincelants, elle tenta littéralement de me barrer la voie lorsque je m'approchai de la propriétaire, qui me tendait la main, sourire affable aux lèvres, pour se présenter. « Enchantée, Allie », dit-elle, à la fois polie et préoccupée, un ton et une attitude que je commençais à connaître, à force de croiser des femmes de l'Upper East Side dans la rue ou chez elles. Apparemment, Allie tenait à voir de ses propres yeux la ou les personnes qui se proposaient d'acquérir l'espace qu'elle cherchait à vendre, et je me félicitai de m'être mise sur mon trente et un, toutes proportions gardées, bien sûr… Sa tenue à elle était d'une élégance très chic : corsaire noir très seyant, chemisier lavande moulant, pieds nus pédicurés aux ongles rose pâle brillants. À ce que je voyais, elle avait fait appel à une maquilleuse et une visagiste personnelle. Et on n'était que mercredi. « Et voici Sharon », poursuivit Allie, avant que l'agente m'offre une main molle, regardant à travers moi comme si j'étais transparente. « Bonjour. Nous nous sommes déjà rencontrées », risquai-je, d'une voix que j'espérais agréable.

J'avais déjà vu des agentes se montrer ouvertement surprotectrices envers leurs clientes et étonnamment hostiles à l'égard d'un acquéreur potentiel. Comme j'avais fini par le comprendre, les agentes « côté vendeur » étaient les chaperonnes autoproclamées des familles en transition, les guides qui les épaulaient lors de cette phase liminaire où elles passaient du statut de propriétaires à celui de vendeurs, puis à celui d'acheteurs puis à celui de propriétaires à nouveau. Les agentes voulaient être présentes à tous les niveaux pendant ces transitions, car c'étaient aussi des transactions conséquentes avec de généreuses commissions à la clé. Elles étaient pétrifiées à l'idée que le moindre grain de sable (le contact entre une propriétaire et une acquéreuse potentielle, par exemple) puisse enrayer l'engrenage d'une affaire en cours. Et qu'on les évince. Mais il y avait autre chose, quelque chose de plus singulier entre les agentes et leurs clientes de l'Upper East Side, et j'allais en être témoin à l'instant. Allie m'annonça qu'elle devait s'absenter pour aller voir ce que trafiquait sa fille, qui s'était éclipsée en direction de sa chambre. Je me tournai vers Sharon et, par politesse, lui demandai quel âge avait Leda.

« Elle a trois ans, et elle est à la maternelle Temple-Emanu-El », répondit-elle, laconique et hautaine, comme si elle m'annonçait qu'elle venait de recevoir le prix Nobel de la paix. J'avais déjà décelé cette manie qu'ont les agentes, les architectes et les nounous de l'Upper East Side de se comporter comme si leurs clientes et elles ne faisaient qu'une ; elle était de nouveau à l'œuvre. Quand je demandai si l'école Temple-Emanu-El était dans le coin, laissant transparaître que je n'avais jamais entendu parler de cet établissement, Sharon me regarda bouche bée, incrédule. Je souris dans l'espoir d'atténuer le coup que venaient de lui porter mon ignorance et mon indifférence flagrantes. Mais *in petto*, je roulais des yeux et je me disais : « Arrête un peu, ma vieille ! Elle n'est pas à toi, cette maison. Cette famille non plus, d'ailleurs. » Elle voulait sa commission, c'était certain, mais elle avait sans doute plusieurs autres clients potentiels qui se bousculaient pour ce bien. Sharon était une femme riche, comme tant d'agentes sévissant dans le quartier. Sur chaque vente, elle touchait une commission de six pour cent et empochait directement trois pour cent. En plein boom économique et immobilier, je n'étais rien à ses yeux, et cela se voyait. Je ne l'aimais pas. Nous restâmes plantées là, interdites.

Heureusement, Allie ne tarda pas à reparaître, avec des excuses et de l'eau gazeuse. Nous parlâmes de nos enfants (sa fille était un peu plus âgée que mon fils) tandis qu'elle me faisait faire le tour du propriétaire, me disant ce qu'elle appréciait et ce qu'elle appréciait moins sur un ton badin et direct qui acheva de me convaincre. Sharon s'était retrouvée reléguée derrière nous. Elle ne pouvait rivaliser avec le papotage entre mamans. Inga, qui nous avait annoncé que mon mari était pris dans les embouteillages, avait eu la présence d'esprit de rester en retrait tout ce temps et s'adonnait désormais à un bavardage parallèle avec sa consœur, qui, me dis-je dans un accès d'orgueil, ne jouerait jamais dans la même cour. Inga était bien mieux à tous points de vue : digne et posée, compétente à la fois sur les plans professionnel et social, et belle. Na !

« Les gens qui travaillent dans l'immeuble, disons que ça va, me dit Allie, que je suivais dans le couloir en direction de la chambre principale. Ils ne sont pas transcendants, mais ça va. » Elle m'expliqua que sa famille et elle restaient dans le même bâtiment mais qu'ils s'installaient plus haut, dans le *penthouse*, qui offrait une chambre supplémentaire et une vue sur le parc. J'eus un pincement de gêne (elle déménageait pour un meilleur logement et nous allions élire domicile dans celui dont elle ne voulait plus), puis je chassai cette pensée. Quelle importance ? Je supputai qu'elle était enceinte quand elle m'exposa leur projet, mais je ne lui posai pas la question. Au lieu de cela, je balbutiai quelque chose à propos du soulagement que ce serait d'avoir un hall et un ascenseur. La vie en maison, tous ces escaliers, entre autres, ce n'était pas facile avec un tout-petit et une poussette. Son visage s'illumina. « Vous habitez dans une maison de ville ? J'en rêve ! » s'écria-t-elle avec emphase. D'une certaine manière, j'eus l'impression d'avoir sauvé mon honneur après l'injure que représentait le fait d'investir sa coquille vide au rebut, tel un bernard-l'ermite indigent. Nous arrivâmes à la chambre, où elle entreprit d'ouvrir les placards et les armoires, retraçant l'historique de chacun. Ces compartiments-ci servaient à ranger les sacs à main (j'entraperçus rapidement des Gucci, Vuitton, Goyard), et là, il y avait les étagères à chaussures, des rangées à perte de vue.

« Vous voulez garder le coffre-fort ? » me demanda-t-elle, se penchant pour me montrer comment il fonctionnait. *Qu'est-ce que je pourrais bien mettre dans un coffre-fort ?* Je n'étais pas très branchée bijoux. Lors de nos premières vacances ensemble, mon mari avait voulu m'acheter un bijou et je lui avais répondu : « Merci, mais je n'aime pas trop les… pierres précieuses. » C'était la vérité. Il avait dû insister pour que je consente à porter une bague de fiançailles sertie d'un diamant relativement modeste, qui m'avait tout d'abord fait l'effet d'un sémaphore grossier et de mauvais goût proclamant : « Je suis la propriété de quelqu'un d'autre. » Puis j'avais fini par capituler pour faciliter les choses et parce que faire partie de la tribu me procurait un certain sentiment de sécurité. Et aussi parce que bon, elle était jolie, cette bague.

« Bien sûr. » Je cherchais mes mots à présent, voulant à tout prix – allez savoir pourquoi – cacher à Allie que je n'étais comme elle ni sur ce point ni sur aucun autre. Elle m'expliqua alors succinctement ceci : « C'est pratique pour les basiques. Vos articles plus conséquents, vous pouvez les stocker à la banque privée au coin de la rue ; c'est ce que je fais. » Je ne manquai pas de repérer les talons aiguilles et les pulls en cachemire soigneusement classés par couleur tandis qu'elle poursuivait son laïus.

« J'ai fait personnaliser le placard, mais il y a quelques petits ratés, résuma-t-elle, se remettant debout. Je peux vous montrer ce que je retoucherais, si vous voulez, pour optimiser. » À ce stade, elle soupira et s'excusa du « bazar », bien qu'il n'y en eût pas. D'ailleurs, toutes les femmes que j'avais croisées dans l'Upper East Side faisaient cela : s'excuser pour un bazar qui n'existait pas. Note pour plus tard : chercher à décrypter cette coutume.

Allie souriait et me tendait à nouveau la main. « Eh bien, je suis ravie d'avoir pu vous rencontrer ! » Elle devait, m'expliqua-t-elle, filer avec Leda et elle était navrée de ne pouvoir rester pour discuter avec mon mari aujourd'hui. « Mais j'espère que ça va bien se goupiller, déclara-t-elle d'un ton sans équivoque. Et je vous guetterai à Palm Beach. Vous y allez, j'imagine ? Nous, on sera aux Breakers. »

Je n'étais pas certaine d'avoir compris. « Euh… Nous y allons, mais pas avant mai », finis-je par lâcher, me remémorant soudain que nous devions nous y rendre car mon mari y donnerait une conférence et que j'avais décidé de l'accompagner, me demandant bien comment elle pouvait être au courant.

Elle eut l'air quelque peu abasourdie. « Ah, d'accord… J'imagine… J'imagine que ça doit aussi être pas mal à cette saison, par là-bas », hésita-t-elle. Puis, inclinant la tête, elle lança avec un hochement : « Ou sinon à Aspen, alors ! »

Elle le dit avec une telle assurance, comme si tout le monde se voyait à Aspen, que, l'espace d'un instant, je crus qu'elle possédait une information qui m'avait échappé au sujet de mes prochains voyages, et que nous allions effectivement dans le Colorado. Mais, évidemment, je n'avais pas touché à des skis depuis des années et je lui répondis que non, nous passerions Noël à New York. Ses yeux s'écarquillèrent. « Ah oui, bien sûr. Les préparatifs du déménagement et tout ça, je suppose ? » Je hochai la tête et souris comme pour laisser ouverte la possibilité que, oui, l'année prochaine nous serions comme d'habitude à Palm Beach pour Thanksgiving et à Aspen pour Noël. *Sans l'ombre d'un doute.*

Apparemment, je l'avais déstabilisée autant qu'elle m'avait déstabilisée. Il allait vraiment falloir que je mette les mains dans le cambouis pour me familiariser avec les flux migratoires en vigueur dans l'Upper East Side. J'étais un oiseau d'un tout autre plumage.

*

L'appartement sur lequel nous avions des vues était l'un des rares *condos* sur Park Avenue, ce qui le rendait particulièrement attractif pour ceux qui ne voulaient pas s'encombrer d'une copropriété avec toutes les règles draconiennes qui en découlaient, ou qui craignaient de ne pas être à la hauteur. Et pour ceux qui tenaient vraiment à avoir une adresse sur Park Avenue. Seul bémol : l'immeuble était, en réalité, un « condop », une créature hybride qui appartenait techniquement à la catégorie des condos mais « qui se comportait comme une *co-op* ». Oh, mon Dieu, me dis-je quand Inga m'annonça la nouvelle. Il y a un mot pour *ça* ?

Peu importe sa vraie nature, la procédure de candidature était fastidieuse et interminable et requérait que nous divulguions les moindres détails de nos vies : de nos numéros de cartes de crédit aux relevés de notes fournies par toutes les universités que nos parents, nos enfants et nous avions un jour fréquentées. « Ils devraient carrément nous demander à quelle fréquence on fait l'amour, tant qu'ils y sont », lâchai-je à mon mari, gémissant presque d'exaspération. Moi qui, dans le fond, étais restée une fille du Midwest circonspecte de nature, j'étais outrée et profondément choquée à l'idée qu'on puisse venir fouiner sans honte et sans vergogne chez de parfaits inconnus.

Je commençais à me rendre compte que la « procédure de candidature à l'achat » était un rite de bizutage humiliant au possible, qui vous laissait la désagréable sensation qu'un grand nombre de personnes que vous ne connaissiez ni d'Ève, ni d'Adam en savaient bien trop sur vous. Parce que tel était le cas. Et ainsi, réalisai-je tandis que nous méditions à notre plan d'action et à notre candidature, la hiérarchie se fonde-t-elle puis se maintient-elle à Manhattan, où les immeubles abritent des étrangers sans aucun lien de parenté, vivant dans une certaine promiscuité selon un système de dépendance mutuelle fragile mais absolument indispensable. Nous créons des relations et un sens du devoir et du bon respect des règles en échangeant des informations, comme les femmes qui ragotent par-dessus des grillages ou assises côte à côte sur des rochers à laver des vêtements.

Il va sans dire que l'échange est déséquilibré. En tant que quémandeurs (je préfère ce terme, plus proche de la réalité que « demandeurs », selon moi) qui nous rabaissions pour tenter d'accéder à un bien, nous étions en position d'infériorité, à la merci de nos voisins potentiels. En présentant notre carotide ou notre ventre, comme les chiens qui se couchent sur le dos lors d'un combat, nous prouvions notre volonté de nous soumettre, de céder le pouvoir, de nous rendre vulnérables au possible. Comme c'est le cas pour tous les rites d'initiation et de passage à travers le monde, nous émergerions de l'autre côté totalement exténués et lessivés, dotés d'une nouvelle identité frappée du sceau : Résidents de XYZ Park Avenue. Enfin, nous l'espérions, du moins.

J'étais au début d'une grossesse avec complications et contrainte de rester alitée quand vint le moment de passer l'entretien avec le syndicat de copropriété. Pas de problème, répondirent les représentants du conseil : ils viendraient à nous. Et c'est ce qu'ils firent. Nous étions donc là, nous deux et sept parfaits inconnus. Dans notre chambre à coucher. Affublée de perles et d'une veste, je dissimulais mon bas de pyjama sous les couvertures. Nous leur servîmes du fromage et des biscuits secs. Ils n'eurent pas d'autre choix que de rester debout. Ils firent quelques remarques maladroites sur notre collection de livres et nous posèrent des questions à propos de notre fils et des éventuels travaux que nous comptions effectuer.

Nos réponses et notre candidature durent être à la hauteur de leurs attentes. Nous emménageâmes dans notre nouveau chez-nous sur Park Avenue au moment où le boom économique atteignait son paroxysme, où les revenus, les portefeuilles de placements et les ego étaient en plein essor dans toute la ville – surtout, et de loin, dans notre nouveau quartier d'adoption ultra-élitiste. Si nous pensions avoir tout bouclé, si nous pensions que, après avoir surmonté ce rite de passage qui nous avait meurtris et humiliés, nous étions enfin à la maison et libres, ou à la maison tout court, et que nous pouvions désormais baisser un peu la garde et souffler, nous nous fourrions le doigt dans l'œil.

« Oh, bon sang ! sursautai-je, un après-midi que mon fils en bas âge et moi étions assis sur le nouveau canapé du nouveau séjour à lire l'histoire d'une institutrice et de ses élèves à bord d'un bus magique. J'ai complètement zappé l'inscription à l'école maternelle. »

2

Personne ne veut jouer avec moi

Sur le plan géographique, l'Upper East Side ne se situe qu'à quelques kilomètres du West Village ; nous avions simplement déménagé d'un coin de la ville à un autre, ce qui ne semblait pas être la mer à boire. Pourtant, d'un point de vue social, émotionnel et culturel, nous avions atterri sur une autre planète. Nous fûmes confrontés à des changements, petits et grands, comme, pour notre fils, de s'habituer à son nouveau lit et au bruit de la baignoire. Puis nous passâmes tous par une phase d'acclimatation à notre nouveau quartier. Les lieux me paraissaient plus empesés et plus formels que je ne l'avais imaginé. Lors de mes premières sorties à l'épicerie du coin, je me suis sentie affreusement mal sapée avec mon jean et mes sabots ; autour de moi, les femmes étaient tirées à quatre épingles, habillées et apprêtées au maximum même à dix heures du matin, un mardi. Tout en elles – leurs bottes sobres ultraluxueuses, leurs cabans en cachemire aux boutons étincelants, leurs divins brushings et leurs sacs à main magnifiques – avait l'air de coûter une fortune et d'être entretenu avec un soin méticuleux. Le monde entier était, semblait-il, une scène au sein de notre nouvel écosystème offrant chaque jour l'opportunité d'arborer une nouvelle tenue somptueuse religieusement sélectionnée, des cheveux minutieusement sculptés et un maquillage impeccable.

À l'intérieur de notre immeuble, l'ambiance n'était pas plus détendue. Ni plus amicale. Juste au moment où nous nous installions, un débat faisait rage parmi les résidents : il s'agissait de savoir si les personnes avec des poussettes devaient, oui ou non, être tenues d'emprunter l'ascenseur de service, jusqu'ici réservé au transport des colis et des ordures. Les ascenseurs dédiés aux humains, telle semblait être la volonté de certains de nos voisins, devraient être l'apanage de tous (même des chiens) sauf des enfants en bas âge. Drapés de cachemire et harnachés de magnifiques parures en cuir, les toutous se pavanaient au bout de laisses serties de joyaux et fermement tenues par des douairières résolues à ressembler le moins possible à des mamies, arborant des diamants énormes. « C'est un vrai ? » chuchotai-je au liftier une fois que la femme d'un certain âge très bien mise qui partageait l'ascenseur avec moi fut sortie, affublée de la plus grosse pierre précieuse que j'aie jamais vue. « Je crois, oui, confirma-t-il à voix basse, haussant les sourcils, ahuri. Elle en a même plusieurs. »

Jour après jour, je m'émerveillais de l'abondance dans laquelle je baignais. Elle ne tenait pas simplement au fait que le quartier et le voisinage étaient riches. En observant les gens à travers le prisme de l'anthropologie, je constatais qu'ils vivaient dans ce qu'on ne pourrait qualifier que d'*état de relâchement extrême des pressions de compétition interspécifique*. Toute créature est reliée à son environnement. Les conditions environnementales (climat, faune et flore, rapports de prédation) contribuent à déterminer le cycle de vie et l'évolution de chaque population au sein de toute espèce. Un peu partout à travers le monde, les êtres humains luttent pour se prémunir contre les prédateurs et les maladies, et pour subvenir aux besoins de leur famille dans des environnements d'une hostilité sans bornes : la savane, la forêt tropicale ou un bidonville au Brésil. C'est un lieu commun de dire que la situation est tout autre pour les gens prospères dans notre Occident industrialisé, où les dîners s'achètent préemballés en magasin, où nous disposons de vaccins et où, comme dirait la primatologue Sarah Hrdy, il n'y a pas de jaguar tapi aux abords de nos crèches. En résumé, beaucoup d'entre nous vivent dans des environnements qui ne présentent aucune contrainte, et c'est une grande première. Mais nulle part ailleurs, me dis-je en quadrillant le quartier chaque jour, à la recherche de draps Frette, de casseroles et poêles All-Clad rutilantes et d'appliques parfaites, nous ne sommes aussi libérés des contraintes environnementales que dans l'Upper East Side de Manhattan. C'est le pays des fraises géantes d'un rouge voluptueux chez Dean & Deluca, des Barbour rangés, bien ajustés et des mignardises immaculées glanées dans des pâtisseries impeccables au détour de petites rues somnolentes. Tout y était si ouaté, si friqué, si propre que j'en avais parfois le tournis.

La profusion de boutiques pour enfants toutes plus adorables les unes que les autres m'interpella tout particulièrement. Il y en avait près d'une dizaine dans un périmètre assez restreint autour de notre nouveau domicile, et on y vendait le genre de vêtements pour tout-petits classiques, de très belle facture, qu'on ne voyait jamais *downtown* : des shorts en laine et des chaussettes en laine montant jusqu'au genou, des chaussures bleu marine à semelle de cuir beige, des chemisiers blancs à col Peter Pan garnis de festons rouges, des cardigans jacquard très vieux jeu pour les mini-moi garçons. Tout était fabriqué en Italie ou en France. Sauf les pyjamas, qui venaient tous sans exception du Portugal. Parmi ces boutiques haut de gamme, ma préférée s'appelait Prince & Princess. « Non, nous ne sommes pas en soldes, nous n'en faisons *jamais*. Mais nous pouvons vous trouver la taille idéale », me répondit une vendeuse lorsque je lui demandai s'il y aurait une petite ristourne dans la vie d'un chandail bleu pastel en cachemire que je lorgnais pour mon petit bout. Vivre dans un état d'émancipation totale par rapport à son écosystème devait forcément avoir un impact sur le rôle de parents. Mais, à part faire les boutiques pour acheter des babioles de luxe à sa progéniture, à quoi une maman de l'Upper East Side employait-elle son temps ? À quoi ressemblait la vie d'une mère et de ses enfants dans ce quartier où régnaient une opulence exotique et un faste baroque ? Comment le fait d'évoluer dans un tel univers influait-il sur les mères et les enfants ? Et en quoi, me demandais-je, non sans une pointe d'angoisse, cela influerait-il sur mon fils ? Et sur moi ?

Ce n'était pas non plus le paradis pour tout le monde à égale mesure. Ça, je le savais. En effet, cet Éden se scindait entre « ceux-qui-avaient », « ceux-qui-avaient-plus » et « ceux-qui-avaient-plus-que-tous-les-autres ». La différence entre les trois était assez flagrante. Les femmes-qui-avaient-plus-que-toutes-les-autres semblaient toujours apprêtées avec le plus grand soin, mieux mises et avaient, en règle générale, le plus grand nombre d'enfants. La première fois que je vis une femme brune et menue coiffée et habillée à la perfection débarquer dans une boutique chic pour enfants avec sa portée de six, escortée de ses deux nounous, le spectacle me sembla si atypique que j'eus du mal à saisir ce que j'avais sous les yeux. Elle n'était peut-être que la belle-mère de certains de ces bambins ? C'était ça, hein ?

Non, non, pas du tout, m'apprit plus tard la vendeuse. Il s'agissait d'une femme au foyer dont le mari possédait tout un tas d'entreprises, de biens immobiliers et autres affaires. Et elle n'était pas un oiseau rare ici, dans ma nouvelle niche écologique, loin de là.

La présence de familles nombreuses cessa très vite de m'étonner, j'étais insensibilisée : elles pullulaient dans le quartier. Là où certains avaient deux enfants, ici, on en avait trois, c'était une coutume propre à cet habitat. Et là où d'autres en avaient trois, ici, on en avait quatre : ce qui jadis laissait les gens pantois n'avait plus rien d'exceptionnel. Une fratrie de cinq ne passait plus pour une folie, ni une preuve de bigoterie : on en déduisait juste que vous aviez les moyens. Et une fratrie de six faisait désormais autant rêver qu'une maison de ville… ou un jet privé. La guerre des cultures qui faisait rage dans notre immeuble entre résidents plus anciens et jeunes familles – les retraités propriétaires de petits roquets couinants pour qui la place des bambins en poussette était dans l'ascenseur de service contre les jeunes couples avec enfants qui réclamaient une aire de jeux dans le hall – reflétait un phénomène plus vaste à l'œuvre dans la ville. Les jeunes parents s'enracinaient dans le centre au lieu de fuir vers les banlieues comme la génération précédente. L'économie tournant à bloc incitait les nantis (qu'ils soient nouveaux riches, spéculateurs ou héritiers) à s'arracher les maisons de ville, ou à acheter deux appartements, et parfois plus, pour les réunir afin de former des lieux de vie avec trois, quatre, cinq ou six chambres d'une superficie qu'auparavant on n'aurait guère trouvée qu'à Westchester ou dans le Wyoming.

Cette évolution générait de la pression dans deux milieux : l'immobilier (où, comme je venais de l'apprendre à mes frais, le marché était trop restreint pour répondre à la demande) et les écoles privées de Manhattan. Je n'ignorais pas que, à une époque, si vous aviez les moyens de payer les frais de scolarité d'une école privée (frais qui avoisinaient désormais les vingt-cinq mille dollars pour une école maternelle et trente-cinq mille ou plus pour les « niveaux ultérieurs »), vos petits pouvaient fréquenter l'établissement en question. Mais, à présent, comme je le lisais régulièrement dans la presse ou comme des mamans autour de moi le déploraient à voix basse autour d'un café ou sur un banc du parc, maintenant que tant de familles décidaient de s'établir ici, et que beaucoup d'entre elles avaient les moyens de scolariser leurs enfants dans le privé, tout avait changé.

Tant d'enfants. Tant d'argent. Pour seulement *tant* de places libres dans les classes. Même dans ce pays de cocagne, certaines choses étaient très, très dures à obtenir. Le spectre d'un éventuel échec à placer sa progéniture dans une école pour élites… dans le biotope de l'Upper East Side, c'était lui, le terrifiant prédateur à déjouer et à vaincre. C'était notre jaguar.

*

« Vous avez *oublié* ? » s'étonna la femme, le dernier mot prononcé un cran plus aigu et plus sec que les deux premiers.

Sa voix exprimait l'incrédulité, la désapprobation et une bonne dose de ce dédain propre aux personnes possédant une chose qu'elles savent fortement convoitée par leur interlocuteur. Notre fils finirait par aller à l'école publique, nous en étions certains. Nous n'avions donc pas besoin de lui trouver une place dans une maternelle qui serait une bretelle d'accès vers un établissement prestigieux. En revanche, s'inscrire dans *n'importe quelle* maternelle (réputée ou pas) tenait du parcours du combattant. Avec tous ces parents qui se démenaient pour élever tous ces enfants qu'ils faisaient, on s'arrachait désormais les places en maternelle, même dans des écoles autrefois considérées comme des « roues de secours » et donc faciles à intégrer. Manhattan était plein à craquer d'enfants et de parents anxieux, projetant leurs ambitions sur eux ; or les écoles maternelles n'avaient pas encore eu le temps de s'adapter à cette demande accrue. La taille des classes n'avait pas augmenté. Et il n'y avait pas de « nouvelles » maternelles.

Ne pas inscrire son enfant à la maternelle ne se faisait pas. Le consensus voulait que les deux premières années de maternelle (*preschool*[1]) soient cruciales pour préparer de façon formelle et sociabiliser l'enfant avant la grande section (*kindergarten*). Mon interlocutrice me trouva exactement là où je me situais : à la croisée entre ambition et angoisse au sujet de mon fils et de son bien-être. Chassant l'idée furtive que ma tension artérielle n'était peut-être pas au beau fixe (mon cœur battait à se rompre, comme s'il tentait de s'extraire de mon corps *via* mes yeux), je pris une profonde inspiration avant de me mettre à plaider ma cause. Encore. C'était le troisième appel que je passais depuis le début de la matinée. Oui, je savais que ça pouvait paraître bizarre, mais nous débarquions tout juste du sud de Manhattan, *downtown*, où les choses se passaient autrement et où les délais étaient moins courts ; alors si on pouvait me dire si cela valait le coup que je fasse les démarches, je lui en serais très, très reconnaissante. Et oui, si elle avait l'amabilité de me le permettre, je foncerais illico à son bureau pour retirer

1. Aux États-Unis, ce terme désigne les écoles qui accueillent les enfants pour leurs deux premières années de maternelle ; *kindergarten* étant l'équivalent de la grande section française.

L'Enveloppe auprès d'elle : la grande enveloppe en papier kraft contenant une fiche d'inscription, un formulaire où les parents étaient tenus de rédiger une rédaction et, dans certains cas, des formulaires de lettres de recommandation. Je la remerciai, sincèrement, de m'accorder un peu de son précieux temps et lui présentai toutes mes excuses pour les désagréments occasionnés.

Mais ce que j'avais vraiment envie de lui dire, de leur dire à tous, c'était : « Pourquoi êtes-vous aussi antipathiques ? » Il ne s'agissait que de l'école maternelle, après tout. Certes, il y avait trop d'enfants et pas assez de places. J'avais compris. Mais quand même, on parlait de petits-beurre, de peinture à la main et de rondes. De s'amuser en touchant à tout dans une ambiance chaleureuse et douillette. De se faire des copains et d'écouter des histoires. N'était-ce pas son boulot, en tant qu'interface entre l'établissement et le monde extérieur, de se montrer coopérative et polie, quels que soient le degré d'ignorance de son interlocutrice et la naïveté de ses questions ? Apparemment, ici, dans l'Upper East Side, on ne badinait pas avec les activités ludiques des enfants. Et on ne lésinait pas sur les efforts. Il y avait un protocole bien précis concernant les candidatures, les sessions de jeu avec les copains et tout le reste. Pour ce qui avait trait à l'école, j'avais encore beaucoup à apprendre.

Quelques mamans rencontrées au cours d'éveil musical ainsi que ma belle-sœur, une mère de l'Upper East Side avec quatre ados à charge, prirent mon éducation en main et m'expliquèrent la marche à suivre pour dégoter une école. Certains directeurs de *nursery schools* (autres formes de maternelles accueillant les enfants dès leur plus jeune âge), m'expliquèrent-elles, sont en relation avec des directeurs d'écoles « ultérieures », c'est-à-dire des écoles *K-8* ou *K-12*, soit des établissements qui accueillent les élèves depuis le *kindergarten* (d'où le « K »), au *grade 8* ou *12*, respectivement l'équivalent de la troisième et de la terminale, qui, en fonction de leur carnet d'adresses, ont des taux plus ou moins élevés de placement d'élèves dans de « bonnes » universités (ce qui, dans un contexte hypratendu et ultracompétitif, ne fait plus référence aux établissements de l'Ivy League mais à n'importe quelle université américaine où le niveau d'enseignement et les infrastructures sont correctes). En outre, nombre de *nursery schools* et écoles ultérieures ont des « politiques de fratrie » : une fois qu'un enfant est inscrit dans telle école, l'admission de ses petits frères et sœurs se fait plus ou moins d'office. Sachant que la maternelle a un impact sur l'université où vos enfants finiront, si vous la jouez fine, vous n'aurez à vous coltiner la procédure d'inscription en *K-12* (école accueillant les enfants de 5 à 18 ans) qu'une seule fois – d'où le choix crucial de l'établissement. Les directeurs de maternelle sont donc des personnes très, très, très influentes. Certes, nous ne doutions pas que l'école publique du secteur conviendrait très bien à notre fils et à notre famille, mais que se passerait-il si jamais, dans quelque temps, l'envie nous prenait de transférer notre rejeton dans le privé ? Et si les effectifs en classe étaient trop élevés dans le public ? Et si l'établissement public qu'il fréquentait voyait son niveau chuter (il n'était pas rare, à ce qu'on disait, que l'arrivée d'un nouveau principal entraîne ce genre de baisse) ? Et si la tendance consistant à enseigner en vue des contrôles, pratique qui semblait pousser à bout et les professeurs et les élèves et les parents, se perpétuait et posait problème à mon fils comme cela avait été le cas pour tant d'enfants dans l'enseignement public ? Et si, pour *n'importe quelle* raison, nous décidions de le scolariser dans le privé à un moment donné ? Il fallait donc que nous jetions notre dévolu sur une directrice de maternelle hors pair dès maintenant, afin que, plus tard, elle puisse actionner des leviers pour nous. J'avais bien appris la leçon.

Je soupirai et restai en ligne. À nouveau, je me retrouvais dans le rôle de quémandeuse et cette fois, je venais de m'en rendre compte, mon désavantage était encore plus flagrant que lors de ma recherche de logement, car, contrairement aux autres mères de l'Upper East Side, je n'avais pas reçu la « note de service ». Celle qui, si j'avais bien saisi, stipulait : « Planifie toujours très, très, très à l'avance. » À parler de tout et de rien avec les autres mamans au square ou au parc, je commençais à comprendre qu'une des coutumes tribales consistait à toujours faire ce que vous étiez censé faire très longtemps avant le moment où vous étiez censé le faire. Par exemple, avant d'entrer en maternelle, votre tout-petit était censé suivre des cours d'éveil musical à la Diller-Quaile School of Music. Avant Diller-Quaile, vous étiez censé l'inscrire à telle ou telle activité pour bébé. C'était comme si tout se nourrissait de tout le reste, et posséder ce savoir, l'échanger et le mettre à profit au moment opportun tenait presque du délit d'initiés. Cette aptitude confirmait votre appartenance à la tribu des mamans de l'Upper East Side.

Cette façon de vivre, d'être parent et d'être tout court se révélait anxiogène, car vous ne pouviez jamais baisser la garde ni vous détendre à propos de *quoi que ce soit*. Les mouvements de tête désapprobateurs de ces mamans quand je leur appris que mon fils « faisait de la musique » dans un espace Gymboree ne purent que me rappeler Flo, la guenon matriarche de Jane Goodall, cette dynaste fort entreprenante qui, portée par une ambition sans borne, promut sa cause avec circonspection, tissa méticuleusement des coalitions au nom de sa progéniture, Fifi, Figan et Faben, qu'elle réussit à propulser au sommet de la hiérarchie de leur groupe, à Gombe en Tanzanie : une entreprise intergénérationnelle. Ici, rien que pour s'en sortir, il fallait se montrer aussi persévérant, intelligent, clairvoyant et fin stratège que Flo.

Quand elles me transmettaient des informations, il me semblait parfois voir apparaître chez ces femmes les plumes assombries, les becs acérés et les yeux étincelants, dénués d'empathie de certains oiseaux – les mères oiseaux de David Lack, pour être plus précise. Cet ornithologue britannique dynamita nos sacro-saintes croyances au sujet de la maternité et de l'amour maternel dans son étude sur les habitudes de couvaison chez les oiseaux de la campagne anglaise, publiée au sortir de la Seconde Guerre mondiale. Ayant remarqué que certaines mères oiseaux se débrouillaient mieux que d'autres et amenaient plus d'oisillons à maturité, qui, à leur tour, amenaient plus d'oisillons à maturité, il voulut comprendre les mécanismes à l'œuvre. Pourquoi certaines réussissaient-elles là où d'autres échouaient ? se demandait Lack. Il finit par constater que les écervelées se démenaient à chaque nouvelle portée, pondaient et couvaient autant d'œufs que possible, se pliant en quatre pour chaque oisillon à chaque saison des amours, et, ce faisant, s'affaiblissaient. Fatiguées et usées par tous les efforts fournis, ayant des portées plus nombreuses à défendre et ravitailler, elles avaient plus de chances de mourir, et il en allait de même pour leurs petits. Ces mères « qui s'oubliaient complètement » n'étaient pas aussi performantes que leurs congénères à la tête plus froide, plus calculatrices, qui évaluaient la situation avant de se jeter corps et âme dans la ponte et le ravitaillement des petits. « On dirait bien que le printemps s'annonce pourri, froid et tardif, et que les vers de terre seront difficiles à trouver. Devrais-je couver ces œufs ou les laisser de côté, histoire d'en couver davantage quand les conditions seront plus favorables ? Ou juste en couver deux ou trois ? » Une fois les poussins couvés, Lack découvrit que ce petit jeu consistant à mettre toutes les chances de son côté se poursuivait. Une maman oiseau pas très raisonnable nourrirait toute sa portée. Une maman plus futée en ferait *peut-être* de même. Mais, en fonction des circonstances, elle pourrait aussi être amenée à laisser son plus gros poussin faire tomber les plus petits du nid. Ou tuer ses frères et sœurs plus faiblards à coups de bec. Elle pourrait même prendre la poudre d'escampette, se disant qu'elle ferait mieux la prochaine fois, lors d'une autre saison des amours où davantage de partenaires potentiels et de baies s'offriraient à elle. Ce genre de « réduction des dépenses en termes de soin maternel », comme le découvrit Lack, comptait autant dans la réussite d'une mère que la volonté de subvenir aux besoins des petits et de se sacrifier pour eux. Les mères oiseaux intelligentes mettaient toutes les chances de leur côté et faisaient des « compromis maternels » au quotidien. Certains penseurs de l'évolution et primatologues comme Sarah Hrdy ne furent pas longs à comprendre que les primates (qu'ils soient humains ou non humains) agissaient exactement de la même manière.

Bien sûr, grâce à l'avènement de la contraception, à l'affluence et à la faible pression de prédation que leur offrait leur environnement, les mamans de l'Upper East Side étaient aux antipodes des mères oiseaux en ce qu'elles avaient les moyens d'élever chacun de leurs enfants et de leur prodiguer à tous de la nourriture, de l'attention et des vêtements de chez Bonpoint. Mais elles n'en usaient pas moins d'une certaine stratégie. Exemple : la question de la conception. Vous êtes séduite par l'idée d'accueillir votre bébé dans la chaleur indolente de l'été, période où papa pourra plus facilement prendre un congé paternité ? La perspective d'une fête d'anniversaire en extérieur avec un gâteau partagé sur la table de pique-nique vous tente ? *Pas de ça ici, ma grande !* En fait, les naissances en été n'étaient pas du tout une bonne chose. Surtout si vous aviez un garçon. Les garçons étaient, disait-on, plus turbulents, moins obéissants et avaient besoin de plus de temps pour développer ce qui avait trait à la motricité fine. Il était donc important qu'ils soient « plus vieux » pour démarrer l'école. Dans le Sud, on avait adopté ce genre de pratiques consistant à retarder l'entrée à l'école d'un enfant pour lui permettre de développer ses capacités socio-émotionnelles afin que les garçons soient plus costauds au moment d'intégrer leur équipe de sport. Mais à New York, on y avait recours pour favoriser l'intellect, le développement et les capacités cognitives. Pour qu'un garçon puisse intégrer une classe, les écoles exigeaient que son anniversaire ne soit pas plus tard qu'en août. Auquel cas, mon fils, né en juillet, passait de justesse. Mais ça, c'était sur le papier ; en vérité, on tablait plutôt sur mai, comme me l'expliqua ma belle-sœur. Et l'idéal pour eux serait une naissance en octobre. Les mamans qui tombaient enceintes en janvier, février ou mars décrochaient le prix Flo… et, si tout se déroulait comme prévu, les places d'école tant convoitées. Les autres – dont j'étais – avaient des enfants qui allaient devoir affronter la vie et le système des écoles privées à Manhattan en traînant leur mois de naissance (juin, juillet ou août) comme une casserole. Une amie m'a dit un jour, sur le ton de la plaisanterie, que les cliniques d'aide à la procréation devraient afficher des avertissements en septembre, octobre et novembre : *Prière de sauter ce cycle*.

Ainsi, non contente d'avoir tardé à commencer les démarches d'inscription à l'école, j'avais également conçu un enfant du mauvais sexe au mauvais moment. « Oh, non, ne me dis pas qu'en plus de ne pas encore avoir inscrit ton fils, son *jour de naissance* n'est pas bon ? » ne manquaient pas de s'exclamer celles auprès de qui je cherchais des conseils. L'une le dit devant mon fils, un jour au square, et il se mit à sangloter. « Qu'est-ce qu'il a de pas bon, mon jour de naissance, maman ? — Oh, rien, mon chéri », le rassurai-je. Mais je mentais. Je nous avais fait déménager pour nous installer dans un endroit où les jours de naissance pouvaient, pour de vrai, être mauvais. En tout cas, j'avais intérêt à passer des coups de téléphone, *tout de suite*. Voilà donc où j'en étais.

« Je suis désolée », me dit la femme au bout du fil. Elle venait de me reprendre dans un fracas inquiétant et sa voix ne laissait transparaître aucun remords. « Nous ne prenons plus aucune candidature. » Elle raccrocha sans un au revoir, ni même me laisser le temps de la remercier. Je présume qu'elle était pressée.

On pourrait faire fi de ces simagrées, songeai-je, reposant le combiné aussi calmement que possible. C'était stressant et stupide. Quelle importance que notre fils fréquente une bonne école en petite et moyenne section ? Voire qu'il en fréquente une tout court ? Aux quatre coins de la planète, les enfants ne s'en sortaient-ils pas très bien sans aller à la maternelle ? Je m'en étais passée, et je ne m'en portais pas plus mal. Mais l'Upper East Side n'était pas l'Afrique occidentale, ni le bassin amazonien, ni Grand Rapids. Non, je ne pouvais pas déclarer forfait si l'avenir de mon fils était potentiellement en jeu. Quel genre de mère serais-je, si je faisais cela ?

C'est ainsi que s'amorça pour moi un glissement déboussolant : le passage de l'état d'observatrice extérieure à celui de participante adhérant à toutes les règles, avec la peur au ventre. J'étais désormais sous le joug de l'angoisse culturelle, spécifique et universelle de ne pas être à la hauteur en tant que maman, d'être une maman qui ne donne pas le maximum pour ses enfants.

*

La durée de l'enfance fait de nous, les primates, des créatures à part. Tandis que les autres mammifères passent de l'état de nouveau-né à celui de petit sevré puis atteignent la maturité sexuelle à une vitesse ahurissante (à nos yeux, du moins), nous, les humains, ainsi que nos cousins les plus proches, nous prenons notre temps. Katherine MacKinnon, primatologue et maître de conférences en anthropologie à l'université de Saint-Louis, observe que « la majorité des espèces de primates passent vingt-cinq à trente-cinq pour cent de leur existence à l'état juvénile ». Elle cite l'exemple des orangs-outans, que l'on considère « en bas âge » pendant les cinq premières années de leur vie, et « juvéniles » pendant dix à douze ans. « On constate que la période juvénile est très longue, proportionnellement à l'espérance de vie et à la taille, chez la plupart des singes et grands primates », affirme-t-elle.

Mais, de tous les primates, nous naissons les plus dépendants, et nous le demeurons le plus longtemps. Cela commence dès notre venue au monde à l'état de fœtus, inachevés sur le plan neurologique, requérant un soin et une attention constants uniques en leur genre. Contrairement aux autres primates, nous ne sommes même pas capables d'agripper quoi que ce soit, à la naissance ; il faut nous porter. Et ce n'est qu'un début : la progéniture dite « altricielle » ou dépendante, et la néoténie (la conservation de caractéristiques juvéniles jusqu'à un âge relativement avancé) affectent en profondeur parents comme enfants, sur de nombreux plans, des années durant. Comme l'affirme Meredith Small, anthropologue, « l'enfance des humains est telle qu'elle prolonge et complexifie le rôle parental ». Physiquement et psychologiquement, notre progéniture et nous sommes imbriqués, bien souvent à vie. Nous habillons et nourrissons nos enfants, nous payons pour les accompagner, *via* l'éducation, vers l'âge adulte. Et à ce stade, nous finançons parfois leur logement, quand nous ne nous en portons pas garants, et nous finissons par contribuer – soutien moral et pécuniaire – au bien-être de *leurs* enfants. Comment notre espèce peut-elle justifier cet investissement coûteux et sans fin dans le bien-être de sa progéniture ?

Le fait est que, pendant des millénaires, elle n'était *pas en mesure* de le justifier. Nos lointains ancêtres ne s'attardaient pas entre la petite enfance et l'âge de l'indépendance, comme nous le faisons à l'heure actuelle ; non, ils se retroussaient les manches pour atteindre la maturité sexuelle au plus vite. Puis, comme l'avance le rédacteur scientifique Chip Walter, « il y a environ un million d'années, les forces de l'évolution ont intercalé six années supplémentaires – l'enfance – entre la petite enfance et la préadolescence dans la vie de notre espèce ». Pourquoi ? Pendant des décennies, les experts ont cru que ce changement avait été occasionné afin d'allouer aux jeunes hominidés de l'époque davantage de temps pour acquérir certaines compétences, comme le langage et l'usage des outils. Selon cette hypothèse, on aurait étiré l'enfance comme de la guimauve pour nous permettre d'apprendre les leçons nécessaires à tout être humain. Puisque nous étions si particuliers, nous devions nous démarquer avec quelque chose de particulier : l'enfance.

Cependant, cette théorie était bancale à plusieurs égards. Il est peu probable que la sélection naturelle ait permis l'émergence d'une période idyllique, pesante pour les parents et dangereuse à la fois pour les parents, la progéniture dépendante et des groupes d'individus entiers, tout ça pour que des gamins puissent parfaire leur technique d'allumage du feu et leur élocution. Pour découvrir la *vraie* raison de l'apparition de l'enfance, les penseurs durent revoir leurs croyances sur cette étape de la vie et envisager qu'elle n'avait peut-être pas toujours été telle que nous la connaissons aujourd'hui. Et si, à l'origine, cette période n'était pas du tout dédiée à l'apprentissage et au jeu ? Et si l'enfance n'était pas apparue pour servir les enfants mais les *adultes* ? Et si elle leur était bénéfique *à eux* ? En effet, le seul scénario plausible, selon certains anthropologues comme Barry Bogin, Kristen Hawkes et Anne Zeller, est que l'enfance se serait fait jour pour délester les adultes reproducteurs du fardeau que représentent les conséquences de la reproduction, afin qu'ils puissent se reproduire à nouveau. Ces experts suggèrent que les enfants endossaient le rôle d'adjuvants, de nounous et permettaient à leurs mères de se reposer et de se sustenter, ce qui leur permettait de subvenir aux besoins des enfants dont elles avaient la charge et d'en engendrer de nouveaux. C'est grâce à nos chérubins et non à nos partenaires masculins que nous sommes devenues adeptes de la reproduction communautaire, système qui nous a aidées à prospérer là où d'autres *Homo* ont mordu la poussière. Le propre de l'enfance était le labeur, pas le jeu.

Puisqu'il faut goûter pour savoir, un tour d'horizon de la situation actuelle chez les humains s'impose. Dans la plupart des cultures, les enfants sont mis à contribution au sein de leur foyer dès l'âge de sept ans. Ils gardent le bétail, nettoient la cuisine, ramassent du bois pour le feu ; ils font la cuisine, la lessive et ils vendent des articles sur les marchés. Mais ils servent surtout de baby-sitters pour leurs jeunes frères et sœurs, et parfois pour leurs cousins. En menant une étude sur cent quatre-vingt-six sociétés à travers le monde, Thomas Weisner, anthropologue rattaché à l'UCLA (l'université de Californie, à Los Angeles), a constaté que, dans une majorité de cas, les mères ne sont pas celles qui s'occupent le plus des jeunes enfants, ni celles qui passent le plus de temps avec eux. Les autres enfants assument ce rôle. Les enfants, affirment les spécialistes, sont programmés pour aider, pour passer leurs journées en groupes multi-âges, à prendre soin les uns des autres, à absorber et transmettre les savoir-faire acquis en observant les adultes et en travaillant à leurs côtés.

Ce genre d'organisation semble fonctionner pour tout le monde, surtout dans les contextes professionnels peu qualifiés où les contributions des enfants font la différence. Dans les villages traditionnels mayas au Mexique, par exemple, les enfants tiennent la maison et les étalages au marché. D'après les observations de Karen Kramer, anthropologue, ces enfants ont un degré de confiance en eux très élevé : ils savent exactement et maîtrisent ce qu'ils sont censés faire et se sentent donc valorisés. Leurs parents ne font état d'aucun signe de stress, de dépression ou d'épuisement, comme tant de leurs homologues du monde industrialisé. Dans les pays d'Afrique occidentale, où les enfants commencent à se rendre utiles dès l'âge de trois ans, on a coutume de dire : « Un homme qui a des enfants ne sera jamais pauvre. » Un enfant est un atout, il est aimé et estimé en tant que tel. Dans ce contexte, les enfants sont source de joie, car ils apportent une réelle contribution. Ils enrichissent leurs parents.

En Occident, nous avons totalement renversé l'ordre des choses et chamboulé le principe de l'enfance. Nos rejetons ne sont pas supposés lever le petit doigt avant un certain âge. On s'occupe d'eux et on pourvoit à leurs besoins. Au lieu d'évoluer en groupes multi-âges, dans de véritables bains linguistiques, de vrais viviers de compétences, au contact de frères et sœurs, de cousins plus âgés ou plus jeunes qu'eux, au sein desquels ils apprennent à parler et contribuent à l'économie domestique, ils vont à l'école, parfois dès l'âge de deux ans. Là-bas, ils sont isolés du reste de la société et parqués avec d'autres enfants de leur âge (le moyen le plus efficace de constituer des groupes quand les taux de natalité sont bas) et des adultes n'ayant aucun lien de parenté avec eux, qu'on appelle « professeurs » et qui ont à cœur (ou pas) de les faire progresser. Sans une brochette de parents plus âgés pour leur inculquer des savoir-faire pratiques et leur transmettre le langage en le parlant dans leur périmètre à longueur de journée, ils sont contraints de l'apprendre par le biais d'une dyade laborieuse (« la le li lo lu lé lè lê », « Lola a lu », « Lilu a élu Ali »). Ce n'est qu'un exemple parmi d'autres pour montrer que, dans notre monde, les enfants sont synonymes de « travail », et que nos vies s'articulent autour de leurs besoins et non l'inverse. Vous le sentez chaque fois que vous faites le lit de votre petite ou que vous rangez la cuisine après lui avoir préparé un repas spécial. Ou que vous payez quelqu'un pour le faire.

Meredith Small est passée à la postérité en déclarant que les enfants de l'anthropocène, notre ère géologique actuelle, « n'[avaient] pas de prix mais n'[avaient] pas non plus d'utilité ». Nous leur accordons de l'importance, à notre façon toute particulière, en pratiquant ce qu'on pourrait appeler le « culte des descendants », tout comme d'autres cultures vouent un culte aux ancêtres.

Mais nous nous plaignons de ce que les enfants nous coûtent beaucoup d'argent et d'énergie ; et à juste titre, car ces derniers font très peu pour gagner leur pain quotidien. Cette inversion de l'ordre des choses en termes d'évolution place les *mères* dans des circonstances écologiques, économiques et sociales uniques. Si l'on doit au monde occidental moderne la vision de l'enfance comme une période bercée d'insouciance, il en va de même pour l'idée que les mères devraient être celles qui s'occupent le plus de leurs enfants et passent le plus de temps auprès d'eux. Elles sont principalement, si ce n'est exclusivement, responsables de leur survie lors de la petite enfance, puis de leur bien-être ensuite et même de leur réussite tout au long de leur vie. En altérant le principe de l'enfance, nous avons altéré celui de la maternité, jusqu'à la conduire aux antipodes de ce qu'elle était et de ce qu'elle continue d'être partout ailleurs.

S'il existe un endroit où l'enfance et la maternité ont évolué de façon flagrante, c'est bien l'Upper East Side de Manhattan. Au sein de cette niche où le relâchement des pressions de compétition interspécifique est extrême, au sein d'une culture hautement compétitive, avoir une progéniture « qui réussit » est gage de statut social, les enfants étant des miroirs de nos propres aspirations. Les soutenir et travailler d'arrache-pied pour eux est devenu une véritable profession. Ici, la maternité est une carrière semée d'embûches et de coups bas, où les enjeux sont colossaux. L'activité y est stressante et anxiogène précisément parce que c'est aux mères qu'incombe la réussite ou l'échec de cette entreprise, dont dépendra la réussite ou l'échec de leur progéniture. Et donc des leurs. Un circuit d'une fluidité remarquable et, comme j'allais l'apprendre, quasi inexorable.

Voilà qui expliquait pourquoi les mères de l'Upper East Side arboraient toutes autour du cou de minuscules médaillons gravés aux initiales de leurs enfants. Ainsi que des bagues empilables, une pour chaque rejeton. Et cette manie d'enregistrer le nom des mères sous celui de leurs *enfants*, si bien que dans les répertoires de nombre de mes nouvelles amies, j'apparaissais non pas comme « Wednesday Martin » mais « Eliot M. / mère, Wednesday M. ». Nous étions nos enfants, la fusion était absolue. Et cette réalité me heurtait de plein fouet chaque fois que j'apercevais une mère portant le badge de son enfant sur un cordon passé autour du cou : « Untel et Untel, Parents, École X et Y ». Dans les e-mails, nous nous présentions et signions en tant que « maman de Pierce » ou « maman d'Avery ». À l'oral, nous disions : « Vous avez demandé à la maman de Schuyler ? » Ces femmes étaient devenues leur progéniture, et vice versa. Comme l'a écrit mon amie Amy Fusselman : « C'était comme si je n'avais eu ni vie ni identité avant eux, comme si mes enfants m'avaient mise au monde. »

Bref, ces autres enfants, ceux que leurs mères avaient déjà inscrits, étaient-ils mieux que les miens ? Alors que j'étudiais l'éventail des options qui s'offraient à nous sur le front des écoles maternelles (et qui s'amenuisait à mesure que les jours défilaient sans que nous ayons soumis notre candidature), les places se remplissaient à toute allure, comme dans un jeu de chaises musicales qu'une partie de moi avait vraiment de moins en moins envie de perdre. Étaient-ils plus futés ou plus mignons que mon fils ? Leurs parents étaient-ils plus charmants que mon mari et moi ? *Cela m'aurait étonnée.* J'allais les obtenir, ces dossiers d'inscription, dussé-je le payer de ma vie. J'allais appeler ma belle-sœur. Et mon guide, Inga, qui m'avait aidée à me familiariser avec les us et coutumes du quartier. J'allais leur demander un service. Leurs enfants n'avaient pas le même âge que les miens. Et ceux de leurs amis non plus. Elles pouvaient donc se permettre d'être généreuses. Je commençais à prendre le pli. Ou à perdre complètement le fil. Question de point de vue.

*

Inga était partante, et ultraconnectée. Elle connaissait des dizaines de personnes dont les enfants fréquentaient des écoles maternelles cotées, pour leur avoir vendu, à toutes ou presque, des appartements. Ma belle-sœur se réjouissait de m'aider, elle aussi. Mais il y avait un chausse-trappe : le Dilemme du Premier Choix. À Manhattan, une fois les démarches d'inscription effectuées, après avoir mis toutes les chances de votre côté et avoir bien évalué vos désirs, vous envoyez un courrier ou vous passez un entretien auprès d'un représentant de l'établissement correspondant à votre « premier choix ». Dans ce document ou lors de cette discussion, vous avez recours à la langue de la monogamie et de l'engagement, en gros, vous promettez au représentant que, si votre enfant est accepté chez lui, il ou elle ira en cours chez lui. Si jamais votre enfant était admis dans une école sur recommandation d'un ami, mais qu'au final il allait ailleurs, votre ami aurait l'air malin… Et autant vous dire que le pont menant à cet établissement serait brûlé *ad vitam*, tout comme cette amitié. Quand les quatre enfants de ma belle-sœur étaient en maternelle, c'était juste l'école lambda du quartier. Mais, au moment où nous entamions nos démarches, l'afflux d'argent neuf dans le secteur conjugué à la réputation du directeur, connu pour avoir réussi à placer un grand nombre d'élèves dans des écoles primaires et ultérieures très sélectes, en avaient fait un des établissements *pre-K*[1] les plus prestigieux de Manhattan. D'ailleurs, il venait d'essuyer un scandale impliquant un gros bonnet du genre maître du monde, qui avait tenté d'ouvrir la voie à l'enfant d'un de ses clients par le biais d'un don d'un million de dollars. L'enfant ne fut pas admis.

Avant de placer notre fils où que ce soit, il nous fallait en passer par les dossiers de candidature, les entretiens (pour les parents) et les « sessions de jeu » sur place (pour les enfants). Me procurer les dossiers ne fut pas compliqué, malgré notre requête tardive, une fois qu'Inga et ma belle-sœur eurent fait jouer leurs relations, qui réussirent à en obtenir auprès de leurs écoles. Pendant des jours, je passais mon temps à galoper à droite, à gauche pour récupérer des enveloppes en papier kraft, puis je m'attelais à la tâche et rédigeais un texte sur ce qui faisait de mon tout-petit un être si hors du commun, ses points forts et ses faiblesses, sa façon d'apprendre. Cruellement tentée de répondre : « Je n'en sais vraiment rien pour l'instant, vu qu'il n'a que *deux ans* », je prenais sur moi, me cognais la tête contre les murs jusqu'à trouver des réponses qui passeraient, je l'espérais, pour assez fair-play. Suivirent les séances de jeu, que j'avais rebaptisées « auditions », car le terme me semblait plus honnête. Programmées, en général, pile à l'heure de la sieste, leur concept vous échappait tant que vous n'aviez pas compris qu'on cherchait à écrémer le plus d'enfants n'ayant pas déjà un frère ou une sœur inscrits dans l'école en question. Votre chérubin à bout de fatigue piquait une crise dans le coin dînette ? Il giflait un petit camarade pendant l'atelier travaux pratiques ? Il n'avait pas été attentif pendant qu'on lisait l'histoire ? La prochaine

1. Littéralement : « avant le *kindergarten* ».

audition, dans un autre établissement, se passerait mieux. Je n'oublierai jamais cette « séance de jeu », où il n'y avait qu'un seul jouet qui donne vraiment envie – un four aux couleurs vives équipé de poignées, de voyants lumineux et de boutons – entouré d'autres jouets moins intéressants. Il constituait le point névralgique d'un jeu de chaises musicales truqué par des recruteurs s'amusant à observer les réactions d'une poignée d'enfants exténués face au stress occasionné par cette confrontation à tout ce qu'ils étaient précisément incapables de gérer à ce stade de leur développement (la nécessité d'attendre son tour, de patienter pour jouir d'un plaisir et de contenir sa frustration dans des circonstances exceptionnelles). Sans récompense à la clé.

Après avoir attendu et attendu, mon fils n'y tenait plus, et l'agacement se lisait sur son visage. D'autres enfants se bousculaient et le rudoyaient au passage. La « séance de jeu » était en train de sombrer dans le chaos. Écœurée, furieuse, lorsque mon fils éclata en sanglots, je me levai de l'endroit où j'étais assise sur le sol pour aller le consoler (jamais on ne vous disait où vous installer, ni comment vous comporter durant ces stupides séances, car vous observer élucider la question faisait partie de l'« évaluation ».) Et, sur le coup, je fis le vœu, qui vaut toujours, d'ailleurs, que la directrice de cette école croupisse dans un cercle spécial de l'enfer réservé à ceux qui stressent les bambins de deux ans et leurs mères pleines d'espoir, crispées et vulnérables, sans raison valable.

Autour de moi, lors de ces séances de torture, les mères avaient de superbes tenues, une mise impeccable, les nerfs en pelote, et l'air près de craquer si leurs enfants flanchaient. Nous étions toutes sur la sellette. Et nous le savions. Nous avions souvent l'impression que certains des administrateurs se délectaient du spectacle que nous leur offrions, à nous tortiller ainsi, et qu'ils éprouvaient un malin plaisir à voir des femmes relativement riches et favorisées être dans leurs petits souliers, sous le joug de leur propre capital culturel, de ce pouvoir qu'ils avaient de sélectionner des familles, d'accepter ou d'exclure des enfants. Il n'était pas rare d'apercevoir dans la rue une maman emmitoufler son rejeton, en larmes, avant de mettre les voiles. Moi-même, j'ai pleuré lorsque mon fils a été « recalé » pour avoir avalé une poignée de sable avant de hurler : « RENDS-LE-MOI ! » à un petit camarade qui lui avait arraché un livre des mains. Dans une autre *nursery school*, chapeautée par une Église, il entra, lança un « C'est tout pourri ! », et je compris d'emblée à leurs yeux plissés que ça n'avait pas du tout fait rire l'équipe de direction. Le cruel rituel se réitéra maintes et maintes fois pendant des semaines. Pour moi, cette mascarade n'était ni plus ni moins que du sadisme institutionnalisé, et j'éprouvais une rancœur viscérale.

Seulement, que pouvions-nous faire, les autres mères et moi ? Les *nursery schools* détenaient tous les pouvoirs et nombre d'entre elles, cela se sentait, prenaient le fait qu'il y ait une foule de parents quémandeurs pour un gage d'excellence. En réalité, aucun de ces établissements n'était excellent ; c'était juste une histoire d'effectifs. Il n'y avait tout simplement pas assez d'écoles. Et puisque l'ancienne école des neveux et nièces de mon mari était assaillie par des hordes ayant bien souvent leurs propres connexions et plus d'une carte à jouer, nous avions plutôt intérêt à ratisser large. Alors je tenais bon, continuant d'emmener mon fils passer des auditions. Un jour, sa main dans la mienne, sur le seuil d'une énième « salle de jeux » pleine d'enfants qu'il ne connaissait pas, il leva les yeux vers moi et dit : « Maman, je peux pas », et je faillis pleurer.

Après réflexion, nous décidâmes que mieux valait laisser mon mari, calme et posé, accompagner notre fils à l'école maternelle où ses neveux et nièces étaient allés. Il fit remarquer que la directrice était sans doute une des personnes les plus influentes de la ville – et donc du monde. Si sa sortie nous fit bien rire, ce n'était pas qu'une boutade. Je pianotais du bout des ongles sur mon bureau en attendant des nouvelles du front. Quand le téléphone sonna, je manquai tomber de mon fauteuil. « Je vais sauter par la fenêtre », pesta mon mari, à voix basse. Mon cœur dégringola jusqu'à mes pieds. « Pourquoi ? » m'enquis-je, luttant pour ne pas trahir l'hystérie qui me gagnait.

La directrice de l'école était présente lors de l'audition de mon fils. Tandis qu'elle parlait et faisait des boudins de pâte à modeler, qu'elle collait des gommettes et dessinait avec lui et les autres enfants, il avait réclamé son attention. Après l'avoir appelée plusieurs fois par son prénom et comme elle ne répondait pas à sa requête noyée dans le brouhaha général, il lui avait donné un coup de poing (léger, mais tout de même) dans le bras avant de s'écrier : « Hé, je te parle ! »

Je ne saurais pas dire pourquoi mon fils fut admis dans cet établissement. Je n'ai jamais demandé. Nous avons attribué cela à ma belle-sœur et à son influence, ainsi qu'au fonctionnement profondément tribal de cette école pourtant si prisée. Si un membre de votre famille avait fréquenté ledit établissement, et à plus forte raison, sans doute, y avait scolarisé quatre enfants et injecté des sommes conséquentes, avec le sourire de surcroît, alors la balance penchait en votre faveur. Aux yeux de la direction, vous étiez certifié conforme, une valeur sûre. Même si votre fils tapait la patronne, semblait-il. Ça y était, notre fils était inscrit à la meilleure *nursery school* de toute la ville. J'apprenais à récolter les fruits de l'appartenance tribale. Je n'allais pas tarder à apprendre que celle-ci était à double tranchant.

*

Nous étions euphoriques le jour où notre fils a décroché son entrée dans une « bonne » *nursery school*, comme si nous venions de réussir un smash gagnant, un véritable exploit – j'avais bien conscience que mieux valait ne pas trop m'étendre sur le sujet, sous peine d'être taxée de vantardise. J'avoue que les regards envieux des autres mères quand, à leur demande, je leur annonçais qu'il avait été pris dans cette maternelle, n'étaient pas pour me déplaire. À l'instar d'une maison de ville, d'un gros diamant ou d'une propriété sur le front de mer dans les Hamptons, une place dans cette école, en ce qu'elle reflétait l'ampleur et la qualité de votre réseau tout en multipliant les chances pour votre progéniture d'intégrer une école primaire d'élite, constituait un must, un de ces objets de convoitise suprême aux yeux des Manhattanites. Surtout, cela me donnait l'impression d'être une bonne mère, comme Flo, la guenon.

Cependant, une fois de plus, nous nous fourvoyâmes en pensant avoir franchi la ligne d'arrivée et être au bout de nos peines. Car, mis à part un point d'eau qui se résorbe pendant la saison sèche, dans les steppes du Serengeti (en Tanzanie), il existe peu d'endroits au monde où le désarroi, l'agressivité, le danger et l'inhospitalité sont plus palpables que les couloirs d'une école privée sélecte à Manhattan, le matin avant les cours et à la sortie des classes. En comparaison, être dans une salle de réunion chez Goldman Sachs (où, comme un banquier d'investissement de ma connaissance fit observer un jour : « Ils ne se donnent pas la peine de te poignarder dans le dos, non, ils te poignardent en plein ventre avant de piétiner ton cadavre ») passe pour une promenade de santé. J'avais atterri dans l'école la plus cotée du quartier le plus snob de la ville la plus riche d'Amérique, où tout le monde faisait campagne et vivait pour sa propre progéniture. OK, j'aurais peut-être dû m'en douter ? Hélas, non.

Mon fils entra à l'école maternelle au moment où le boom économique battait son plein. L'adrénaline coulait dans nos veines, et l'espoir flottait dans l'air. Un peu partout, on concluait des marchés. On achetait des résidences secondaires, tertiaires, quaternaires. À Manhattan, le bonheur semblait monter à la tête des gens, ça devenait limite pathologique. Et, chaque jour après avoir déposé mon fils à l'école, je fondais en larmes. Non parce que j'étais émue et attendrie de le voir passer la porte de sa classe. Ni parce que le laisser à l'école me faisait prendre conscience, symboliquement, qu'il grandissait. Ou parce que, être mère, ça prend aux tripes et parfois, ça fait mal. Non, je pleurais parce que les autres mères étaient méchantes. Je les appelais les *Mean Girl Moms* (les Mamans Mesquines) quand je les décrivais à mon mari et à mes amies du sud de Manhattan.

Elles se rassemblaient en grappes dans les couloirs, têtes inclinées, elles murmuraient, ricanaient, susurraient. On aurait dit qu'elles se connaissaient toutes « d'avant ». Leurs uniformes véhiculaient un message sans équivoque : nous sommes une tribu soudée. Sempiternels imperméables Burberry les jours de pluie et doudounes chic quand le froid se faisait sentir ; chaussures plates Lanvin en cuir gaufré ou talons aiguilles ; cela revenait à brandir un mégaphone et à crier : « J'ai un chauffeur ! » Elles auraient peut-être juste pu lever la tête de leurs petits conciliabules pour répondre à mes salutations… mais cela ne se produisit presque jamais. Tous les matins, j'arrivais en avance à l'école afin de ne pas avoir à subir cette impression (celle de tomber en chute libre à travers le cosmos) qui m'assaillait chaque fois qu'elles m'ignoraient, comme si j'étais transparente. Plantée à une distance embarrassante du groupe, mal à l'aise, je m'empressais d'escorter mon fils jusque dans sa classe dès que la porte s'ouvrait, je lui disais au revoir et je me carapatais. Une fois sur le trottoir, j'avais les bras en coton et, les mauvais jours, l'estomac en ébullition. C'était très déstabilisant de se sentir invisible. Et j'avais beau faire tout mon possible, pas moyen de m'arranger avec ne serait-ce qu'une de ces femmes pour que nos enfants se voient en dehors de l'école.

Je le savais : organiser des moments où ils peuvent s'amuser avec leurs camarades après l'école était un passage obligé. Nous organisions ces rendez-vous par textos, par e-mails ou au téléphone. J'avais été mise au parfum de la marche à suivre par d'autres mamans et d'autres écoles. En revanche, mes textos, e-mails et appels aux mères des camarades de mon fils demeuraient systématiquement sans réponse, au point que c'en était troublant. Pis encore, lorsque je relançais en personne celles-ci dans les couloirs, il n'était pas rare qu'elles m'envoient paître ou qu'elles changent de sujet. Parfois, quand je formulais ma demande, elles lançaient des œillades paniquées ou furtives à leurs amies, comme pour dire : « Oh, mon Dieu, dis-moi qu'elle n'est pas en train de faire ce qu'elle est en train de faire. Non mais, tu te rends compte à quel point c'est gênant ? » Mon fils et moi, comme je le compris à force de me faire snober par les autres mamans, jour après jour, étions des parias : personne ne voulait jouer avec nous. J'étais désemparée, ce qui ne me ressemblait pas.

Le sort de ces chimpanzés femelles me trottant dans la tête, j'entrepris d'évaluer sur quel terrain j'évoluais. Se faire rejeter au quotidien n'était pas une situation très reluisante, ni un sort enviable pour mon fils et moi. Certes, les femmes qui me méprisaient me paraissaient mauvaises et me rebutaient. Certes, j'avais envie de crever un œil à quelques-unes d'entre elles. Mais, en même temps, j'avais besoin d'elles et besoin de m'intégrer, et mon fils, lui, avait besoin d'un ou deux camarades avec qui jouer après l'école, d'avoir des copains, quoi. Le trimbaler jusqu'au sud de Manhattan était hors de question… et puis, de toute façon, nos amis là-bas n'avaient pas d'enfants de son âge – ni aucun enfant du tout, pour certains. Rencontrer spontanément de nouveaux bambins au parc ou à l'aire de jeux et se faire des amis sur le coup pouvait sembler sympa sur le papier, mais dans une ville où les enfants ont un emploi du temps ultraminuté, de l'arrivée à l'école, le matin, jusqu'au coucher, il était fort peu probable que cela arrive. En plus, quand je les abordais sur un ton amical à l'aire de jeux, les mamans me dévisageaient au pire comme si j'avais une tête de pervers, et au mieux comme si j'avais du mal à doser le degré de familiarité avec mes interlocuteurs. À l'évidence, dans l'Upper East Side, les mamans et les bambins avaient déjà une idée précise de leur place dans la hiérarchie sociale, des endroits qu'ils fréquenteraient, et le carnet de bal était plein bien avant que les pieds des chérubins ne rentrent plus dans leurs Robeez. J'avais raté les premières valses et cela me mettait au désespoir. Mon pauvre enfant. Et, pauvre de moi, oui. L'arrivée à l'école le matin et la sortie des classes étaient trop pénibles, je ne pouvais pas continuer ainsi. J'allais devoir être aimable avec les autres mères d'élèves pour gagner leurs bonnes grâces.

À cette période, je ne me sentais pas bien sur le plan physique : j'avais souvent la sensation d'être déphasée, déréalisée, l'impression d'être dissociée de mon corps et de ce qui m'entourait. En décrivant ce phénomène à mon mari un soir au dîner, je pris conscience qu'il s'agissait d'une pathologie que j'avais abordée lors de mes études. Je souffrais d'un choc culturel : un syndrome d'étrangeté et d'aliénation qui tourmente les anthropologues, les étudiants étrangers et les étudiants pauvres qui intègrent une université d'élite. À ce stade de ma vie, il m'était souvent arrivé de me retrouver immergée dans des cultures étrangères et j'avais toujours réussi à déceler la brèche. Ayant officié brièvement à l'ONU, où je rédigeais des discours et fréquentais des diplomates du monde entier lors de réceptions, je savais que je possédais un semblant d'aisance relationnelle. J'étais bien habillée (enfin, tout est relatif) et aimable. Mais qu'attendaient-elles de moi, ces femmes, bon sang ? Y avait-il quelque chose que j'omettais de faire ? Quelque chose que j'étais censée dire ? M'efforçant de chasser la désagréable sensation d'être jugée et décrétée « en demande », ou de prendre cela trop à cœur, je fis le serment de ne plus m'échiner à chercher cette brèche et de me contenter d'observer. Certes, j'étais une maman qui luttait, qui doutait, mais j'étais aussi chercheuse en sciences sociales. Alors, j'allais me comporter comme telle.

Endosser le rôle d'observatrice ne fut pas difficile puisque personne ne daignait m'adresser la parole. La première chose qui retint mon attention furent les Cadillac Escalade avec chauffeur et les mamans sur leur trente et un, bien qu'aucune d'entre elles ne semble avoir un emploi. J'ignorais où elles allaient, mais pour elles c'était du sérieux. Souvent, celles habillées vraiment trop chic (juchées sur leurs chaussures à plate-forme ou sur leurs talons aiguilles) lançaient à la cantonade : « On se voit là-bas ! », après avoir laissé leurs enfants devant leur classe. Ce « là-bas » devait être terrifiant, me surpris-je à penser. Dans l'ascenseur, le silence, plus ou moins absolu, était de mise. Un matin, à l'occasion d'un rendez-vous, j'avais troqué mon jean, mon haut type Damart et ma queue-de-cheval pour une tenue un peu plus recherchée (cheveux détachés, lissés, et une touche de maquillage) ; deux femmes à la mise impeccable me lancèrent des regards noirs au moment où je quittais l'ascenseur. L'une d'elles chuchota : « C'était qui, ça ? », et je sentis un picotement sur ma nuque, à la naissance des cheveux. Le monde de l'école était inversé : tout était centré sur les mamans. Les mamans qui se faisaient la bise sans se toucher, qui faisaient amie-amie, qui papotaient et, de temps à autre, poignardaient Unetelle ou Unetelle dans le dos. Selon ce nouvel ordre mondial, les enfants étaient de simples éléments d'un ensemble où primait l'élégance, ils ballottaient au bout des bras incroyablement musclés de leurs mamans tels des ornements ou des accessoires. La maternité, comme j'étais en train de le réaliser, faisait partie intégrante de la panoplie. Et la sympathie et les bavardages, denrées rares et utilisées avec parcimonie, n'étaient accordées qu'à une poignée d'élues.

Il ne m'échappa pas non plus que, chaque matin ou presque, les rares mamans daignant m'adresser la parole lâchaient du bout des lèvres un « bonjour » laconique avant de me tourner le dos de façon ostentatoire pour engager la conversation avec quelqu'un d'autre. La présidente de l'association des parents d'élèves (une femme que j'avais fini par baptiser en secret la Reine des Reines des Abeilles) fut la première à m'infliger ce traitement. Pensant à tort évoluer dans un environnement régi par les règles en vigueur dans le cadre professionnel ou lors d'un cocktail décontracté, un jour, peu après la rentrée, je l'abordai (étant la médiatrice entre parents et établissement, elle faisait figure de représentante officielle, après tout) pour me présenter. Elle me toisa comme si le simple fait de l'avoir saluée et de lui avoir tendu la main constituait une énorme bourde, du genre boire le contenu de son rince-doigts lors d'un repas puis ôter tous ses vêtements. « Que c'est gauche et présomptueux de votre part de m'accoster ainsi », disaient son sourire narquois et ses sourcils haussés. Puis elle se détourna sans un « bonjour ». J'étais choquée. Au bout d'un temps, je réalisai qu'il s'agissait tout bonnement d'une version radicale de ce que me faisaient subir toutes les femmes croisées à l'école de mon fils. Elles réservaient leurs bonjours à une poignée d'individus triés sur le volet, et hors de question de consacrer une once de leur énergie ou de leur précieux temps aux autres.

Ces salutations que l'on me refusait, ces dos que l'on me tournait avec hâte et emphase, je les essuyais le plus souvent lorsque l'interlocutrice était une personnalité mondaine, un visage que je reconnaissais pour l'avoir vu sur papier glacé, l'épouse d'un gros bonnet dont j'avais croisé le nom dans la presse ou dans le milieu de la publicité, lorsque j'y avais travaillé. Assez vite, il m'apparut que ces femmes ne discutaient pas vraiment entre elles ; en réalité, elles posaient leurs jalons et se disputaient l'accès à une, deux ou trois mamans en particulier… Précis comme des lasers, leurs yeux étaient braqués, nul doute là-dessus, sur ces femelles que je catégorisais comme les plus haut placées : celles qui étaient ou paraissaient plus riches, plus jolies, celles qui avaient le mieux réussi ou qui, plus important encore, étaient mariées à quelqu'un qui avait mieux réussi que tous les autres – quelqu'un qui, apparemment, avait plus de poids.

Souvent, j'appelais ma grande amie Lily, la mère la plus calme et l'hôte la plus charmante que je connaisse et dont la fille avait l'âge de mon fils, pour lui raconter les dernières nouvelles du front. Mes déboires lui valaient des hoquets de stupeur : « Non, c'est pas possible ! Pas possible d'être aussi atroce et de se croire dans son bon droit ! » hurlait-elle à l'autre bout de la ligne. Et le simple fait de l'imaginer en train d'éructer, au sud de Manhattan, à l'agence où elle était styliste, me rappela qu'il existait un monde en dehors de celui que j'essayais d'infiltrer, un monde que je comprenais. Un endroit où les femmes travaillaient, où il y avait des couples gays et des couples hétéros, et où l'on ne pouvait pas toujours se payer tout ce qu'on voulait et où tout le monde n'avait pas de chauffeur, ni même de voiture. « Je les déteste », pestait mon amie Candace autour d'un café, me tannant pour que je lui mime une scène de rejet vécue la veille. Puis elle me rappelait en quels termes l'auteur Wendy Wasserstein, dont la fille avait fréquenté la même école que mon fils, avait relaté son expérience dans l'Upper East Side : « Tant de femmes rachitiques, tant de sacs gigantesques ! » Et nous rigolions. Si cela me faisait du bien, cela ne me dispensait pas d'affronter à nouveau l'école le lendemain.

Mon mari n'y voyait que de vaines bisbilles entre filles et pensait que je dramatisais la situation. « Allez, ça n'est pas à ce point-là, quand même ? » fit-il comme je venais de lui raconter par le menu un énième drame survenu le matin même à l'école. Je lui laissai donc le soin d'y accompagner notre fils le lendemain. « Mais qu'est-ce qui ne tourne pas rond chez ces femmes ? s'interrogea-t-il après sa première déconfiture. Elles n'ont même pas daigné répondre quand je leur ai dit bonjour. » *Je te l'avais dit*, lui souffla mon sourire en coin. Nous nous confondions de stupeur devant ces femmes ayant décrété que la clause la plus basique et la plus communément admise du contrat social – répondre à une salutation – était réservée aux ploucs. Elles étaient au-dessus de tout cela.

Peu après la mésaventure de mon mari, notre fils nous annonça, tout excité, un soir en rentrant à la maison, que sa camarade Tessa l'avait invité à jouer après les cours… à bord de l'avion privé que possédait sa famille. Voilà une invitation pour le moins bizarre et excentrique, songeai-je. Puis notre nounou, Sarah, me rapporta que, tout le monde à l'école ayant un avion privé, les élèves s'étaient mis à vanter les mérites du modèle que leurs parents possédaient. Quand notre fils avait dit que nous n'en avions pas, Tessa l'avait pris en pitié et invité à jouer à bord du sien. J'en eus la nausée, mais bon, pour un début, il s'en sortait mieux que moi.

*

Assise sur un banc à observer les mamans déposer leurs petits à l'école, dépitée que personne ne nous invite, mon fils et moi, à jouer chez lui (ou chez elle), mes réflexions ne se cantonnaient pas aux femelles chimpanzés et à leurs bébés. Je me remémorais aussi ce que j'avais appris des années plus tôt au sujet du *Papio anubis*, le babouin olive, lors de séminaires sur la sociabilité des primates. Les babouins olives vivent en groupes pouvant comporter jusqu'à cent cinquante membres. Puisque les mâles quittent leur communauté natale une fois arrivés à maturité sexuelle, les groupes se constituent de femelles ayant, en général, un lien de parenté, organisées en réseaux d'entraide très soudés et menant la danse. Ces clans étant régis par une hiérarchie très rigide, les femelles babouins les plus haut placées jouissent de tout un éventail de privilèges : une meilleure nourriture, des couchages mieux abrités, des « amis » mâles plus charmants et des protecteurs (tenus d'émigrer depuis d'autres groupes puis de montrer patte blanche), de nombreuses opportunités de copuler et des taux de reproduction plus élevés : et donc, en définitive, une plus grande partie de leur progéniture atteint l'âge adulte et se reproduit.

Les femelles situées au bas de l'échelle ont aussi envie de goûter à cette *dolce vita*. Parmi les stratégies qui s'offrent à elles pour « gravir les échelons » au sein de la société *Papio anubis*, il y a celle consistant à essayer (il leur faut souvent s'y reprendre à plusieurs fois) de toiletter les femelles alpha et de s'occuper de leurs petits. Si les femelles de haut rang s'entêtent à repousser ces tentatives par des tapes, des gifles et des assauts vicieux envers les aspirantes baby-sitters, il arrive au bout d'un temps qu'une de ces femelles de haut rang autorise une femelle de rang inférieur à devenir ce qu'elle cherche désespérément à être – une allomère, c'est-à-dire une personne supplémentaire habilitée à prendre soin de la progéniture de sa congénère alpha – pendant une durée limitée. Ainsi, la femelle de rang inférieur met un pied dans le sérail : après tout, elle contribue à la bonne condition physique de sa patronne en lui dégageant davantage de temps pour aller fourrager, sans entraves, des provisions pour elle-même et son bébé. Et le prestige que lui vaut son affiliation avec la maman alpha, par l'entremise du petit qu'elle transporte et choie, peut à terme lui conférer davantage de pouvoir et de sécurité au sein du groupe. Par procuration, les mamans babouins olives influentes ont le pouvoir de donner le pouvoir à celles qui en ont moins.

Loin de la savane, dans les couloirs d'une école maternelle de l'Upper East Side, en plein boom économique, mon mari et moi étions des primates de rang inférieur, et cela se voyait. Les enfants étaient tous des extensions de leurs parents, des pions qu'on plaçait dans l'espoir de gravir les échelons. « Peut-être que si nous faisons la connaissance d'Ari, dont le papa est gestionnaire de fonds spéculatifs, nous nous lierons d'amitié, et la maman d'Ari parlera au papa d'Ari de mon mari et de sa start-up et… » Parfois, on aurait dit que ces mamans de rang inférieur cherchaient juste à capter un peu de la lumière dégagée par la richesse colossale des autres et à en faire profiter leurs enfants. Nous débarquions tout juste dans le quartier et mon mari n'était pas vraiment en mesure de pistonner qui que ce soit, alors nous étions quantité négligeable, et nul n'était pressé de nous accueillir. Dans l'Upper East Side, on part du principe que les camarades de jeu et les copains de vos enfants peuvent déterminer où vous vous situez dans la hiérarchie, soit en vous propulsant vers le haut, soit en vous tirant vers le bas. Vous ne pourrez briller qu'à hauteur du prestige des camarades que vous parvenez à racoler pour votre enfant, et si vous ne pesez pas dans la balance sociale, alors votre chérubin non plus. Je commençais à saisir que cet équilibre précaire et anxiogène transformait les mères en cerbères féroces… et en soupirantes suppliantes.

Comme c'est souvent le cas chez les grands primates qui tentent de s'intégrer à un nouveau groupe, je me retrouvais bloquée en bas de la hiérarchie, considérée avec suspicion par mes congénères qui tantôt m'ignoraient, tantôt m'attaquaient. Certains jours, je regrettais cruellement de ne pas être un singe hurleur : au sein de cette espèce, les jeunes femelles qui arrivent sont directement propulsées au sommet de la pyramide et font rétrograder leurs semblables mieux établies. Mais non, j'étais un babouin, en l'occurrence. Il n'y a pas moins bien lotie qu'une femelle de rang inférieur fraîchement débarquée dans un groupe de babouins, et si elle ne crée pas de coalition avec des femelles de rang intermédiaire et supérieur, on lui mènera la vie dure, à elle et à sa progéniture. Une chose était sûre : si mon fils et moi étions ostracisés, ce statut nous collerait à la peau aussi longtemps que nous fréquenterions cet établissement. Je ne voulais pas que mon enfant soit le mal-aimé de sa classe. Je ne voulais pas que nous soyons rejetés. Alors, je ruminais en silence et je m'évertuais à sourire dans les couloirs, même s'il m'en coûtait beaucoup. Et, malgré mes nombreuses heures d'observation, je ne savais toujours pas comment m'y prendre.

Mon salut arriva de façon inattendue, quoique, si j'avais eu de meilleurs restes de mes études, j'aurais pu espérer, voire manigancer, les circonstances qui firent tourner le vent en ma faveur. Ce moment charnière se présenta à moi de la même façon qu'à tant de femelles primates aux prises avec des tourments similaires : par le biais d'un mâle alpha qui me porta un semblant d'intérêt. Lors d'un « cocktail de parents d'élèves » organisé par la *class mom* (la mère servant de référent pour la classe de mon fils), je me retrouvai à discuter avec le père d'un camarade de mon fils, qui me dragouillait gentiment. Il était poli, intelligent et un brin canaille, ce qui détonnait parmi les financiers très collet monté de l'Upper East Side auxquels je n'étais pas encore tout à fait habituée. Il avait le contact facile et puisque mon mari était resté à la maison avec notre fils et que les autres mamans parlaient entre elles, agglutinées en un cercle que je n'avais aucune chance d'intégrer, lui et moi avons continué à bavasser. Par la suite, j'appris qu'il était le rejeton d'un genre de dynastie régnant sur un empire financier de Manhattan, le fils d'une matriarche riche et influente – comme Flo –, et qu'il représentait l'élite de l'élite de l'établissement et de la classe de mon enfant. Le lendemain matin à l'école, il l'invita, devant un groupe de mamans, à venir jouer avec le sien. « Vendredi, ça vous irait ? » demanda-t-il, et moi d'accepter.

« Comment avez-vous fait ça ? s'enquit à mi-voix une des mamans les plus affables, les yeux écarquillés, tandis qu'il s'en allait. Voilà des semaines que j'essaie de trouver un moment pour que nos enfants jouent ensemble, mais il se débine systématiquement ! Alors que mes parents connaissaient les siens du temps où ils habitaient à Westchester. » Je haussai les épaules et lui suggérai d'essayer de boire un verre de vin avec lui, la prochaine fois.

À compter de ce jour, la roue tourna du tout au tout dans cette course au camarade de jeu. Mon fils avait désormais un rendez-vous hebdomadaire pour jouer avec celui de l'alpha, ce qui ouvrit la voie à d'autres rendez-vous avec les enfants qui étaient copains avec le sien, et dont les parents – riches et influents – étaient amis avec lui. Me voyant en pleine conversation avec le papa alpha dans le couloir, ces mères enregistraient l'information, semblait-il : leur langage corporel, leurs sourires, tout à coup aimables, laissaient présumer qu'à leurs yeux j'avais été certifiée conforme. Me parler, elles en avaient maintenant le cœur net, n'allait pas forcément les tirer vers le bas, ni se révéler une perte de temps absolue. Et plus ces mères me rendaient mes salutations, plus il leur était difficile d'ignorer mes e-mails et mes demandes insistantes pour que nos enfants se retrouvent en dehors de l'école.

Quand je prenais du recul, la hiérarchie qui régissait la course au camarade de jeu et tout le charivari afférent me paraissaient étranges et rebutants. L'envers du décor, c'était le postulat que certains parents et certains enfants valaient plus que d'autres. C'était répugnant, mais cela faisait partie du jeu. Si mon fils pouvait enfin jouer avec ses camarades après l'école, et si ça le rendait heureux, alors j'étais heureuse. Et je me sentais très redevable envers le papa alpha, même si Candace et Lily s'accordaient à dire qu'il ne fallait peut-être pas trop compter sur lui. N'était-il pas marié à une de ces femmes antipathiques ? Pouvait-il être beaucoup mieux, lui-même ? me demandaient-elles. Je ne savais pas trop quoi en penser. Tout ce que je savais, c'était que, dans ce monde où toutes les valeurs étaient inversées, où les parents vivaient à travers leurs enfants, j'avais l'impression de retomber en adolescence, d'être cette fille qui s'est attiré les faveurs du *quarterback* star de l'équipe de football américain du lycée. Sa bonhomie avait métamorphosé la vie sociale de mon fils mais aussi mon rang, les deux étant, je m'en rendais compte à présent, étroitement liés. Tout comme Candace et Lily, je me doutais que cette situation ne durerait pas, et mon intuition était la bonne : le papa alpha passa à autre chose, comme tous les alphas. Mais quand cela se produisit, mon fils avait ce qu'il lui fallait, et moi aussi par la même occasion. Peut-être que tout cela ne serait pas si difficile, finalement.

3

« Indigénisation » : Maman veut un Birkin

Lors de mes études en anthropologie à l'université, en deuxième puis en troisième cycle, j'étais fascinée par les descriptions de l'anthropologue qui « s'indigénise », c'est-à-dire qui finit par fusionner avec la culture qu'il est censé étudier, glissement qui le conduit à *être* l'un de ceux qu'il avait entrepris d'examiner et analyser. Dans le cas de Bronisław Malinowski, sur qui portait ma thèse, le processus s'est fait progressivement. Il commença à être de plus en plus las des indicateurs qu'il avait trouvés sur les îles Trobriand, car ceux-ci ne se montraient pas assez communicatifs à son goût, et il finit par avoir des relations sexuelles avec des femmes de Trobriand. Dans un autre cas, un professeur de ma connaissance, spécialiste de la culture du Moyen-Orient, me révéla qu'il s'était indigénisé un soir alors qu'il recevait ses étudiants de troisième cycle : vêtu d'une tenue traditionnelle du Yémen, où il avait mené des recherches de terrain, il s'était comporté comme un membre de cette tribu yéménite pendant toute la soirée (usage de sabres à l'appui). Dans *Un ethnologue au Maroc*, Paul Rabinow fait le récit entier de ce moment où il a perdu la tête, où il *s'est* perdu, là-bas, au Maroc.

De nos jours, les anthropologues considèrent la notion d'indigénisation à la fois comme inéluctable et instructive, ils y voient un processus dynamique qui s'opère lorsque les chercheurs de terrain apprennent à connaître leurs sujets, et à comprendre, estimer, voire ingérer certaines de leurs croyances. Au début, il n'est pas rare qu'une scientifique se sente dépaysée sur le terrain, aliénée et submergée par tant d'éléments non familiers ; c'est un classique. Cependant, petit à petit, elle trouve ses marques et au final, sans même s'en rendre compte, elle se met à « penser samoan ». Ou aka. Ou Upper East Side.

Mais, dans le milieu, ce phénomène d'indigénisation a longtemps été terni par une sorte de honte. Cela tient au fait que l'anthropologie a mis longtemps à être reconnue comme une science à part entière, dissociée de ses racines historiques ancrées dans le travail des missionnaires, dans la « science de salon » chère à l'époque victorienne, et dans l'impérialisme pur et dur, dont elle offrait une version plus noble. Passer du statut de scientifique à celui d'« un des leurs » est une démarche pour le moins confuse et tout sauf cartésienne. Alors, pendant longtemps, les anthropologues se sont enorgueillis de la « distance objective » qu'ils respectaient avec les cultures qu'ils étudiaient et où ils s'immergeaient, fuyant l'indigénisation comme s'il s'agissait de la malaria. L'indigénisation a toujours eu des relents d'inconvenance, celui qui s'y essaie risquant de se perdre lui-même.

En tant que participante-observatrice du monde privilégié de la maternité dans l'Upper East Side, en tant qu'intruse au sein de la tribu des mamans de mon quartier, il m'arrivait souvent d'éprouver des sentiments contradictoires dans mon rapport aux femmes et à la culture que je côtoyais. D'un côté, j'aspirais à m'intégrer, à devenir l'une d'entre elles, sentant qu'il le fallait, principalement pour mon (et plus tard « mes ») fils. D'un autre côté, je luttais pour conserver ma place, ma place à part – un semblant de distance analytique –, tout en observant ou en vivant des scènes qui semblaient bien souvent relever de la folie. Les femmes qui me tournaient le dos, les dizaines de Cadillac garées en double file, dont l'une faillit dégommer mon fils tandis que nous nous efforcions d'arrêter un taxi devant l'école… Mais qui donc souhaiterait faire partie de ce monde égoïste où les gens se croient tout permis ? me demandais-je parfois.

Au bout du compte, cependant, les mélodrames le matin à l'école et la relégation à l'état de paria, tout en me donnant l'impression d'être extrêmement vulnérable, triste et rejetée, me firent, en réalité, pénétrer en profondeur dans ce monde qu'était son école, renforçant ma détermination à m'assimiler et à être acceptée. Hors de question que qui que ce soit me rejette ou rejette mon gamin. Qu'elles aillent se faire voir. Et à mesure qu'il avait (ou plutôt que *nous* avions) des séances de jeu programmées régulièrement chez ses camarades, je m'enfonçais plus avant dans mon milieu d'étude, ce qui fragilisa mon ancrage dans le monde extérieur. J'appelais et voyais de moins en moins mes amies du sud de Manhattan, prise par les contraintes professionnelles, les efforts pour rester dans le coup et entretenir des amitiés pour mon fils et moi *uptown*. Sans m'en rendre compte, je venais de m'abandonner pour de vrai à ce nouveau monde, et il m'était impossible de faire machine arrière.

Mon dernier rempart céda devant un objet puissant aux vertus talismaniques, un artefact doté de pouvoirs quasi magiques et très certainement hypnotiques : un sac Birkin de chez Hermès.

*

La première fois que j'ai pris conscience de l'existence de ce phénomène, c'était sur le chemin du retour après un rapide saut à l'épicerie du coin. Trimbalant à bout de bras un sac en plastique rempli de bananes et une brique de lait, j'empruntais la 79e Rue Est pour rejoindre Park Avenue depuis Madison Avenue, et j'étais d'humeur gaie et volubile. Le soleil brillait et le vaste trottoir était presque désert, ce qui était rare. C'était comme une parenthèse de somnolence – l'heure de pointe du matin terminée, celle du déjeuner pas encore entamée –, et il n'y avait pas un chat dehors dans ce quartier d'ordinaire si trépidant. En bonne fille du Midwest, habituée à l'espace et au calme, je me sentais un peu comme à la maison, pour une fois. Les somptueux bâtiments anciens et les portiers enjoués en plus… Mon fils fréquentait une bonne école. Il avait des copains, une vie sociale, pour ainsi dire, et donc, par extension, moi aussi. Certes, si les autres mamans s'étaient montrées un tantinet plus aimables, et si je m'étais sentie un peu moins exclue lors de mes passages à l'école de mon fils, cela n'aurait pas fait de mal… Mais, au moins, j'étais une bonne mère, je m'occupais comme il le fallait de mon enfant et j'en avais un deuxième en route. Je réussissais enfin, semblait-il, à faire mon trou et à trouver mes marques dans l'Upper East Side, et ce jour-là, j'étais contente.

À quelques rues de moi, j'aperçus une femme seule, élégamment vêtue, qui avançait dans ma direction d'un pas résolu ; l'instant d'après, elle (un peu plus de la cinquantaine) et moi (pas loin de la quarantaine) n'étions plus séparées que par quelques mètres – à Manhattan, nous marchons vite. Conformément à l'étiquette de la circulation sur les trottoirs à Manhattan – qui tient d'ailleurs plus du code de la route, en réalité –, je fis comme les automobilistes et tous les New-Yorkais : je serrai à droite. Alors pourquoi cette femme à la mise impeccable, aux cheveux bien coiffés, déviait-elle sur la gauche à chaque pas comme pour s'aligner sur ma trajectoire ? On n'était pas en Angleterre, à ce que je sache.

Je me rangeai sur la droite, une fois, puis deux, histoire de lui céder plus de place tandis qu'elle fonçait toujours droit sur moi. Si je continuais à me décaler ainsi sur la droite, j'allais finir par me prendre la grosse poubelle orange qui se trouvait à quelques pas de moi. Tout cela était *ridicule*, songeai-je, embrassant du regard le large trottoir vide, tout en ralentissant. Juste avant d'atteindre la poubelle, je m'immobilisai (avais-je vraiment le choix ? Je n'allais pas lui couper la route en bondissant de l'autre côté du trottoir, si ?) et je la dévisageai, car elle ne se trouvait plus qu'à quelques centimètres de moi, à présent. Elle soutint mon regard tout en frôlant exprès et sans aucune délicatesse mon bras gauche avec son superbe sac. Puis elle me décocha un sourire narquois – si, si, je vous jure ! –, continuant de frotter délibérément son bouclier contre moi. Je me retournai et j'observai sa silhouette, de dos, disparaître au bout du trottoir, le souffle court, estomaquée qu'on puisse faire une chose pareille. Mais de *quelle chose* s'agissait-il, au juste ?

Je venais de me faire charger. C'est en tout cas ce que ressentit l'anthropologue en moi, qui avant sa thèse avait vu des tas d'images de chimpanzés qui s'accostent avec une posture et des intentions hostiles : bras ballants, crocs découverts, cris perçants, vocalises gutturales. Tout en déballant mes emplettes, je me repassai cette confrontation dans la tête, emplie d'une sensation de malaise, voire d'irritation. C'était quoi, ce délire ? Maintenant que je m'attardais sur la question, je me rendais compte que j'avais déjà vécu ce genre de scènes : une femme qui me toisait avant d'envahir mon espace vital, quoique jamais de façon aussi explicite. Il était grand temps de se pencher *sérieusement* sur les comportements simiesques en vigueur dans l'Upper East Side.

Je commençai à remarquer des comportements similaires partout autour de moi. Dans le nord de Manhattan, aux passages piétons, dans les boutiques chics et dans la salle d'attente d'un dermatologue-cosmétologue célèbre, je notai que, de façon plus ou moins subtile, des femmes tirées à quatre épingles jaugeaient leurs congénères puis allaient jusqu'à les « charger ». Il n'était pas rare que je sois l'une de ces victimes. Parfois, lors de ce genre de rencontres, je devais littéralement faire un pas de côté vers la chaussée ou me coller au mur pour laisser passer une femme fondant sur moi d'un pas ferme, tant elle s'entêtait à ne pas dévier, ne serait-ce que d'un millimètre, de sa trajectoire modifiée comme pour me dire… quelque chose. Mais quoi ? Qu'attendait donc la femme qui chargeait de la femme qu'elle chargeait ?

S'il ne se situait qu'à quelques kilomètres, mon ancien territoire, le West Village, semblait appartenir à un autre pays en termes d'uniformes, de mœurs et de pratiques belliqueuses entre femmes. Bien sûr, cela me revenait à présent, il pouvait m'arriver d'y croiser un top model, le visage éteint, grande à faire peur, qui se pavanait sur l'étroite bande de béton lézardé bordant Bleecker Street comme s'il s'agissait de son estrade privée. Mais c'était juste une narcissique de métier qui se faisait son petit *ego trip*. En revanche, dans l'Upper East Side, il suffisait de sortir faire une course pour se retrouver embarquée dans un jeu d'intimidation remarquablement hostile et rigoureusement défini, où une femme apparemment haut placée, élégante et ayant, à part cela, l'air normale, demandait à une autre : « Qui va se ranger la première ? »

Au bout de quelques semaines d'observation et de déambulation à l'affût de la moindre manifestation de ce phénomène de charge, la piétonne en moi s'était sérieusement prise au jeu, toujours sur le qui-vive et prête à dégainer lorsqu'elle se promenait ou qu'elle se rendait d'un point A à un point B. Cependant, la chercheuse en sciences sociales qui vibrait en moi voulait des données plus approfondies. C'est pourquoi, tôt un matin, après avoir déposé mon fils à l'école, munie d'un café à emporter, je me garai devant un immeuble avec portier du quartier pour observer ce qui se tramait. Le lendemain, le surlendemain et le jour d'après encore, je me postai devant un magasin puis à proximité d'une intersection où le trafic piétonnier était dense. À plusieurs reprises, je m'installai carrément à l'intérieur de bâtiments fréquentés par des femmes, ou plutôt à l'entrée de ces édifices (des boutiques de luxe, un restaurant connu pour être l'habitat naturel d'un échantillon représentatif – sur le plan de l'âge – des adeptes des déjeuners entre amies, quelques vestibules), puisque l'entrée et la sortie semblaient être des moments particulièrement tendus et litigieux, et donc propices à la charge.

Je finis par assister à près d'une centaine de confrontations du type de celle que j'avais vécue ce jour-là sur la 79e Rue Est. Mes recherches étaient informelles, bien sûr, mais j'en tirai tout de même quelques conclusions. La principale étant la suivante : les femmes de l'Upper East Side, particulièrement les trentenaires et celles d'âge mur, voire très mûr, sont obsédées par le pouvoir. Parmi les face-à-face que j'ai vus de mes yeux, beaucoup étaient à l'instigation d'une femme assez âgée qui chargeait une femme plus jeune, fondant sur elle jusqu'au moment critique où l'impact était évité – souvent de justesse –, la proie s'empressant de se ranger sur le côté. Les protagonistes poursuivaient immanquablement leur chemin comme si de rien n'était, comme si l'échange (ou le non-échange) qui venait d'avoir lieu entre elles n'avait justement pas eu lieu. On aurait dit que les deux parties étaient complices, quelque part en profondeur, en ce qu'elles s'accordaient sur le fait que ce qui venait de se produire ne s'était pas produit.

J'observais ces scènes sous toutes les coutures, jusqu'à entrevoir un semblant d'explication au sujet de ces femmes qui tentaient ainsi d'affirmer une domination sur leurs semblables. Elles avaient tout à fait le droit, disaient-elles en chargeant, d'agrandir leur espace vital en forçant les autres à renoncer au leur. Après avoir étudié un nombre suffisant de confrontations, leur message m'apparut plutôt limpide. Il ne s'agissait pas seulement de dire : « Ôte-toi de mon chemin. » C'était quelque chose de plus acerbe, du type : « Je ne te vois pas, *parce que tu n'existes même pas*. » Leurs sacs à main, beaux à se pâmer, qui devaient coûter un bras et qu'elles portaient en bandoulière ou sur l'épaule, matelassés et teints, en peau de serpent, d'agneau ou d'autruche, affublés de deux C entrelacés ou de fermoirs et de boucles, jouaient un rôle crucial. Ils faisaient office d'armures, d'armes, d'étendards et bien plus encore, semblait-il : toute femme qui en chargeait une autre semblait posséder un sac fabuleux et jubiler d'effleurer son adversaire avec. C'était le *coup de grâce*[*].

Feu Nora Ephron avait écrit que, si les habitants de Los Angeles avaient leurs automobiles, nous, à Manhattan, nous avions nos sacs à main, et ces confrontations entre femmes m'ont permis de voir son analogie d'un œil neuf. Si les sacs sont nos voitures, comme le suggère Ephron (des objets à la fois fonctionnels et hautement symboliques, nous permettant de déplacer nos affaires et notre carcasse d'un point à un autre tout en projetant l'image que nous souhaitons donner de nous-mêmes quand nous sillonnons la ville), alors il me semblait qu'au nord de l'île les avenues suintant l'opulence pullulaient d'enragées du volant. En me baladant avec un simple sac plastique de l'épicerie à la main, je tendais le bâton pour me faire battre.

Je pensais également aux manifestations de domination de Mike, un chimpanzé du groupe observé par Jane Goodall à Gombe. Mike a été érigé au rang de légende par les primatologues et les étudiants en anthropologie en faisant montre du genre de débrouillardise inouïe susceptible de réorganiser le monde ou, du moins, de chambouler une hiérarchie sociale bien établie. Chétif et de rang inférieur, Mike s'était intégré au groupe depuis peu lorsque Goodall arriva en 1960 ; elle observa qu'il se prenait souvent des raclées, au sens propre, par les chimpanzés plus grands et plus âgés. Il menait l'existence malheureuse de la pièce rapportée piétinée, du nouveau venu ostracisé.

Puis Mike se procura un magnifique sac à main.

En réalité, il dégota deux bidons de kérosène vides en métal léger avec poignées, qui avaient été mis au rebut. Et il eut l'idée brillante d'incorporer ces accessoires à ses parades de domination : des performances chorégraphiées lors desquelles les chimpanzés mâles cherchent à intimider et impressionner leurs congénères sans pour autant les blesser. En général, lors de ces démonstrations de force, les singes se pourchassent ou entrent en contact physique avant d'appuyer leur propos en secouant des branches, en frappant le sol, en lançant des pierres, tout en émettant des cris entre ahanement et hululement, ainsi que des hurlements surexcités.

Les primatologues et les photographes animaliers, qui sont souvent destinataires de ce genre de démonstrations de domination, relatent à quel point elles sont impressionnantes, voire terrifiantes. Imaginez donc la surprise des membres du groupe de Gombe le jour où Mike a fondu sur eux, brandissant par leurs poignées ces gros machins *bruyants* et insolites, les entrechoquant et les balançant d'avant en arrière à travers les herbes hautes tels des sceptres. Puis il porta ce numéro d'intimidation à son paroxysme en se dressant de tout son long au milieu du groupe et en cognant les mystérieux objets l'un contre l'autre, produisant un boucan de tous les diables, un raffut inouï qui semblait dire : « Maintenant, vous êtes tous à moi ! » Ce spectacle d'affirmation sociale poussa tout le monde, même Goliath, le mâle alpha qui régnait en maître sur la communauté, à battre en retraite sous le coup de la panique. Les chercheurs sur place s'empressèrent de lui ôter ses bidons, ce qui n'eut qu'un effet mineur.

Ses congénères continuèrent à vouer une admiration absolue à Mike, qui ne tarda pas à détrôner Goliath, pourtant défendu par un partisan de haut rang, David Greybeard, ancien mâle alpha, et à devenir lui-même le dominant. Pendant cinq ans. Tel était le pouvoir d'un sac à main d'exception.

Je ne pouvais ni les changer ni les tabasser, et je n'avais ni la possibilité ni l'envie de rejoindre le club fermé des *Mean Girls West of Lex* (Péronnelles de l'ouest de Lexington). Enfin, peut-être que si, en fait, un peu. Ce qu'il me fallait, c'était mon propre bidon de kérosène. Oui, quelque chose chez ces femmes arrogantes qui me bousculaient et empiétaient sur mon espace vital comme si je n'existais pas ou que je n'avais pas la moindre importance instillait en moi le désir de posséder un superbe sac à main de luxe. Tel un objet totémique, me disais-je, il me protégerait contre elles, ces harpies omniprésentes dans mon habitat d'adoption, capables d'en dire si long sans un mot, rien qu'avec leurs yeux, leurs visages et… leurs sacs à main, bien sûr. Peut-être un joli sac du même acabit saurait-il les duper et les subjuguer au point que leur passe l'envie de me provoquer en duel sur le trottoir, ou de m'infliger quoi que ce soit d'autre. Au point qu'elles verraient un intérêt à me dire bonjour quand elles me croiseraient à une soirée, dans les couloirs de l'école ou au restaurant, sans me toiser de la tête aux pieds, dédaigneuses. Et puis, raisonnais-je, cela les agacerait sans doute. Munie d'un sac splendide, je serais dotée d'une épée et d'un bouclier. Mais ce n'était pas tout, j'aurais également quelque chose qu'elles désiraient, ou qu'elles avaient déjà mais qu'elles ne voulaient pas voir entre les mains *des autres*. J'imaginais la Reine des Reines des Abeilles tenter de me rentrer dedans et rester coincée, mon sac planté dans le ventre. Et cette vision n'avait pas de prix.

*

La première fois que j'avais aperçu un sac Hermès, c'était à Paris, à la fin des années 1980. Le sac que cette femme en jean et veste de *tailleur** agrippait était tout simplement p-a-r-f-a-i-t. Il était rouge : pas le sempiternel écarlate, ni un rouge rose insipide. Non, un rouge brique insouciant, hors du commun et fier de l'être ; la nuance de rouge à lèvres que vous traquiez depuis des années sans jamais avoir mis la main dessus, cet idéal platonique qui vous poussait à acheter des tubes et des tubes en quête de LA bonne teinte. Sa forme était pile comme il faut, aux antipodes de ce que l'on a l'habitude de voir, les détails subtils qui le différenciaient d'un modèle classique ou d'une besace avaient quelque chose de provocateur. Il était aussi équipé de poches spéciales pour les dossiers, qui affleuraient à peine mais laissaient deviner une vie sous le signe de l'épanouissement professionnel *et* de la beauté. J'ai carrément suivi cette femme sur plusieurs pâtés de maisons à travers le VIIIe (évidemment, ce ne pouvait être que le VIIIe, l'arrondissement où le glamour à la française se montre sous son jour le plus empesé) pour prendre son sac en filature, déterminée à l'identifier.

Plus tard, haletante, j'en griffonnai un croquis pour une amie, qui couina quand je précisai qu'il comportait une clé et un verrou, puis s'écria : « Oh, tu veux parler d'un Birkin ! Un sac Birkin de chez Hermès ! Mais bien sûr, *tout le monde* en veut un ! » Puis elle vanta la beauté dudit sac et chanta les louanges de cette façon à la fois décontractée et révérencieuse que les Françaises avaient de porter leur Birkin, où elles fourraient souvent leur *Guide rouge* ou une baguette de pain qu'on voyait poindre. Tout cela était si… français. Et hors de prix, m'expliqua-t-elle.

Je soupirai, soudain accablée par une certaine tristesse et par le décalage horaire tandis que je convertissais les francs en dollars, tout d'abord persuadée d'avoir fait une erreur de calcul. J'étais étudiante à l'époque et, au vu de mon budget, convoiter un Birkin semblait aussi crédible qu'aspirer à devenir présidente de la République française.

Le sac Birkin a son histoire propre, et le récit de ses origines est, à l'instar de la *clochette** qui pendille sur chaque modèle, indissociable de son aura, de sa birkinitude, de son charme irrésistible. La légende veut qu'en 1981 l'actrice et chanteuse Jane Birkin soit montée à bord d'un avion munie d'un sac en paille dont le contenu se renversa lorsqu'elle voulut le hisser dans le compartiment prévu à cet effet. Jean-Louis Dumas, alors P-DG du maroquinier le plus influent et le plus exclusif au monde, Hermès, se trouvait à bord et, tel un preux chevalier des temps anciens, l'aida à rassembler ses affaires. En le remerciant, Jane Birkin lui expliqua qu'elle n'arrivait tout simplement pas à trouver le sac adéquat pour ses allers-retours entre Londres et Paris, ce qui aurait donné à Dumas des idées. Et des ailes pour concevoir un nouveau produit.

Dès 1984, Hermès proposa un sac fourre-tout en cuir noir de facture admirable, dont le raffinement et la grâce parvenaient à dégager quelques notes bohèmes d'une justesse incroyable. Modèle réduit du sac Hermès à l'origine créé une centaine d'années plus tôt pour transporter des selles de cheval, il avait une histoire, *deux* poignées, et un rabat que vous pouviez soit replier en arrière, ouvert, soit fixer avec le fermoir pour fermer le sac. Vous pouviez bien sûr le caler sur votre avant-bras, mais aussi le tenir à la main. Ou bien le hisser sur votre épaule – eh oui, c'est dire si les poignées (deux, ça fait plus détendu, et ça insuffle à qui le porte une sensation de jeunesse et d'anticonformisme, l'impression d'être la mondaine cool qui a bien réussi sa vie, plus que ces sacs à poignée unique chers aux habituées des déjeuners mondains) étaient longues. Question taille, il était à mi-chemin entre un sac à main classique et un fourre-tout, fonctionnel et chic de par son aspect et son essence même. C'était l'opposé du Kelly, cet autre modèle emblématique conçu expressément par la maison Hermès pour aider la princesse Grace à dissimuler sa grossesse. Le sac Kelly respire la bienséance et sied aux femmes rangées d'âge mûr qui rougissent pour un rien. À l'inverse, le Birkin ne s'excuse pas que sa propriétaire soit enceinte avant le mariage. C'est le modèle petite sœur du Kelly, en plus foufou, plus rigolo.

Mais ce sac n'en est ni moins cher ni plus facile à trouver pour autant : *mais non*[*] ! Depuis ses débuts, le Birkin ne se fabrique qu'en quantités réduites (seulement deux mille cinq cents par an). Sa confection est un processus fastidieux qui, de A à Z, requiert près de cinquante heures de travail attentif, méticuleux, voire acharné. Les Birkin sont presque intégralement réalisés à la main par des employés tenus de se former auprès d'artisans Hermès chevronnés pendant au moins deux ans pour être éligibles à ce poste. En ce sens, ces sacs sont de véritables œuvres d'art, et pour étayer cette idée, chaque Birkin est confectionné par un artisan unique qui « signe » et date sa création à l'aide d'un poinçon spécial comportant ses initiales et l'année de fabrication. Les proportions du Birkin sont rigoureusement respectées, qu'il appartienne à la catégorie des vingt-cinq, trente, trente-cinq, quarante centimètres, ou à celle, grandiose, des cinquante-cinq centimètres ; le ratio entre longueur, largeur et hauteur est toujours très précis, rendant sa silhouette irréprochable et reconnaissable entre toutes. Qui d'autre que les Français auraient pu allier ainsi l'esprit des Lumières et celui de la révolution sexuelle, comme Hermès a su le faire avec le Birkin ? Celui-ci est au sac à main ce que la petite robe noire de coupe moderne est à la robe.

Aujourd'hui, vous pouvez vous procurer un Birkin en coloris Blue Jean (non, rien à voir avec un jean bleu foncé, ni avec aucun jean d'ailleurs ; non, il s'agit plutôt d'un bleu ciel estival un peu espiègle, parfait pour l'été). Ou en coloris or. C'est un Birkin pour novices, à en croire celles qui en possèdent plusieurs, et en réalité il n'est pas du tout doré, non, il est plutôt fauve caramel ponctué de surpiqûres blanches qui évoquent une friandise et vous font saliver d'envie. Il existe des dizaines de coloris, tous plus vifs et inattendus les uns que les autres, si étonnants qu'ils attisent même la convoitise des non-initiés. (« Qu'est-ce que c'est que cette couleur ?! s'enthousiasma une amie, artiste, alpaguant par un jour de grisaille hivernale la propriétaire estomaquée d'un Birkin en cuir d'autruche fuchsia. Je n'ai jamais vu un rose pareil, jamais ! ») Le prix de départ d'un modèle basique – en veau plutôt qu'en crocodile ou autruche, avec garniture en palladium couleur or ou platine au lieu d'une patte et d'un fermoir sertis de diamant – est de huit mille dollars. On peut choisir parmi un éventail vertigineux de cuirs différents : le togo est en cuir de veau, le clémence (le plus épais) provient de bébés taureaux (taurillons clémence). Il existe aussi des Birkin en peau d'agneau et de chèvre. Un cuir exotique (de lézard, de crocodile ou d'autruche) ou un modèle personnalisé peuvent faire monter l'addition jusqu'à cent cinquante mille dollars, ou plus. Les quémandeuses s'entendent souvent dire qu'il y a deux à trois ans d'attente. À Hong Kong ou Singapour, où la Birkin-mania a atteint son paroxysme, une frénésie jamais égalée s'est développée, imputable au boom économique prodigieux, un marché noir du luxe dans lequel les revendeurs font des affaires en refourguant des Birkin flambant neufs certifiés authentiques qu'ils viennent de se procurer auprès d'Hermès. Pour avoir le privilège de court-circuiter les années d'attente, les acheteurs sont prêts à payer une marge de cinquante à cent pour cent du prix initial. L'inscription « HERMÈS PARIS MADE IN FRANCE » est estampillée sur trois lignes parfaitement espacées gravées dans l'argent ou l'or, au-dessus du fermoir de chaque sac.

Les hommes pouvaient bien avoir leurs voitures de sport, leurs aventures, leurs caves à vin contenant quinze mille bouteilles, ou n'importe quoi faisant office de doudou et de baume pour apaiser les petits bobos psychiques. Une chose était sûre : j'aurais mon Birkin – le cuir, la garniture, les surpiqûres et les myriades de détails qui en font un Birkin et le rendent désirable (dont, et non des moindres, la quasi-impossibilité de s'en procurer un) : tout cela serait à moi. Pour compenser tout ce que j'avais perdu et ce qu'il me restait encore à perdre (les choses nous échappent moins vite à Manhattan, vu que nous faisons tout pour avoir l'air de filles de vingt ans jusqu'à la quarantaine, voire la cinquantaine révolue, mais elles finissent quand même par nous échapper) : cuisses fermes, peau exempte de rides, fertilité, capacité à s'enthousiasmer au sujet du dernier numéro de *Vogue*, je l'aurais, ce sac rectangulaire, bien proportionné, cher, volage, sexy, fonctionnel. Finis, les fourre-tout de lignes griffées « petits prix » et les sacs au rabais acquis par compromis, comme le Marc de Marc Jacobs que je voyais de plus en plus aux bras de jeunettes à peine sorties de l'âge ingrat dans l'Upper East Side. Commençant à me faire vieille, je voulais le modèle authentique et sentais que, d'une certaine façon, j'y étais enfin éligible. Certes, j'étais désormais dans l'âge mûr, et je manquais m'étouffer chaque fois que cette réalité me revenait à l'esprit, mais j'étais toujours assez jeune, toujours assez belle, assez blonde et svelte pour mêler mon éclat à celui d'un Birkin. De plus, j'étais assez âgée pour me le permettre et peut-être assez connectée, après tout ce temps à Manhattan, pour l'obtenir. Cet âge, mon âge, était le cœur de cible idéal du Birkin, et à présent le Birkin était à la fois mon lot de consolation et mon droit.

Mais on ne saurait fantasmer sur un Birkin sans se poser la question fatidique : *Comment s'en procurer un ?* Comme bien souvent avec les *must have* tels que le Birkin à Manhattan, demander et se voir rabrouer faisait partie du jeu, tout comme poireauter, être sur une liste d'attente, s'entendre dire que cette dernière était close. Je l'avais appris *via* des amies travaillant dans l'industrie de la mode ou simplement *fashionistas*. Dans certains cas, si vous connaissiez quelqu'un chez Hermès, avais-je ouï dire, vous pouviez obtenir un Birkin plus rapidement : mettons en six mois ou en un an au lieu de trois.

Un jour, tandis que nous sirotions des cocktails ensemble, la mère de mon amie JJ nous avait relaté une anecdote : elle se trouvait dans la boutique Hermès un après-midi quand une femme plutôt jolie et plutôt élégante, à peu près du même âge que JJ et moi, était entrée en annonçant : « Je voudrais un Birkin. » On ne tarda pas à l'informer qu'il n'y en avait pas et que la liste d'attente était close jusqu'à nouvel ordre. « Vous n'avez pas bien entendu : *je veux un Birkin de trente-cinq centimètres avec garniture en or* », insista-t-elle, haussant le ton. Voyant sa requête refusée une fois, puis une autre encore, elle leva les bras en signe d'exaspération et poussa un soupir rageur. « Très bien ! Je ne voulais pas en arriver là, mais je vais aller chercher mon époux. » Quelques secondes plus tard, elle reparut au côté du comique ultracélèbre qui lui servait de mari et fut escortée sur-le-champ jusqu'à l'arrière-boutique, là où se trame le *birkinbusiness*. Un triomphe !

On entendait souvent des récits d'humiliations ou de rejets infligés par les cerbères du Birkin, connus pour leur froideur légendaire. En témoigne l'histoire d'une amie d'amie qui fondit carrément en larmes quand on lui apprit d'un ton glacial qu'il n'y avait plus de place sur la liste d'attente. Elle se rendait à la boutique toutes les semaines depuis des mois, relata-t-elle à ses copines, achetait chaque fois une écharpe ou une ceinture dont elle n'avait que faire (ça devait faire beaucoup d'écharpes et de ceintures, chuchotèrent-elles, compatissantes) dans l'espoir de faire montre de la bonne volonté nécessaire pour prouver aux vendeuses qu'elle était digne d'un Birkin. Ou encore l'histoire de cette femme qui convainquit son mari, en déplacement à l'international, de faire un détour par une certaine capitale asiatique pour aller lui dégoter un Birkin (à la base, le mari était attendu en Allemagne). Et que dire de cette femme qui se vit proposer des sacs Kelly de toutes les formes et de tous les coloris par le personnel de chez Hermès, mais qui les déclina tous, bornée qu'elle était dans sa ferveur monomaniaque pour un Birkin, tout cela pour apprendre par la suite, de la bouche d'une amie rédactrice de mode connaissant une des employées, qu'on l'avait estampillée « difficile » et qu'elle n'obtiendrait sans doute jamais de Birkin.

Certes, il était humiliant et navrant de s'entendre dire qu'une liste d'attente était close, comme s'il s'agissait d'une boîte de nuit où vous n'étiez pas assez important ni assez flamboyant pour entrer. Et absurde d'avoir à faire la queue derrière une sorte de cordon de velours pour avoir le privilège de claquer dix mille dollars, au bas mot, dans un sac. Je savais tout cela. Mais ces obstacles n'étaient pas qu'un frein. La difficulté à se procurer cet incontournable, sa quasi-impossibilité même, faisait partie intégrante de l'objet, aussi constitutive de son essence que l'histoire de ses origines et que le poinçon indiquant sa date de fabrication.

En un sens, le jeu en valait la chandelle. J'en avais la certitude. Tout comme je savais que le Birkin était livré dans une boîte orange ornée de rubans marron et qu'à l'intérieur on trouvait du papier de soie d'une épaisseur très précise arrangé (je vous jure que je n'invente rien) en un petit oreiller pour accueillir le sac. Cela faisait plus de vingt ans que j'habitais à Manhattan et je savais que je me lançais dans le genre de quête – cliché, sujette au ridicule, au summum de la frivolité, quand on y pense – qui pourrait bien m'amener à détester ma ville au plus haut point. Une déclinaison de la chasse aux dossiers d'inscription à l'école ou de la lutte pour obtenir une bonne table au restaurant. (« Je vous en prie, donnez-moi d'emblée une bonne table, qu'on s'épargne la sempiternelle étape où je râle et où vous finissez par me déplacer. S'il vous plaît. » C'est ainsi que je m'adressais aux hôtesses d'accueil et aux maîtres d'hôtel du ton le plus doux possible vers la fin de ma deuxième grossesse – période où ma patience à propos de tout et donc des rituels sadiques chers à ma ville était usée jusqu'à la corde.) Ma quête de Birkin menaçait de me lessiver et de m'emplir de rancœur, je le savais. Et même de déception, si jamais la chance et la persévérance ne me permettaient pas d'obtenir cet objet que je désirais si ardemment, après avoir sauté à travers tous les cerceaux placés sur mon chemin.

D'ailleurs, au moment où je décidai qu'il me fallait absolument un Birkin, rien que d'y penser une certaine fatigue et un certain défaitisme s'emparèrent de moi. En parallèle, je me sentais gonflée à bloc et prête à en découdre. Manhattan a sa façon bien à lui de retourner vos désirs pour vous en montrer l'envers, les coutures et la vraie nature. Ici, dans l'Upper East Side, j'étais en train de l'apprendre, nous articulons nos envies et nos identités en partie autour de certains *must have* rares et précieux, articles « à avoir absolument » (ou plutôt « absolument impossibles à avoir »). Un Birkin symbolise maintes choses, dont l'extrême souffrance que suscite le fait de ne pas l'avoir, même (et à plus forte raison) dans un monde d'opulence et d'excès. Certes, ce sac mythique est un objet de désir, mais c'est aussi l'essence même de l'expérience du désir, la satisfaction sans cesse remise à plus tard, la déception, l'attente et l'espoir étant cousus dans chacune de ses surpiqûres.

*

Quand on se demande pourquoi tout le monde à Manhattan, y compris soi-même, veut un Birkin, et pourquoi l'objet en question suscite une telle ferveur, difficile de ne pas tomber dans l'argument circulaire. La réponse est tellement évidente : *parce que j'en ai envie, c'est tout*. Il existe, bien sûr, des théories plus nuancées. Dans une ville qui attache une grande importance (frôlant l'obsession) aux marqueurs de privilège et de réussite, le Birkin est un symbole de statut social hyperélevé, peut-être même le symbole suprême pour les femmes. Et aussi pour les hommes en mesure de leur en procurer un. « Une femme possédant un Birkin est une excellente extension narcissique pour un homme qui réussit, m'a affirmé la psychologue clinicienne Stephanie Newman quand je lui ai demandé son avis sur la question. Il peut ainsi prouver à quel point il est puissant et exceptionnel. C'est lui qui lui a rapporté cet article onéreux et rare. » Quant à la femme sur un million qui soutient que non, non, non, elle ne veut pas d'un Birkin, essayez de lui en donner un et voyez si elle ne s'en sert pas. Il est tout bonnement impossible de résister au cachet qui en émane et au coup de boost social qu'il constitue ; cela reviendrait un peu à choisir une Hyundai plutôt qu'une Porsche. Je doute qu'elle fasse ce choix. Vous le désirez parce qu'il est, d'une certaine manière, vaguement à portée de main ; à bonne distance mais pas inaccessible non plus. Et parce qu'il est magnifique. Et parce que, avouons-le, grâce à lui vous gagneriez le respect – une forme de respect un peu tordue *made in Manhattan*, aussi appelée « envie » – des autres : d'autres femmes à la page, d'autres femmes dont l'avis vous importe, et dont vous aimeriez susciter l'admiration.

Pour certaines, susciter l'envie des autres est un jeu, dont je découvris l'existence à mesure que je consignais mon quotidien dans l'Upper East Side. On a beaucoup écrit au sujet du regard masculin : sur la façon dont il réifie, dont il redéfinit la hiérarchie entre hommes et femmes, plaçant l'un dans la position de regardeur et l'autre dans celle de regardée. Mais vivre dans l'Upper East Side, je m'en rendais compte à présent, vous force à percevoir les « regards » échangés entre femmes ou imposés par certaines… Bien souvent vorace et compétitif, ce regard a la précision d'un laser. Il vous pousse à entrer dans la danse, même si vous n'avez aucune envie de prendre part au jeu. C'est une façon de vous défendre et, parfois, de vous mettre en avant. « Pas la peine de me fusiller du regard, dit votre propre regard, ce n'est pas très agréable ! » En d'autres occasions, les femmes s'en servent pour se faire mousser en rabaissant quelqu'un : « Où est le défaut ? » demandent-elles avec ce coup d'œil qui jauge leurs congénères. Où se niche l'imperfection dans ta mise (ta ceinture, tes chaussures, ton ensemble, tes cheveux) qui me rassurera, me donnera l'impression que ta panoplie n'est pas si classe que ça, en fait, que tu ne vaux pas mieux que moi ? Les Birkin, si rares et si convoités, exacerbent l'hostilité entre filles, la fascination féminine latente à l'œuvre derrière tant d'interactions et de regards entre femmes à Manhattan, des regards qui quadrillent le trottoir, la rue, le restaurant et l'assemblée lors d'un événement caritatif (Chez Pierre ou au Cipriani) pour passer en revue les chaussures, les accessoires des autres, des regards qui en disent long, lourds d'un *sens* aux mille et une nuances somptueuses, clinquantes, envieuses, délicieuses, auxquelles nos maris et nos enfants restent aveugles. Il y a les regards à la dérobée et parfois pas si furtifs, devant l'ascenseur, à l'école, qui scannent une garde-robe entière en deux secondes. Ces femmes engloutissent leurs semblables toutes crues tels des boas constrictors, les digèrent puis font le tri ensuite : *Qui est-elle ? Pourquoi en a-t-elle un ? À qui est-elle mariée ? Que fait-elle dans la vie ? Pourquoi elle et pas moi ?* Les rapports entre femmes de l'Upper East Side sont tendus et chargés comme nulle part ailleurs dans le pays, voire dans le monde, et peut-être les sacs à main, à l'instar des voitures, remplissent-ils plusieurs fonctions à la fois. Une façon d'affirmer votre position dans l'inexorable hiérarchie qui régit Manhattan, un baromètre pour indiquer votre richesse, la vitalité de votre réseau et votre influence au sein de cette cité où l'argent, les connexions et l'influence forment une sainte trinité. Une déclaration de mode. Une couverture de survie, un moyen de s'auto-apaiser pour qui habite cette ville stressante comme nulle autre.

*

Ma requête ne surprendrait pas mon mari, je le savais, car je faisais allusion au Birkin depuis des années. Pas au premier degré comme les Autres Femmes – je l'espérais, du moins –, mais quand même. « En voilà un ! » lui disais-je, en pointant du doigt l'artefact et en plissant les yeux, exaltée comme un naturaliste qui aurait repéré un oiseau rare sud-américain dans Central Park en plein hiver. Les jours de chance, l'opportunité se présentait d'estimer le sac et sa propriétaire, et je persistais à croire qu'en les mettant en regard je saurais déterminer s'il s'agissait d'un faux. Le sac, je veux dire.

Mon obsession pour le Birkin fluctua durant deux décennies, déclinant jusqu'à se dissiper pour resurgir de façon cyclique, réactivée par un stimulus (telle l'apparition d'un exemplaire), à l'instar d'une infection torpide. Même maintenant, vingt ans après ma première rencontre avec ce sac mythique, à un stade différent de ma vie, plus stable sur le plan financier, où une dépense aussi folle se justifiait presque, pour m'en procurer un j'allais devoir faire des pieds et des mains. Demander des services. Et, comble de l'horreur pour un écrivain asocial, peut-être même graisser la patte de certaines personnes bien placées. Mais, pour l'instant, je me contentais d'angoisser. Ça, ça allait, je pouvais gérer. Les mamans de l'Upper East Side ne sont-elles pas expertes en matière d'obsessions, après tout ? Qu'il s'agisse du terrorisme, de la colonie de vacances à réserver, d'un soupçon d'impétigo ou de troubles de l'écriture chez un des petits, du projet de maison à Aspen qu'il fallait revoir à la baisse (le neuf pièces standard étant hors budget) sous peine d'avoir à revendre celle dans les Hamptons, nous passons notre temps à nourrir nos obsessions, travaillant pendant des heures à repérer puis à dévorer les sites internet qui entretiennent et alimentent nos fixettes. Sur nos ordinateurs portables et nos iPad, nous divaguons au fil de nos rêveries sur les vacances d'été idéales, quand nous ne prenons pas en filature la chaussure qui transformera notre garde-robe et améliorera notre vie en un clin d'œil. Mon amie Candace a mis en favoris dix-huit sites d'agences immobilières dans sa quête (sans doute vouée à rester virtuelle, comme elle l'admet volontiers) pour déménager à Bronxville. « Ça me fait du bien », commente-t-elle en haussant les épaules.

Ma propre quête obsessionnelle m'orienta inéluctablement vers des sites web du type bagsnobs.com et iwantabirkin.com. Chaque soir, une fois mon fils couché, je me précipitais sur eBay, où je passais mes soirées à faire des recherches sur les Birkin : les prix, les différents types de garniture, les détails qui différenciaient le vrai du faux. Une nuit, alors que j'y étais littéralement cloîtrée depuis des heures, mon mari entra dans mon « bureau », la chambre de l'ancienne domestique, adjacente à la cuisine, et je m'empressai de cliquer pour fermer une fenêtre, cramoisie de honte. « C'était quoi ? voulut-il savoir au moment où l'écran de mon ordinateur engloutissait une image de Birkin Blue Jean trente-cinq centimètres. Tu étais en train de regarder quoi ? » Je lui répondis en toute honnêteté. « Désolée. Je regardais un truc obscène, avec du cuir. » De quoi piquer sa curiosité, jusqu'à ce qu'il comprenne que je fantasmais juste sur des *sacs à main*.

« Eh bien, pourquoi pas ? fit Lily, un jour où nos enfants jouaient au parc sous un soleil radieux. Ils sont solides comme des tanks, ces Birkin. Ils font partie des quelques rares sacs à main de belle facture encore sur le marché. » Depuis son perchoir dans le monde de la mode, elle donnait l'impression qu'acheter un Birkin était une idée tout à fait *raisonnable*.

Candace et moi nous accordâmes à dire un jour, autour d'un déjeuner, en secouant la tête et en faisant des calculs, que le Birkin coûterait autant que les frais de scolarité pour un trimestre dans une école privée, que des vacances d'hiver au soleil. Soit deux à trois mois d'entretien de la maison. Deux fois le prix d'une table au Nutcracker Family Benefit[1]. « Eh bien, vu sous cet angle, commenta Candace, songeuse, tripotant lentement sa salade hachée menu dans son assiette, ce n'est pas si exorbitant que ça… si tu le gardes toute ta vie, ce que tu feras, c'est certain. Et si tu t'en sers tout le

1. Journée caritative et familiale très huppée organisée au Lincoln Center par la compagnie du New York City Ballet autour de *Casse-Noisette* de Tchaïkovski.

temps. Et que tu arrêtes d'acheter d'autres sacs. Quand tu budgétises tout ça… »

La mère de mon amie JJ, qui nous avait raconté l'anecdote de la femme mariée au comique ultra-célèbre, possédait cinq Birkin et au moins autant de Kelly. JJ suggéra qu'elle me présente à sa vendeuse chez Hermès. « Vas-y, fais-toi plaisir », dit-elle. Même si nous ne sommes pas très bien rétribuées pour ce que nous faisons ; même si on en a autant besoin que d'une paire de bottes à paillettes en pleine forêt amazonienne ; même si, d'un point de vue pragmatique, c'est pure folie et pure bêtise. « Ne reste pas plantée là à baver, m'intimaient Candace et JJ. *Fais* quelque chose. » Sans doute l'exhortation la plus singulière et la plus hédoniste que j'entendrais de toute ma vie.

*

Quand je lui en parlais, mon mari se contenta de grommeler. Je n'étais pas le genre à réclamer des objets onéreux. Ça me choque toujours un peu de voir certaines femmes faire comme si leurs finances et leur bien-être pécuniaire n'avaient rien à voir avec leur époux, comme si ces babioles ne pesaient pas sur la bourse du couple en tant qu'entité. Mon mari me savait très intègre à ce sujet – quand il me demanda ce que je voulais comme cadeau[1] à la naissance de notre aîné, je lui suggérai de verser une somme sur mon compte épargne retraite, au grand dam d'une de mes amies, qui avait, pour sa part, commandé des diamants –, et cela comptait beaucoup à ses yeux. « J'ai

1. La pratique d'offrir un cadeau à la maman qui vient d'accoucher ou qui est en passe de le faire est très répandue aux États-Unis. Ces cadeaux, nommés *push presents*, sont souvent des bijoux.

juste vraiment, vraiment envie d'en avoir un. » Mon mari accepta. Quelle couleur ? Il irait se le procurer dès le lendemain. J'éclatai de rire : un rire sonore proche du braiment, sans joie ni générosité, qui parut l'alerter. Puis je soupirai. C'était *impossible*, lui expliquai-je. Je lui tendis une liste de contacts que j'avais griffonnée, à commencer par le nom et le numéro de téléphone de la mère de JJ. « C'est quoi ? » demanda-t-il, plissant les yeux. « Ton dealer… Ou ton bouclier. Sois gentil avec elle, s'il te plaît. Ce sac, je le veux vraiment ! »

Mon mari allait devoir appeler la mère de JJ (nommons-la Myra), qui à son tour appellerait sa vendeuse chez Hermès (nommons-la Deirdre), qui à son tour épaulerait mon mari quand il se présenterait à la boutique. Mais d'abord, Myra, bénie soit-elle, eut une conversation entre quatre yeux avec Deirdre. JJ m'appela et me raconta d'un ton jubilatoire que sa mère avait vanté mes mérites à Deirdre en lui disant que j'étais écrivain (« Oui, j'ai entendu parler d'elle », avait répondu Deirdre, ce qui nous fit hurler de rire. Que l'on puisse être poli au point de feindre d'avoir entendu parler d'une inconnue comme moi nous amusait follement), que je ferais une très bonne cliente, que je méritais un Birkin, et que j'en voulais un noir en cuir, de trente-cinq centimètres, avec accessoires en or. Myra, quant à elle, voyait là une grossière erreur ; j'aurais dû opter pour du palladium, qui passait en toute saison.

Une fois la conversation terminée et les jalons posés, mon mari reçut un message de Myra lui annonçant qu'il pouvait rencontrer Deirdre, ce qu'il fit. Cette dernière l'informa, d'un ton fort aimable, qu'elle allait faire de son mieux : elle allait appeler Paris et se décarcasser pour donner suite à ma requête ; en revanche, ce ne serait peut-être pas pour mon anniversaire, qui approchait à grands pas, et il fallait savoir qu'elle court-circuitait la liste d'attente, qui, selon l'interlocutrice, était de trois ans – une sombre connerie –, ou close. Le soir où mon mari me transmit toutes ces informations, dans mon lit à deux heures du matin, je fus réveillée par la soudaine pensée que je ne connaissais même pas le prix exact du sac. « Moi, tu vois, je les trouve à Paris ou à Rome, et avec le taux de change et tout, je ne sais même pas vraiment à combien ça revient. J'ignore combien ils se vendent à New York, m'avoua Myra lorsque je lui demandai d'une voix hésitante, au téléphone, le prix exact. Je n'ai acheté que mes Kelly ici. »

*

Mon ami Jeff Nunokawa est professeur de littérature anglaise. Il a pour domaine de prédilection le roman victorien et il lui arrive souvent d'écrire ou de donner des conférences sur cette singulière manie qu'avaient Dickens, Eliot et les autres romanciers victoriens de dépeindre les femmes non seulement comme des consommatrices avides de biens de luxe, mais aussi comme des biens de luxe elles-mêmes. J'étais curieuse de savoir ce qu'il aurait à dire sur la consommation d'articles de luxe par les femmes contemporaines, dont le « *birkingate* » offrait un exemple éloquent, et sur l'hostilité et la compétition entre femmes qui faisait rage sur le trottoir post-baudelairien. Avant tout, il me fallut faire une petite mise au point terminologique. N'étant pas un de ces nombreux amis avec qui le lien s'est tissé autour de l'amour de la mode, Jeff crut tout d'abord que je parlais de Birkenstock. « Je suis certain qu'il doit être magnifique, ce sac », commença-t-il d'un ton vaillant une fois que je lui eus précisé qu'il s'agissait de sacs à main et non de sandales, expliqué ce qu'était un Birkin, ce qu'était Hermès, et donné un bref aperçu de la folle ruée vers le Birkin à Manhattan dans les années 2010. Puis il ajouta, diplomate : « Et je comprends qu'on puisse s'intéresser à ce genre de choses. » Il marqua un temps d'arrêt, puis, ayant rassemblé les différents fils de conversation convoqués ici, il demanda d'un ton à la fois péremptoire et facétieux : « Mais pourquoi les femmes ? »

Aimer de « jolies choses », les convoiter, faire la queue pour les obtenir, s'inscrire sur liste d'attente, s'exposer à toute une série d'humiliations pour se les procurer, les désirer d'autant plus qu'elles sont réputées hors de portée, et très rares… Nous avons en général tendance à balayer ces comportements d'un revers de main en les imputant à la sottise féminine et à une fausse conscience, en considérant les personnes en question comme des pigeons qui se font « duper par la mode », comme le résuma parfaitement Nunokawa. Or nous avons tort, continua-t-il. Bien sûr, tout cela est insensé, bien sûr, en vivant à New York, on banalise vite la folie d'une telle quête, et on en vient à croire qu'il n'y a rien de plus normal. On se dit : les femmes veulent des Birkin, un point c'est tout. Quant à la démarche consistant à s'attirer les faveurs d'une vendeuse afin d'en dégoter un, à faire une fixette et à actionner des leviers, à espérer et à attendre (« Faisons un parallèle avec les files d'attente à la pâtisserie, d'accord ? » suggéra Nunokawa d'un ton jovial), elle semble stupide et vide de sens. Mais pourquoi existe-t-elle ? Et pourquoi les femmes jouent-elles le jeu ? À ce stade, Nunokawa étaya ses propos avec l'exemple d'un personnage fictif d'une autre époque, la Lily Bart d'Edith Wharton, qu'il décrivit comme « aussi réelle qu'il est possible de l'être, en un sens, dans son rapport aux choses belles et onéreuses ». À mesure que la quête de Lily, qui cherche à se marier, se fait de plus en plus pressante, propulsant le récit vers l'avant et jouant avec nos propres espoirs, nous réalisons que Lily ne se contente pas de désirer les choses : elle les désire de façon théâtrale et désespérée, car elle désire (c'est même un besoin) devenir elle-même un objet de convoitise.

Et il en va de même avec les femmes de Manhattan et les Birkin érigés au rang d'objets cultes, me suggéra Nunokawa. « Ce n'est pas que les femmes – d'une certaine classe sociale et d'un certain standing, des Lily Bart des temps modernes, en quelque sorte – adorent les articles de mode, m'expliqua-t-il. C'est qu'elles sont elles-mêmes des marchandises. » Ces femmes qui courent après les Birkin ne nagent pas simplement dans l'erreur ou la bêtise, poursuivit-il. Leur intention est bien plus profonde, elle va plus loin que jouer des coudes pour dégager les concurrentes de la file d'attente en vue de rafler un sac. En nous lançant à la poursuite des Birkin, nous faisons bien plus que nous muer en chasseuses de Birkin. « Pour ces femmes, cette quête est une façon de rappeler aux hommes, à l'ensemble de la société, et à elles-mêmes, qu'elles ont investi une relation privilégiée avec ces objets fétiches. » Oui, en nous lançant à la poursuite d'un objet si rare et précieux, et en réussissant à l'obtenir, c'est notre propre rareté que nous cherchons à régénérer, c'est notre propre valeur aux yeux de tout un chacun que nous aspirons à raviver. Notre proximité avec un article de luxe aussi somptueux que le Birkin tient de l'égoïsme, de la frivolité… et de l'efficacité, conclut Nunokawa.

Quoi qu'il en soit, j'allais trouver un coupe-file pour atteindre ma friandise au plus vite.

*

En fin de compte, l'affaire se régla comme suit : mon mari partit en voyage d'affaires en Asie, et Deirdre suggéra qu'il dégoterait sans doute plus facilement un Birkin là-bas – elle allait passer quelques coups de fil. Mais à Hong Kong on lui servit le sempiternel couplet des trois ans d'attente. Et rebelote à Beijing (c'est comme ça que j'ai su, avant les économistes du monde entier, que la Chine avait supplanté le Japon et s'imposait comme deuxième puissance mondiale). Lors de la dernière partie de son voyage, il m'appela tard un soir et, par chance, je décrochai le téléphone. « Tu les aimes aussi en doré ? » me demanda-t-il. Dans une des boutiques Hermès de Tokyo, il avait cuisiné un vendeur jusqu'à ce que celui-ci lui présente non pas un mais trois Birkin, au choix. Je jetai mon dévolu sur le sac couleur or avec garniture en palladium, sachant que Myra serait ravie.

L'affaire était dans le sac… Pourtant, cette nuit-là, je ne cessai de me retourner dans mon lit. Je gambergeais au sujet de Myra : aurait-elle l'impression que je l'avais insultée ou que j'avais entaché sa crédibilité auprès de Deirdre en ne donnant pas suite à son coup de pouce et en n'achetant pas à New York ? Une vision saisissante et terrifiante ne cessait de resurgir : JJ furieuse contre moi, car j'avais mal géré et créé un imbroglio dont elle serait le pivot central si jamais sa mère estimait que j'avais bafoué certaines règles tacites de l'étiquette propre à l'acquisition d'un Birkin. Ou quelque chose comme ça. Le lendemain, je me réveillai exténuée par mes ruminations, que je me repassai en boucle toute la journée, occultant toute autre pensée. Ce soir-là, mon mari rentra de son voyage, avec son décalage horaire dans les pattes, son linge sale, et une énorme boîte orange. « NE TOUCHE PAS ! » aboyai-je sur mon fils qui s'en approchait, l'air fasciné. Sous les rubans, dans la boîte, trônant sur son oreiller de papier de soie, glissé dans sa housse de protection beige, se trouvait le sac. La patte de fermeture était recouverte de feutre de peur que la garniture en métal ne se raye ou ne raye une autre surface. Je le décollai avec précaution, tel un chirurgien, pour révéler les boucles argentées et le fermoir étincelants. Et à l'intérieur de l'objet fétiche se trouvaient d'autres objets fétiches : le plastique bouffant en accordéon conçu pour que le sac garde sa forme. Le mini-cadenas et ses clés dans leur fourreau en cuir. Et une capote de pluie. Eh oui, le Birkin est livré avec son propre imperméable. Il était plus léger que je ne l'aurais imaginé. Beau et simple, ponctué de surpiqûres réalisées de main de maître, c'était un vrai poème de trente-cinq centimètres de long. Mon mari éclata de rire quand il me vit saisir la lampe torche pour en inspecter l'intérieur et les coutures. Puis je me ruai sur le téléphone pour commander des fleurs et une carte de remerciement pour Myra. Pour son aide et tout le mal qu'elle s'était donné.

On pourrait penser que je me suis réjouie, en toute simplicité, d'avoir enfin atteint le Saint-Graal des sacs. Eh bien, non. Au lieu de cela, j'ai transféré mon anxiété sur Myra, JJ et Deirdre, et sur l'éventualité de les avoir blessées, à cause de la façon dont j'avais obtenu le sac. Je me rendais malade à l'idée que mon Birkin, bien qu'acheté dans une boutique Hermès, était peut-être une contrefaçon. Je faisais des recherches sur l'emplacement du poinçon de l'artisan, sur les coutures et sur le moindre aspect de sa fabrication. Et s'il n'était pas authentique ? « Oh, pour l'amour du ciel, il est authentique ! » me tança par téléphone JJ, qui n'était pas fâchée le moins du monde, pas plus que sa mère, ravie pour moi ; quoi de plus normal pour une mère d'amie atteinte de birkinomanie. « Tu n'arrives pas à accepter que ta quête est achevée. Tu as peur de te sentir dépossédée maintenant que tu as ce que tu voulais ! Et tu as l'impression d'être un imposteur. De ne pas le mériter. Mais si, tu le mérites ! »

Si vous songez à vous installer dans l'Upper East Side, avoir une amie psychanalyste ne nuit pas – j'étais en train de m'en rendre compte.

*

J'emportais mon Birkin partout, sauf quand il pleuvait ; je le laissais alors à la maison par peur – oui, je l'avoue – de l'abîmer. Un jour, ayant un peu de temps à tuer avant d'aller chercher mon fils à l'école, j'entrai dans un magasin de prêt-à-porter de l'autre côté de la rue. C'était un de ces rares moments où je pouvais faire du shopping pour moi et non pour ma progéniture, faire du shopping plutôt que travailler ou m'arracher les cheveux à propos du boulot, et j'avais l'impression de m'accorder un moment à moi, un luxe. La jeune vendeuse me salua et, quelques minutes plus tard, se proposa d'aller poser les articles que j'avais choisis dans une cabine. « Vous pouvez laisser votre sac sur ce banc. Je garderai un œil dessus. » Elle sourit. « Et je promets de ne pas vous le piquer, même si j'ai très envie d'en avoir un. » Nous éclatâmes de rire et, tandis qu'elle continuait à lorgner mon sac, je le lui tendis et lui enjoignis de l'essayer. Ce qu'elle fit, s'observant sous tous les angles possibles et imaginables dans les nombreux miroirs de la boutique. Cela me mettait mal à l'aise de posséder ce qu'elle n'avait pas, et ce n'était pas qu'un peu gênant. Pour dissiper le léger malaise, lorsqu'elle me demanda si j'aimais mon Birkin, je répondis que oui, je l'aimais, c'était une valeur sûre, et qu'il était joli. Mais, après tout, ce n'était ni plus ni moins qu'un sac. J'ajoutai que tout le tralala autour de ce produit n'était à mes yeux que pur battage publicitaire. Elle sourit et pencha la tête lorsque nos regards se croisèrent dans le miroir. « Il y a quelques jours, une cliente s'est présentée ici avec un Birkin double teinte en *crocodile*, dit-elle d'une voix douce, et jamais je n'avais rien vu d'aussi chic. » Elle marqua un temps d'arrêt puis reprit : « Après ça, difficile de s'enthousiasmer pour un modèle comme le vôtre. » Elle tendit le bras, me rendant mon sac.

Ma foi, tant mieux pour toi, me dis-je *in petto*, *parce qu'il te faudrait fourguer une sacrée quantité de pulls en cachemire pour t'en payer un, même aussi banal que le mien. Et pour ça, il faudrait déjà que quelqu'un chez Hermès daigne te le vendre. Ce qui me semble peu probable.* Je me gardai cependant de verbaliser le fond de ma pensée. Je me contentai d'y songer tout en payant les vêtements que j'avais les moyens d'acheter alors qu'elle non, méditant aux mille et une façons de dégager une femme du trottoir, dans l'Upper East Side.

4

Manhattan Geisha

NOTES DE TERRAIN

Au sein de nombreuses espèces, les mâles s'affrontent, se livrent à des démonstrations de force, à des vocalises, entre autres façons de se disputer les femelles disponibles. Ce phénomène trouve son explication dans le principe de Bateman, principe biologique selon lequel le sexe qui consacre le plus de temps et d'énergie à produire, approvisionner et protéger la progéniture devient une ressource limitée ; dès lors, les membres du sexe opposé rivalisent entre eux pour y avoir accès. Chez la plupart des populations animales, le ratio entre les deux genres (masculin et féminin) est à peu près équilibré. Cependant, puisqu'une partie des femelles se trouvent perpétuellement hors du vivier de partenaires potentiels, prises qu'elles sont par la reproduction, les soins prodigués à la progéniture (à quoi s'ajoutent la grossesse et la lactation dans le cas des mammifères), les femelles deviennent bien souvent le « sexe limité ».

Les données démographiques montrent que, parmi les primates de rang supérieur vivant dans l'Upper East Side, il existe un déséquilibre flagrant entre les taux d'individus femelles et mâles – disparité principalement due aux migrations depuis les régions périphériques (individus ayant quitté leur propre groupe natal pour intégrer cette tribu). Ici, les femelles reproductrices sont deux fois plus nombreuses que les mâles.

Ces circonstances écologiques inouïes ont fait évoluer le rapport entre les sexes et entre femelles de façon exceptionnelle et notoire.

Les mâles de l'Upper East Side ont, semble-t-il, adopté le comportement propre aux femelles dans d'autres contextes : ils observent d'un œil timide mais intransigeant les démonstrations effectuées en leur faveur. En parallèle, le recours extrême à l'ornementation et des « pratiques d'embellissement » très élaborées – il n'est pas rare que ces coutumes impliquent la mutilation physique et le réagencement de leur corps et de leur visage en des configurations plus « agréables » grâce à l'intervention de divers « chamans préposés au corps et au visage » – occupent une place centrale dans l'existence des femelles reproductrices ou post-reproductrices étudiées ici.

La vie de ces femelles s'articule également autour de rites collectifs d'endurance éprouvants, réglés comme du papier à musique et hautement compétitifs. Ces coutumes sont censées non seulement purifier le corps féminin et le rendre plus attractif, mais aussi servir de rempart contre l'usure du temps, voire repousser la mortalité. Si les femelles s'adonnent à ces rites dans leur habitat natal, elles poussent l'assiduité à l'extrême dans l'environnement où les conduit leur migration estivale, à environ deux cents kilomètres à l'est.

Nous eûmes un autre bébé, un garçon, peu après l'entrée de notre fils aîné à la maternelle. Et cette fois, j'avais tout à fait conscience que les standards auxquels devaient se conformer les femmes enceintes et les néo-mamans à Manhattan – et à plus forte raison dans l'Upper East Side – étaient hallucinants. Être enceinte, que ce soit *uptown* ou *downtown*, s'apparentait à un marathon hypercompétitif de neuf mois aux enjeux considérables. Les femmes de l'Upper East Side auraient mérité des médailles pour leurs efforts surhumains et dignes de sportives de haut niveau en matière de gestation. Partout autour de moi, certaines, bien qu'ayant déjà entamé leur troisième trimestre de grossesse, titubaient, juchées sur leurs talons aiguilles, et s'attardaient à des dîners dans des restaurants en vogue et à des événements caritatifs jusqu'à minuit. Elles moulaient leurs corps féconds dans des vêtements de créateurs extraordinairement seyants, s'entretenant et s'apprêtant avec une assiduité ahurissante. Dans le même ordre d'idées, elles s'échinaient à faire des sprints autour du Réservoir de Central Park et des abdos à la salle de sport. Apparemment, ce qui comptait quand on était enceinte dans ce quartier, c'était d'avoir la meilleure grossesse possible, la plus lisse, la plus polie, c'est-à-dire une grossesse durant laquelle vous vous comportiez comme si vous n'étiez pas enceinte du tout. Et les perpétuelles injonctions en termes d'apparence – être à tout prix superbe et sexy – étaient d'une intransigeance et d'une exigence incroyables.

Comparée à mes congénères gravides, j'étais une loque qui se laissait honteusement aller. Je n'arrivais tout bonnement pas à tenir le rythme. J'avais des flatulences et des démangeaisons. De l'acné. J'étais exténuée dès le réveil. Sur le circuit de l'entretien physique, j'étais en sortie de piste totale, déviant complètement du schéma classique de la grossesse *uptown*. Alors que pour ma première grossesse j'avais suivi des cours de yoga et de Pilates prénatals – de tout ce qui était estampillé « prénatal », d'ailleurs –, cette fois-ci je ne fis pas une once d'exercice hormis « courir » (ou plutôt me dandiner) à droite à gauche pour faire des courses ou aller à mon bureau où, au lieu d'écrire, je m'endormais sur-le-champ. Je ne faisais pas de fixation sur la nourriture, si ce n'était m'assurer de bien ingurgiter la boisson Ensure® vivement recommandée par mon gynécologue, vu que je perdais du poids à cause de nausées carabinées. Mes yeux étaient rouges en permanence : les vaisseaux sanguins y éclataient sous la violence des vomissements à répétition. J'avais l'allure d'un bâton qui aurait avalé un ballon de basket, selon mon mari. État de fait qui, je m'en rendis compte petit à petit, me plaçait dans le rôle de paratonnerre pour les femmes qui gravitaient autour de moi : un test projectif mettant en relief leur attitude à l'égard de leur corps et de leurs régimes. « Oh, la garce, me lança l'une d'elles. Moi aussi, je veux des nausées horribles, la prochaine fois ! » « Oh, dis donc, tu es *superbe* ! » s'enthousiasma une autre maman, faisant complètement abstraction de ma peau grisâtre et tachée tant elle focalisait sur mes bras et mes jambes d'une maigreur d'épouvantail.

Mon fils, en âge d'aller à la maternelle, faisait lui aussi l'effet d'une sorte de Rorschach aux femmes que je côtoyais au quotidien. « Waouh, il est si svelte et il a les jambes si longues ! » observaient-elles du bord de l'aire de jeux où nous étions postées pour surveiller nos enfants. Quelque chose dans leur ton suggérait qu'elles voyaient en lui un accomplissement de ma part, ou de la sienne. Jamais je n'avais vu de femmes accorder tant d'importance à la morphologie des enfants, ni y mettre tant de sens. J'étais franchement nostalgique des bonnes joues et des bras potelés de mon fils, de ces signes de son appartenance à la petite enfance qui le rendaient si adorable. À l'inverse, j'étais prête à parier que certaines de ces mamans m'enviaient d'avoir un enfant maigrichon.

Si bon nombre de leurs croyances et de leurs codes culturels me paraissaient bien singuliers, sur d'autres plans je ressemblais beaucoup aux mères de l'Upper East Side. Leurs préoccupations et leurs standards de vie, l'envie impérieuse d'un Birkin, par exemple, commençaient à déteindre sur moi. Le processus d'ajustement que j'avais effectué de façon plus ou moins inconsciente s'appelle l'« habituation » ; il s'agit de la forme d'apprentissage la plus élémentaire d'un procédé selon lequel un animal, après une période d'exposition à un stimulus, cesse d'y réagir et commence à s'y acclimater. Quand ils vivent à proximité d'humains, les chiens de prairie, ces animaux hypervigilants et espiègles, finissent par ne même plus se donner la peine d'émettre des cris à leur approche ; au bout d'un temps, ils nous assimilent à du bruit blanc. Les cerfs s'accoutument à notre odeur horriblement fétide (dans le Michigan, j'ai appris que, avant d'apercevoir une biche ou un cerf, il arrive qu'on l'entende s'ébrouer puis pousser une sorte d'énorme renâclement de dégoût suscité par la puanteur abjecte que nous dégageons, si on est contre le vent) et s'aventurent jusque dans nos jardins pour brouter. De même, entourée de gens dont, à peine quelques mois plus tôt, l'accoutrement m'aurait déconcertée tant il différait de ma propre garde-robe, je portais désormais des tenues un peu plus classiques, un peu plus chères et un peu plus soignées. Cette métamorphose, je la vécus comme l'écroulement d'un dernier rempart, comme l'abandon de mon ancien moi. Toutefois, une fois que j'y eus cédé, ce processus d'habituation ne fut pas si désagréable. Cela me simplifiait la vie, en un sens, de marcher dans les pas d'un chien de prairie ayant cessé de se méfier de tout, ou dans ceux d'un cerf ayant décrété que l'odeur inquiétante ne l'est finalement pas tant que cela. Cette partie de moi, cette façon d'être et de réagir, cette jeune maman évoluant *downtown* avec ses cheveux en bataille et ses plans sur la comète, s'était éteinte. Oui, je me surprenais à vouloir des cheveux lisses plus blonds que blonds et un Birkin et une veste Barbour et des chaussures à talons plats fantaisie Charlotte Olympia en velours vert émeraude avec des têtes de chatons dessus. Et j'ai cédé à ces sirènes. Ainsi, dès que j'ai senti mes premières contractions, par un jour d'automne radieux, j'ai décidé de me risquer chez le coiffeur pour un brushing.

Tout d'abord, j'ai appelé Lily, qui venait tout juste d'avoir un bébé, une magnifique petite fille prénommée Flora, qui cessait de chouiner dès qu'on la posait contre le torse de mon mari. Lily et moi avons tenté de déterminer si ma dernière vague de contractions n'était pas une sorte de fausse alerte, le début d'un faux travail, comme c'est si souvent le cas avant le jour J, et comme cela m'était arrivé à plusieurs reprises la semaine passée. Lily était d'avis que non. Cependant, elle qui avait quatre enfants fit la démonstration de son flegme légendaire à propos du timing. « Ce n'est pas ton *troisième* bébé non plus. Ceux-là, tout le monde sait qu'ils arrivent toujours dans ta jambe de pantalon ou dans le taxi. Mais c'est quand même le deuxième. Tu devrais peut-être aller faire un petit tour dehors, histoire de voir. »

J'ai foncé à l'institut de beauté, où l'on m'a shampouinée puis séché les cheveux. Autant caler une manucure et une pédicure, tant que j'y étais, me suis-je dit. Après quoi, j'ai songé à me faire le maillot, mais mes contractions n'étaient plus séparées que par une minute, à présent, alors j'ai préféré appeler mon mari.

« *Quoi ?* Faut y aller ? » s'est-il écrié. Comme nous descendions les rues de l'East Side en direction de l'hôpital, le chauffeur du SUV beaucoup trop spacieux et onéreux que mon mari avait réquisitionné pour l'occasion se mit à scander : « Je vous en prie, madame, n'accouchez pas dans cette voiture ! Attendez un peu ! » Quelques minutes plus tard, jambes en l'air et pieds calés dans les étriers, je m'excusais auprès de mon obstétricien pour avoir laissé en broussaille cette partie de mon anatomie située sous la ceinture. Tandis que le sommet du crâne de mon fils commençait à poindre, le médecin me fit savoir que nombre de ses patientes se faisaient une épilation brésilienne juste avant d'accoucher, ce qui le dépassait totalement. Il m'apprit aussi que les demandes de césariennes de confort, « pour éviter que ça se distende trop là où je pense », avaient grimpé en flèche. Et que beaucoup de ses patientes réclamaient de la chirurgie esthétique pour une plastie abdominale à peine le bébé expulsé. Elles sont dingues, pensai-je en donnant l'ultime poussée. Mais, même au moment où l'on plaça mon nouveau-né sur ma poitrine – si blond et si costaud ! si magnifique ! –, je regrettai de ne pas l'avoir mis au monde les cuisses bien épilées. Et si j'avais bien failli accoucher à bord d'une Escalade, je dois avouer que, quand je regarde les photos de moi, mon fils dans les bras juste après sa naissance, je suis bien contente de m'être fait faire ce brushing au préalable. Et j'assume.

*

En Occident, toutes les nouvelles mamans, sans exception ou presque, se soumettent à la discipline physique et émotionnelle nécessaire pour « retrouver la ligne après bébé ». Cette expression si familière et optimiste contient une nuance de fourberie et de cruauté en ce qu'elle suggère qu'un tel fantasme serait réalisable. Les primipares et les multipares (celles ayant eu un ou plusieurs enfants) ne sont pas des nullipares (celles qui n'en ont pas eu), après tout. On ne retrouve jamais sa ligne d'avant-bébé, non, jamais, car on ne peut pas revenir à l'état de personne n'ayant pas enfanté. *Parce qu'on a enfanté.* Le corollaire à cette manie de se comporter comme si la grossesse ne vous ralentissait pas le moins du monde est le souhait, après coup, que toute cette histoire un peu cradingue qui voit votre abdomen, votre vagin, votre poitrine et vos côtes se distendre jusqu'à des proportions dépassant l'entendement n'ait jamais eu lieu. Pas de seins qui tombent, ni de bedon pour nous. Et comme si tout cela n'était pas déjà assez irréaliste, on nous presse (pression que nous entretenons nous-mêmes) de revenir à la normale en un laps de temps absurdement court.

Après la naissance de chacun de mes fils, j'ai songé avec envie à cette coutume chinoise selon laquelle une femme venant d'accoucher reste alitée un mois entier, puis se tient à bonne distance des champs ou de l'usine pendant plusieurs mois après la naissance. Elle est prise en charge par des parentes et a l'interdiction d'effectuer le moindre effort physique, afin de pouvoir se consacrer à l'allaitement et à son rétablissement. Ici, à l'inverse, les hôpitaux nous éjectent vingt-quatre à quarante-huit heures après que nous avons enfanté (quand les femmes de la génération de ma mère avaient droit à une semaine). Coutume on ne peut plus barbare aux yeux des parents non occidentaux vivant hors du monde industrialisé.

Conformément à notre *social script*[1], je ne tardai pas à rentrer à la maison avec un nouveau bébé. Contrairement à certaines de mes congénères, qui avaient opté pour le biberon, disaient-elles, afin d'éviter d'avoir la poitrine en gant de toilette et les tétons en bouillie, je restai fidèle à l'allaitement, que j'avais déjà expérimenté avec mon premier fils. Et mon nouveau-né et moi trouvâmes vite nos marques. Nous eûmes la chance de vivre un allaitement sans souci, mes fils et moi. Le lait maternel apportait beaucoup au bébé sur le long terme, je le savais, mais, comme la plupart des mamans de Manhattan, si je tenais tant à allaiter, c'était pour « retrouver ma ligne d'avant-grossesse » plus rapidement. Donner le sein brûlait six à sept cents calories par jour, m'avaient dit mes amies. Au final, mes nausées du matin avaient fini par s'estomper un peu et j'avais réussi à prendre le nombre de kilos préconisés. Je m'accrochai donc pour allaiter un certain temps dans

1. Le concept de *social script* fait référence aux comportements attendus d'un individu remplissant une position sociale spécifique, celle d'habitant de l'Upper East Side, par exemple.

l'intérêt de mon fils, mais également dans celui de mon tour de taille. Et puis, vers les cinq mois du bébé, je décidai que l'heure était venue de me remettre au sport.

Car, si mon gynéco m'avait donné le sage conseil de prendre mon temps, car « la grossesse, c'était neuf mois de montée suivis de neuf mois de descente », je n'avais pas, comme la plupart de mes paires, l'impression d'avoir neuf mois devant moi. J'étais pressée, impatiente de retrouver mon moi d'avant, mon corps ferme, et j'angoissais plus que de raison à l'idée de ne pas y arriver. Aux quatre coins du pays, les mères ressentent une variante de cette appréhension ; les magazines féminins du type *Fit Pregnancy* (« Grossesse en bonne santé ») ou *New Mommy Workout* (« La Nouvelle Muscu pour mamans ») et les exercices draconiens dispensés sur DVD ou en ligne attestent cette terreur collective. Or, ici, dans l'Upper East Side, la pression et l'anxiété sont plus fortes qu'ailleurs. Tandis que, dans le Nebraska ou dans le Michigan, les femmes grimpent sur le tapis roulant relégué au sous-sol une fois par-ci, une fois par-là, quand elles peuvent, boycottent Dunkin' Donuts et tardent à perdre les cinq derniers kilos, quand elles ne se résignent pas à vivre avec (en partie ou en intégralité), au sein de ma tribu de mamans c'était une autre paire de manches. Tout comme nous devions exceller dans l'art d'être superbes même enceintes, nous devions assumer notre rôle de mère auprès de nos nourrissons, de nos bébés, de nos tout-petits et de nos jeunes enfants tout en restant le plus resplendissantes possible.

Et puisque nous étions dans l'Upper East Side, la première chose à faire, une fois ma décision prise de reprendre le sport, c'était du shopping. Lululemon était la marque de prédilection ; ayant éclipsé Athleta, elle était omniprésente et faisait partie intégrante de l'uniforme de la maman de l'Upper East Side au moment où j'étais prête à retourner au charbon. Avec ses vêtements en lycra très près du corps, si confortables que c'en était indécent, et pourtant plus épais que les matériaux similaires classiques, égayés de détails fantaisie (des imprimés rigolos à foison) et de caractéristiques bien pensées pour s'adapter à la vie des vraies femmes, à leurs besoins et leurs désirs (des poches à des endroits où ça ne créait pas de rembourrage, pour commencer), lululemon était un incontournable du quotidien de mon quartier. Porter cette marque revenait à brandir un écriteau : « J'ai le temps de faire de l'exercice et ça, c'est mon petit plaisir. » Si les vêtements lululemon plaisaient tant, comme je m'en rendis compte la première fois que j'essayai un de leurs pantalons et une veste cintrée, c'était parce qu'ils ne se contentaient pas d'être trop moulants pour être flatteurs. C'étaient bien plus que de simples habits : ils faisaient aussi office de corset ou d'exosquelette, ils lissaient les bosses, rehaussaient et maintenaient fermement chaque partie de votre anatomie en donnant l'impression de ne rien cacher. La première ou les deux premières années qui suivirent la création de cette marque, les femmes portaient leurs pantalons lululemon avec des hauts assez longs ou des vestes dissimulant leurs fesses et leurs cuisses. Quand elles n'accrochaient pas des tee-shirts à manches longues lululemon autour de leur taille. Puis, au bout d'un moment, elles ont fini par déclarer d'une seule voix : « J'ai un entrejambe et un derrière. Va falloir vous y faire. » L'habituation fut prompte. Ce qui était tout d'abord passé pour de l'exhibitionnisme éhonté – exposer les parties ventrales et dorsales d'une femelle *Homo sapiens* situées entre la taille et le pubis – ne tarda pas à se banaliser. Les hommes avaient-ils d'autre choix que de se désensibiliser devant ce défilé de postérieurs vêtus de lululemon, à cette exposition quasi permanente, quasi inévitable ?

J'en vins donc à posséder des tonnes et des tonnes d'articles lululemon. J'achetai des vestes cintrées lulu et des leggings lulu. J'achetai des hauts à manches courtes bien coupés avec décolletés plongeants et des débardeurs près du corps aux couleurs vives. J'achetai des soutiens-gorge lululemon spécialement conçus pour être portés sous les tops de cette même marque. Ils faisaient même des strings et autres sous-vêtements « invisibles » en microfibre dont le rebord s'estompait jusqu'à disparaître, ce qui évitait la marque de la culotte. Chez lululemon, un conseiller vous prenait sous son aile et préconisait sérieusement un type de chaussures adapté à votre morphologie, la bonne longueur de pantalon, la bonne largeur d'ourlet, comme s'il s'agissait d'un véritable pantalon de costume et que vous étiez businesswoman chez Brooks Brothers. Ces affaires de remise en forme étaient bel et bien un business, comme je ne tarderais pas à l'apprendre, et ça ne rigolait pas, attention !

Équipée de la panoplie idoine, je me renseignai sur les différentes options qui s'offraient à moi en matière de fitness, et j'appris vite qu'il y avait eu des changements colossaux en termes de fringues mais aussi de *méthodes* entre la naissance de mes deux enfants. Tandis que je prenais des cours de Pilates et de yoga et que j'allais piquer des sprints au parc quand je trouvais le temps, ignorant tout de ce qui se tramait autour de moi, la tribu que j'étudiais s'était scindée en diverses sous-tribus, chacune ayant prêté allégeance à l'une des deux sectes dont la popularité atteignait des proportions incroyables : un cours d'aérobic à la barre appelé Physique 57 ou un cours de vélo en salle baptisé SoulCycle. *Mais c'est grotesque*, songeai-je lorsque ma copine Amy m'envoya une vidéo YouTube des adeptes de SoulCycle assises sur leurs vélos d'appartement, la partie inférieure de leur corps moulinant à toute allure tandis que le haut s'appliquait à prendre des poses de yoga. Je voyais d'ici les mines perplexes des archéologues du futur confrontés à un tel artefact (« Ils se meuvent et pourtant ils n'avancent pas »). *Arrête ton char*, soupirai-je *in petto* le jour où une autre amie me décrivit autour d'un verre dans un troquet son cours de fitness à la barre Physique 57, martelant avec le plus grand sérieux que son corps s'en était vu transformé en six séances de 57 minutes. On aurait dit une infopublicité, un de ces spots interminables où des utilisateurs vantent les mérites d'un produit qu'ils testent sous vos yeux. Puis elle souleva son haut pour me montrer ses abdominaux et je faillis recracher mon thé vert. *Du béton !* En moins de six heures… Tout à coup, je fus partante.

En consultant le site de l'entreprise en question, j'eus un aperçu de leurs locaux ultramodernes, des salles tapissées de miroirs situées dans des bâtiments luxueux, parées d'accessoires spéciaux (des barres de ballet de tailles différentes, des ballons à presser pour renforcer le tonus musculaire, des bandes de caoutchouc pour les étirements et les abdominaux, des tapis de sol et des oreillers, des revêtements moelleux pour un confort accru pendant les exercices au sol). Je lus comment Physique 57 avait été fondé par deux anciennes disciples de Lotte Berk après que cette dernière, véritable gourou de l'exercice façon ballet que sa réputation sulfureuse précédait, avait jeté l'éponge et abandonné son studio dans les Hamptons. Je regardai aussi les témoignages de ceux qui pratiquaient au temple Physique 57 : un large spectre allant de femmes cassées de partout à des adeptes plantureuses. Nombre d'entre elles narraient leur transformation les larmes aux yeux. On me promettait que mon corps allait changer et que je verrais la différence en huit séances, chacune durant moins d'une heure, ce qui me ferait gagner cent quatre-vingts secondes chaque fois.

Vêtue en lululemon de pied en cap, je me présentai à l'institut près de chez moi par un matin printanier. Le lieu était spacieux et propre, haut de plafond avec des murs blancs et du plancher dans certaines salles, de la moquette bleue dans d'autres. La jolie jeune fille qui me reçut à l'accueil nota que c'était mon premier cours et me tendit une décharge à signer. Puis elle pépia : « Vous avez vos *chaussettes* ? » Pardon ? Elle voulait parler de chaussettes antidérapantes, comme elle me l'apprit, des socquettes noires ou grises avec un petit 57 brodé au-dessus du talon, le dessous piqué de points caoutchouteux bleu clair conçus pour vous éviter de glisser sur la moquette. J'en achetai une paire sur-le-champ, les enfilai en songeant aux membres de cette secte qui, dans les années 1990, avaient commis un suicide collectif tous chaussés des mêmes baskets Nike. « Vous devriez peut-être aussi prendre une bouteille d'eau », me suggéra-t-elle, très coopérative, en m'en tendant une et en me précisant qu'elle l'ajouterait sur ma note. Comme dans un club privé, j'avais une ardoise.

Je fus soulagée d'apercevoir ma copine Monica, une gestionnaire de fonds spéculatifs en super condition physique, mère de trois enfants, une vraie battante, qui s'étirait non loin d'un miroir. « Je ne savais pas que tu suivais les cours de Physique ! s'écria-t-elle, enthousiaste, comme nous nous faisions la bise. Donne-moi ça. » Elle posa ma bouteille au pied d'un espace libre d'environ un mètre de large à la barre de ballet, devant le mur en miroirs. Puis elle attrapa pour moi deux poids de cinq livres chacun, qu'elle plaça près des siens sur le sol moquetté. « Il faut que tu délimites ton territoire avant que tout le monde arrive », m'expliqua-t-elle. Parfait : j'avais un guide. Autour de nous, la salle se remplissait tandis que nous papotions, serrées comme des sardines. Les autres femmes étaient étrangement graves et silencieuses, et s'étiraient, les yeux rivés sur le miroir en face d'elles. Toutes sans exception portaient des pantalons lululemon noirs, soit des caleçons longs, soit des corsaires, des débardeurs lulu à bretelles croisées et des chaussettes Physique 57 antidérapantes. Il n'y avait aucun homme dans le cours, enfin si, un seul, et il était affublé d'un casque-micro. « Bonjour, mesdames, ronronna-t-il. Allez, on va le faire grimper, ce pouls ! » Sa voix a retenti à travers les haut-parleurs stratégiquement placés à chaque coin de la pièce, et nous nous sommes mises au garde-à-vous.

Un morceau de Beyoncé a envahi la pièce de son rythme martelant, et on nous a encouragées à faire des genou-poitrine, genou-poitrine, genou-épaule opposée, twist, twist. Et c'est ainsi qu'a débuté une séance de sport si rigoureuse, si difficile et si exhaustive qu'à plusieurs reprises j'ai bien cru que j'allais vomir. Nous avons sollicité tous les muscles possibles et imaginables de nos bras à l'aide de poids tout en faisant des squats, des fentes et des flexions-extensions avec nos jambes. Nous avons enchaîné les pompes. « Quand vous atteignez ce degré d'épuisement fatidique, je veux que vous vous *dépassiez* », s'emballait le prof, comme si nous étions en pleine compétition. Et nous n'en étions qu'aux dix minutes d'*échauffement*. À ce stade, nous avons toutes reposé nos poids dans les paniers en osier sur les étagères situées dans un coin de la pièce. J'étais ahurie par la hargne et la hâte qui animaient les autres participantes, toutes trentenaires ou quadragénaires, balançant les poids et s'empressant de regagner leur place à la barre. Chacune savait reconnaître bouteille d'eau et serviette blanche au milieu des autres, pourtant toutes identiques. Comment faisaient-elles ? « Par ici », chuchota Monica, et je pris la place libre à côté d'elle.

À mon grand étonnement, le professeur nous demanda de « nous installer à la barre, les pieds en V, pour démarrer par une simple demi-flexion. » J'ai imité ma copine, persuadée d'avoir compris le mouvement (il s'agissait de mini-pliés, en position une, façon ballet ; aucun problème, j'avais fait ça toute ma jeunesse pendant mes années danse classique). Seulement, au bout de cent, je crus que mes jambes allaient flancher. Et ce n'était que le début. Nous avons dû décoller une jambe du sol, ensuite l'autre, selon un déroulé précis qui tirait sur le moindre muscle de chacune de nos guiboles jusqu'à l'épuisement et l'apparition d'une douleur indescriptible, une sorte de brûlure. J'ai balayé la pièce des yeux pour observer les autres femmes, cherchant à croiser un regard complice, comme on fait dans ce genre de situations délicates – plutôt drôles dans le fond – où, bien souvent, d'autres haussent les sourcils, voire sourient comme pour vous dire : « Tu n'es pas toute seule ! »

Mais ici, rien. Pas un sourire dans la pièce. Pas un mot. Toutes se dérobaient, chacune ayant investi sa propre zone privée, atomisée, coupée du reste du monde, se concentrant sur ses exercices et ses douleurs à elle. On était où, là, au juste ? Dans le métro ? Jamais je n'avais vécu séance de sport si éprouvante et si dénuée de camaraderie. Et un silence si présent. Pas un gémissement, pas une exclamation du type « Ouh, là, là ! » ou « Oh, bon sang ! », pas la moindre forme d'expression. On se serait vraiment cru dans les couloirs de la maternelle de mon fils : on ne vous aurait pas tenu rigueur de soupçonner que vous n'existiez pas, vu l'absence hostile de communication et d'interaction dans cette salle bondée. De temps à autre, le professeur lançait une petite pique à l'une d'entre nous, histoire de briser la glace, quelques mots d'encouragement au groupe ou corrigeait une posture. On aurait dit qu'il communiquait au nom de toutes et qu'il était le seul à avoir une personnalité dans cette pièce.

Tandis que je devais m'arrêter fréquemment, ma copine ne faiblissait pas et continuait sans jamais rater le moindre temps, le moindre plié ni le moindre squat. Cette séance d'aérobic était réservée à celles qui aimaient se dépasser. En l'observant du coin de l'œil, je me rendis compte qu'elle était aussi concentrée sur ses mouvements que sur ses dossiers au travail, que sur les démarches pour inscrire ses enfants dans une bonne école. Elle était prudente, précise et stable : une vraie machine. Et pendant ce temps-là, autour de nous, les autres, vêtues à l'identique, en uniforme, effectuaient des mouvements identiques, parfaitement synchronisés, en totale harmonie. Bras vers le haut… On baisse. Coup de poing… On ramène. Puis vinrent des instructions plus singulières dans un langage que tout le monde autour de moi semblait comprendre.

« On se gaine ! Vous portez des talons bobines », aboya le prof. Puis : « On met ses talons aiguilles les plus hauts ! » et : « On enfile sa jupe fourreau, on s'assoit à son bureau sur son fauteuil pivotant » ; traduction : pliez les genoux, pivotez jusqu'à vous retrouver face à la barre, mais de biais. Puis vint le « ski nautique », une consigne qui signifiait : « Approchez-vous de la barre, penchez-vous à fond en arrière tout en tenant fermement la barre, bras tendus (et surtout endoloris) puis montez votre bassin vers le plafond par à-coups. » Nous avons répété ce mouvement maintes et maintes fois, jusqu'à ce que nos jambes flageolent, jusqu'à oublier le caractère on ne peut plus suggestif et on ne peut plus pénible de la séquence. À présent que le travail sur les cuisses et le fessier était fini (ah bon, c'était fini ? *Dieu merci*, parce que jamais mes fesses n'avaient autant chauffé), place aux abdominaux. Qu'on aurait tout aussi bien pu rebaptiser le « montrer de vagin ». Assises dos au mur, nous soulevions nos jambes et les placions au-dessus de nos têtes, puis avec nos mains nous repoussions la barre au-dessus de nous avant de ramener nos jambes écartées comme pour former un losange vers cette barre, et ainsi de suite. Heureusement qu'il n'y a pas d'homme à ce cours, songeai-je, luttant pour ne pas fixer d'un regard médusé les dizaines de parties génitales plaquées contre le lycra lululemon qui me cernaient. J'imaginais que tout le monde devait trouver la situation aussi incongrue que moi, mais, cette fois encore, personne n'esquissa le moindre sourire, le moindre regard complice, il n'y eut aucune interaction, quelle qu'elle fût. Nous avons mobilisé le moindre muscle dont nous connaissions l'existence au niveau de notre taille, faisant la bicyclette coude-genou opposé, allongeant la colonne pour nous grandir vers le ciel, tant et si bien que j'étais à deux doigts de hurler de douleur.

Après cela, nous nous sommes allongées sur le dos sur nos tapis, pantelantes, et nous avons à nouveau hissé nos bassins vers le ciel, les accords de « Let's Get It On », de Marvin Gaye, résonnant à travers la salle ; ah, ce bon vieux Marvin Gaye. Je crus que j'allais défaillir… autant à cause de la souffrance physique intolérable que de la bizarrerie de cette sorte de partouze sans contact. La séance terminée, j'ânonnai un « au revoir » à ma copine Monica entre deux halètements, et rentrai à la maison en boitillant. Je pris un bain aux sels d'Epsom, je donnai le sein au bébé et je m'endormis avec lui. Pendant trois jours, je ne pus monter ni descendre les escaliers, ni même marcher sans souffrir le martyre. Mais une fois remise d'aplomb, je retournai dare-dare au cours. Je me sentais motivée, habitée par l'envie impérieuse de… maîtriser tous ces mouvements, de partir en quête du corps idéal pendant cinquante-sept minutes, d'évacuer tout le reste, de dresser un rempart entre moi et le monde. J'avais attrapé le virus et j'allais me montrer assidue.

Pendant un moment, je m'y rendis un jour sur deux. Puis j'augmentai la fréquence à une fois par jour, et là je réalisai que certaines femmes demandaient : « Tu restes au prochain cours, toi ? » Elles s'infligeaient ça deux fois par jour… La recherche dans la douleur du corps parfait était – je venais enfin de tilter – un rite d'endurance. Chaque cours était une mini-cérémonie initiatique, une version courte et banalisée de la danse du soleil levant à laquelle les jeunes filles apaches se soumettent pour marquer la transition vers le statut de femme. Pendant quatre jours entiers, sans discontinuer, la jeune fille en pleine menstruation danse suivant une chorégraphie spécifique et méticuleuse. Elle porte des vêtements spéciaux et s'enduit de pigments pour renforcer le caractère sacré et spécifique de ce moment crucial. Ce faisant, elle démontre son engagement envers son peuple, sa tribu et son sexe. Au terme de la cérémonie, elle est exténuée… et initiée. Elle est changée au plus haut point par cette danse, et est à présent un membre à part entière de la gent féminine apache. Et les femmes de Physique ? Elles prouvaient, au fil des cours, tous plus pénibles et punitifs les uns que les autres, qu'elles avaient la force, le temps, les ressources et l'énergie pour se consacrer à leur transformation.

Et d'ailleurs, elles constituaient une tribu facilement identifiable. La plupart d'entre elles avaient un corps très ferme, comme seuls les cours de Physique 57 savaient en sculpter, le port gracile d'une danseuse, caractéristique facilement reconnaissable (par les adeptes). Et une allure mesurée et un aspect qui me rappelaient les ballerines que j'avais côtoyées autrefois. En effet, puisqu'il se passe à Manhattan des choses inimaginables ailleurs, il n'était pas rare de se retrouver au milieu de ballerines du New York City Ballet ou de l'American Ballet Theater, ou encore de danseuses de la troupe des Rockettes, à un cours de Physique 57. Elles étaient grandes et d'une souplesse ahurissante ; parfois, sans même m'en rendre compte, je m'échinais à marcher dans leurs pas : à lever aussi haut la jambe, à m'étirer aussi loin, à m'appliquer pour que mes gestes rendent aussi bien que les leurs. La barre était placée très haut, et ça faisait très mal. Si nous nous évertuions à faire aussi bien que des professionnelles, c'était parce que notre identité physique, tout comme notre rôle de mère, s'était professionnalisée. Bien plus qu'une identité, il s'agissait là d'une vocation, d'une mission, d'un domaine dans lequel il fallait exceller.

Et, en effet, mon corps changea très vite et de façon remarquable. Certes, je me faisais toujours pipi dessus quand je toussais mais, vue de l'extérieur, j'étais transformée, et « en mieux » selon les critères en vigueur à Manhattan. Mes bras étaient musclés et bien dessinés ; un ami gay avec qui je déjeunais lança : « Jolis biceps ! » en me voyant en chemisier sans manches. Mon ventre n'était pas seulement plus plat, il était tendu et laissait affleurer une jolie tablette de chocolat. Pour la première fois de ma vie, je n'avais plus honte de mes cuisses. Et mes fesses (ça, c'est moi qui le disais) étaient devenues fermes.

Mon mari fut agréablement surpris. Moi qui avais toujours été relativement mince, étant bénie des dieux question métabolisme, je n'avais pas trop à me soucier de ma ligne. Mais, désormais, je me sentais plus énergique dans la journée et je dormais mieux la nuit. Par conséquent, j'étais de meilleure humeur et de bien meilleure compagnie que lors de cette période embrumée qui avait suivi la naissance. Pour toutes ces raisons, je me transformai en prosélyte, je m'efforçai de convertir le plus d'amies possible, et ce fut un jeu d'enfant une fois qu'elles eurent vu ou entendu tout ce que j'en avais retiré de positif. Entourée de quelques copines souriantes et contentes d'être là – de quoi éclipser l'attitude hostile et nombriliste des autres participantes –, je finis par trouver cette routine sportive idéale, et j'en avais largement pour mes trente-cinq dollars par séance.

*

Nous avons décidé de louer une maison loin de la ville pour l'été, dans les Hamptons. J'élirais domicile là-bas pendant toute la période estivale pour passer du temps avec les enfants et pour écrire, aidée par une nounou qui viendrait me prêter main-forte quotidiennement, et mon mari passerait les week-ends avec nous mais resterait en ville la semaine pour travailler. « Les Hamptons », c'est le nom de cette zone côtière émaillée de plages à l'extrémité est de Long Island, mais c'est aussi un lieu mythique et, pour beaucoup, un coin de paradis. Si nombre de gens tout à fait ordinaires y vivent à l'année ou s'y rendent régulièrement, l'East End abrite assez de familles ultrarichissimes pour fausser au plus haut point les standards de l'opulence. Les manoirs en front de mer à vingt millions de dollars (ou plus) avec salle de projection privée, cave à vin d'une capacité de cinq mille bouteilles, héliport, garage pour six voitures, studio de Pilates, et même synagogue privée, ne sont pas rares. Parmi les camarades d'école de mon fils aîné, plus d'un possédait une maison de villégiature de ce style (« pour les week-ends et pour l'été »). En comparaison, notre location dans les Hamptons était très modeste, voire sommaire : une maison de trois pièces avec piscine et jardin ombragé dans une enclave suburbaine verdoyante dotée d'une plage publique donnant sur la baie. Pourtant, en ce premier jour, j'étais aux anges : mon aîné faisait du vélo dans la rue calme tandis que je le suivais avec la poussette, le bébé tortillant son cou pour regarder en l'air, bouche bée. C'était la première fois qu'il entendait des oiseaux. L'été qui se déployait devant nous s'annonçait vraiment idyllique, intuition renforcée à mes yeux par l'existence d'un studio Physique 57 à un jet de pierre de la maison. Aller au sport en voiture plutôt qu'à pied m'offrirait une petite virée sympathique un jour sur deux, par exemple.

Le lendemain matin, je me mis en chemin pour mon cours, où m'attendait un sacré choc. J'arrivai un bon quart d'heure avant le début de la séance, mais le parking était déjà bondé. Comme je roulais au pas, à la recherche d'une place sur la colline caillouteuse menant au studio, une femme au volant d'une Maserati noire surgit du coin de la rue en faisant crisser ses pneus, tourna brusquement et se retrouva dans ma file, manquant m'emboutir. Nous pilâmes toutes deux puis elle m'adressa un doigt d'honneur avant de faire vrombir son moteur et de repartir dans un rugissement sonore. Derrière moi, une blonde au volant d'une Range Rover noire prit ombrage à cause du millième de seconde qu'il me fallut pour reprendre mes esprits, choquée comme j'étais, et appuya de toutes ses forces sur son klaxon en criant : « Allez, là ! T'avances, ou quoi ? » Une femme en débardeur violet vif conduisant une Porsche 911 décapotable leva les mains en signe d'exaspération, les agitant à deux doigts de son visage déformé par un rictus de rage tandis que je me garais enfin : qu'est-ce qui pouvait bien la mettre dans un tel état ?

Jouant des coudes pour entrer dans le studio, je repérai une place au sol, m'y installai et me retrouvai flanquée de la femme à la Maserati noire, de celle à la Range Rover noire et de celle à la Porsche. Mais, bon sang, comment pouvaient-elles montrer ainsi les crocs à des personnes susceptibles de se retrouver *juste à côté d'elles* ? Ça me dépassait. Peut-être, conjecturai-je, était-ce dû au fait que, une fois sur les lieux du crime, elles étaient tellement centrées sur leur petit nombril, tellement focalisées sur leur corps qu'il fallait à tout prix parfaire que les autres *n'existaient tout bonnement plus*. À présent que chacune de nous soufflait et haletait comme s'il n'y avait personne d'autre dans la pièce, je remarquai que j'étais cernée d'énormes poitrines refaites. Et de pommettes ultrasculptées. Et de visages rebondis, la peau tendue par le rembourrage au collagène. Les Hamptons étaient, semblait-il, l'épicentre d'une culture du corps exhibé et du jeunisme à tout prix, culture faisant la part belle à l'ambition et la compétition. Si les femmes de l'Upper East Side voulaient avoir l'air bien roulées, celles qui migraient en troupeau vers les Hamptons voulaient avoir l'air bien roulées *en bikini* au côté des mannequins et des profs de fitness de vingt ans qui venaient ici tous les étés pour faire la fête et trouver des mecs friqués. Désormais, la barre était tellement haut que je ne la distinguais même plus… quant à espérer l'atteindre un jour, n'en parlons pas. Cependant, mes congénères, elles, n'étaient pas le genre à baisser les bras si facilement. Le vieillissement, à l'instar d'une date de naissance inopportune, était déplorable, un coup de malchance ; mais c'était surtout quelque chose qu'on pouvait dépasser à force de persévérance, de volonté et d'application.

Un autre point qui éveilla mon intérêt dans cette antenne de Physique 57 des Hamptons était qu'elle partageait les mêmes locaux que SoulCycle. Les deux clubs avaient investi une grange réhabilitée sur Butter Lane, à Bridgehampton. Maintenant que nous nous disputions les places de parking, je commençai à observer de plus près cette autre sous-tribu. À ce que je voyais, les femmes semblaient animées de la même intensité, de la même volonté, et s'identifier tout autant que nous à leur clan. Et, bien sûr, nous portions toutes les mêmes caleçons moulants, certains ornés de lignes entrecroisées au niveau du derrière, sans doute pour attirer l'attention sur cette partie de leur anatomie, comme les femelles exhibent fièrement leur œstrus rose vif, chez certains grands primates. « Regardez-moi ! Je suis en chaleur ! » semblaient hurler nos fesses emballées dans du lycra et mises en avant. Mais les similitudes s'arrêtaient là. Déjà, les adeptes de SoulCycle étaient plus grégaires – si tant est que ce fût possible : elles faisaient copain-copain avec les filles de *leur groupe*. Mais pas avec les autres. Je l'appris d'ailleurs à mes dépens la fois où, croyant reconnaître quelques mamans croisées à Manhattan, je saluai un groupe d'adeptes de SoulCycle… qui m'ignorèrent royalement.

L'allégeance à leur tribu s'étendait aussi à leur uniforme, qui renforçait le lien entre elles tout en les distanciant de nous. Tandis que nous nous prenions pour des ballerines, elles se prenaient pour des motardes, ces mamans fortunées qui, si improbable et ahurissant que cela puisse paraître, s'habillaient comme des racailles. La première fois que j'aperçus une femme arborant un mouchoir rouge plié et noué autour de sa tête façon gangster de L.A. et un caleçon moulant portant l'inscription POSSE à la verticale sur une jambe, j'eus envie de me couler jusqu'à elle et de lui souffler : « Je vous ai vue à la bat-mitsvah de la fille de Margie Levine au Temple Emanu-El le mois dernier. Vous n'avez absolument rien d'une Blood ou d'une Crip[1] ! »

Elles ne se démarquaient pas de nous seulement par leurs fringues ou leur attitude. Cela passait aussi par leurs actes. Elles achetaient des vélos fixes dans le ou les studios de leur choix, ce qui pouvait leur coûter jusqu'à huit mille dollars par an pour s'assurer une place au premier rang. Pendant les séances, elles hurlaient, gémissaient et criaient sans aucune retenue tout en pédalant au rythme des morceaux percutants diffusés à un volume assourdissant. Elles suaient. Elles juraient. Si ça se trouve, elles pétaient. Elles lâchaient prise pour communier avec leur *biker* intérieur, extatique et flamboyant, juché sur un vélo de salle. Comme me l'expliqua une femme qui suivait les deux cours, si SoulCycle était à mi-chemin entre une boîte de nuit torride et un cours de yoga sensuel (elles éteignaient les lumières et pédalaient à la lueur d'une bougie), Physique 57 tenait plus d'une école pour jeunes filles coincées.

Elles étaient plus fofolles, plus drôles et plus cool, elles étaient des Birkin et nous des Kelly, ce qu'une

1. Gangs historiques de Los Angeles dont la rivalité court depuis les années 1970.

des anecdotes les plus relayées à propos de SoulCycle illustrait bien. La légende veut qu'une mère d'élève de l'école maternelle très prisée où allait mon fils, mariée à un milliardaire de la finance – un coureur de jupons notoire –, découvrit sa vraie nature grâce à SoulCycle. Peu épanouie dans son mariage, à ce qu'on disait, elle s'essaya au vélo de salle, s'amouracha de sa prof, quitta son mari puis vécut auprès de son âme sœur pour l'éternité. Cette histoire dit tout. Elles étaient délurées, effrontées, impétueuses et avides de nouvelles expériences, et nous, nous étions collet monté et peu téméraires. Elles tentaient le destin, hissant haut leur excentricité, tandis que nous buvions à petites gorgées mesurées l'eau de nos bouteilles sans bisphénol. Elles étaient lesbiennes, et nous hétéros. Ou encore, des camionneuses calées sur des Harley Davidson immobiles, et nous des lesbiennes féminines en talons bobines.

À vrai dire, je ne vous cacherai pas que les filles de SoulCycle en faisaient un peu trop à mon goût. La Reine des Reines des Abeilles était adepte de SoulCycle, fait rédhibitoire pour moi. Toutefois, pour avoir vécu *downtown* pendant des années, je ricanais intérieurement, je l'avoue, titillée par mon impression (peut-être totalement erronée) que nombre des mamans inscrites à SoulCycle semblaient croire que faire de l'exercice leur donnerait la forme, certes, mais leur conférerait aussi une aura plus *cool* et plus *rebelle*. C'est quoi ce cirque ? songeais-je en les entendant beugler, comme si elles se prenaient pour des rappeuses engagées, ou se traiter de « boloss ». Elles me faisaient penser à ces adolescentes issues de banlieues paisibles qui s'entassaient sur le cuir noir du Metro-North Railroad, du Long Island Rail Road ou du PATH pour aller s'encanailler en ville, goûter à la contre-culture le temps d'une soirée, histoire de passer pour plus anticonformistes qu'elles ne l'étaient. Je préfère encore être prise pour une mère de famille pudibonde, me dis-je en les voyant se saluer avec des « checks », que d'en faire des caisses. Alors, allez-y, jugez-moi sans essayer de comprendre qui je suis vraiment, sous-estimez-moi, je m'en balance. C'est vrai, je l'avoue, je vouais une telle loyauté à Physique 57 que j'en perdais un peu les pédales.

Mais quoi qu'on pense de Physique 57 ou de SoulCycle – deux conceptions très différentes de l'aérobic et de « l'être-femme » qui s'offraient à la tribu que j'étudiais –, l'un comme l'autre requièrent beaucoup d'efforts. Et confèrent une *identité* en alimentant le fantasme selon lequel votre présence à ce cours vous permettra non seulement d'augmenter votre rythme cardiaque et d'être en meilleure forme physique, mais aussi de vous transformer en profondeur. Cet été-là, je n'arrêtais pas de penser à ces filles qui suivaient un long apprentissage pour devenir geishas dans le Japon d'avant-guerre. Reculées, régies par une hiérarchie rigide et une discipline quasi punitive, les *okiya* où elles se formaient auprès de geishas plus chevronnées étaient un monde complètement à part. Un monde obéissant à ses propres règles, croyances, codes de conduite sur le plan moral aussi bien qu'esthétique. Il fallait des années de travail acharné et d'étude assidue pour maîtriser les rites et rituels en apparence si faciles, mais en réalité extrêmement chorégraphiés, qui sous-tendent l'art de vivre geisha, pour apprendre à être belle. Mais, au terme de ce processus, chaque fille se métamorphosait et troquait son statut de personne ordinaire contre celui de « fleur ». Elle devenait alors un objet de convoitise suprême pour les hommes, une hôtesse impeccable doublée d'une compagne parfaite, incarnation d'un idéal de féminité encensé par toutes les cultures du monde. Et elle gagnait ainsi l'admiration d'une société tout entière.

Tous ces efforts physiques, tout le mal que nous nous donnions avec zèle et volonté pour devenir un genre de maman geisha chic de Manhattan, resplendissante, athlétique, toutes ces notions d'identité, d'ambition contenues dans notre pratique sportive auraient complètement dépassé ma mère et les femmes de sa génération. Ses congénères et elles faisaient des régimes. Après avoir mis leur bébé au monde, elles se nourrissaient de café noir et de Special K arrosées de lait écrémé, de melon, de toasts melba, de fromage frais allégé, et certaines d'entre elles se risquaient parfois à faire du jogging. Mais la plupart surveillaient leur ligne en surveillant ce qu'elles mangeaient. Difficile pour elles de rester dans le coup passé trente ans. On leur donnait, et elles se l'accordaient elles-mêmes, la permission de se laisser un peu aller, jusqu'à un certain stade. Bien sûr, elles sortaient et prenaient du bon temps, mais elles étaient fatiguées, et en général elles n'avaient pas de nounou à plein temps, ni même à temps partiel, pour des raisons économiques et idéologiques ; chez nombre d'entre elles, cela se voyait. À trente-cinq ans, certaines avaient déjà les cheveux grisonnants.

Elles étaient aux antipodes de la tribu que j'étudiais et au sein de laquelle j'évoluais. Chez celle-ci, pas question de baisser les bras. Jamais. Pas question de rester passive et alanguie à ne rien faire d'autre que ne pas manger. La quête de la taille de guêpe était un engagement actif, ancré dans l'*action* incessante. Semblables à des geishas apprenant les secrets de la fastidieuse cérémonie du thé ou les règles de la conversation élaborée, les femmes gravitant autour de moi étaient prêtes à se tuer à la tâche, ou presque, dans leur mission pour faire croire qu'elles avaient le corps gracieux, fluide et parfait de nullipares de vingt ans et quelques. Question nourriture, les aliments allégés et faibles en calories étaient d'une ringardise frisant le ridicule. À présent, tout ce que vous ingurgitiez devait être bio, biodynamique, détoxifiant et riche en antioxydants. Et participer aussi activement que vous-même à sculpter ce corps parfait. Nul ne connaît plus intimement le rejet à répétition qu'un serveur distribuant des petits-fours lors de réceptions dans l'Upper East Side ou dans l'East End. Sa vie se résume à une litanie de « Non. Non merci. Pas pour moi. Non. Non merci, sans façon. Nan ».

Pourquoi ? Quel était l'intérêt de tous ces efforts, de cette lutte, de ces tentatives et de ces privations sans fin, et surtout de tout ce travail sur nous-mêmes et contre nous-mêmes ? Après tout, les hommes dans l'Upper East Side et l'East End ne se donnaient même pas la peine de draguer, ni de vous tenir la porte, ni de vous reluquer, comme ils le faisaient à Rome, à Paris ou partout ailleurs dans le monde. En fait, les hommes de l'Upper East Side et des Hamptons qui excellaient sur le plan professionnel avaient toujours l'air un peu distraits, semblant presque s'ennuyer, et c'était le cas… blasés qu'ils étaient par le sempiternel florilège de femmes époustouflantes qui gravitaient autour d'eux en permanence, toujours pomponnées et tirées à quatre épingles pour leur plaisir. Plus d'une amie européenne m'a fait remarquer qu'ici les hommes semblaient regarder à travers les femmes, pour voir s'il n'y avait pas une meilleure candidate, plus jolie ou plus influente, à la soirée ou dans la pièce. C'était en partie pour cela que nous nous donnions tant de mal, soupçonnais-je. Les ratios inversés, la surabondance de femmes sublimes et jeunes ou faisant jeune pour leur âge partout où vous regardiez avait chamboulé les rapports entre hommes et femmes dans le monde où je vivais. Augmenter la surface exposable de leur corps, reconquérir leur mari et attirer les regards d'autres hommes était sans doute une tentative pour s'élever au-dessus de la mêlée et marquer les esprits de ces hommes pour qui la beauté physique était tout ce qu'il y a de plus banal.

Et pourtant, cette explication ne prenait pas en compte une des réalités sociales les plus flagrantes de la vie estivale dans l'East End. À l'instar des cours de Physique 57 et SoulCycle, la ségrégation par genre, et ce à tous les niveaux, y était étonnante. Les femmes arrivaient en juin, dès que l'école libérait les enfants, pour investir les résidences secondaires avec la marmaille et les nounous. Les maris faisaient l'aller-retour le week-end, mais en semaine les femmes menaient la danse. Partout où vous posiez les yeux dans les Hamptons, à perte de vue, il n'y avait que des femmes, des femmes, des femmes. Même lorsque les hommes étaient présents, les femmes de la tribu que j'étudiais fuyaient souvent leur compagnie pour une sortie entre filles, une vente privée réservée à la gent féminine, ou une vente de sacs à main aux enchères au profit d'une école ou d'une association de soutien aux femmes battues. Lors des dîners auxquels j'assistais, il n'était pas rare qu'hommes et femmes mangent à des tables (voire dans des pièces) séparées. Malgré le nombre de corps sublimes exhibés avec maestria, il n'y avait pas beaucoup de tension sexuelle dans l'air. Cette denrée brillait même par son absence. « Qu'on *essaie* de me draguer, tiens », avais-je coutume de dire à mon mari lorsque nous sortions à Manhattan ou dans les

Hamptons. J'étais ahurie par le manque d'interactions badines entre hommes et femmes. Quel était l'intérêt d'investir autant de temps et d'énergie à soigner son physique si l'on n'en jouait même pas ensuite pour séduire ? À l'extrême inverse des geishas, mes objets d'étude donnaient l'impression d'être au-dessus de tout ce qui avait trait à la séduction. Or, à l'instar de geishas, elles étaient au-dessus du sexe. Certes, elles avaient des bébés, donc on savait qu'elles avaient *forcément* eu une activité sexuelle à un moment donné. Mais leur corps, mis à rude épreuve, entretenu si méticuleusement, était purifié et ne se prêtait plus aux attentes terrestres.

L'exercice et le soin tout particulier accordé à la garde-robe semblaient avoir supplanté l'activité sexuelle à plus d'un titre. À Manhattan, les femmes étaient trop fatiguées, trop angoissées, trop irritées pour faire l'amour, s'accordaient-elles à dire lorsque nous en discutions autour d'un verre ou lors d'un dîner. Et une fois ici, loin des facteurs de stress si nombreux en ville, enveloppées par la plage proche et le temps clément, leurs enfants étant au club toute la journée voire en colonie ou en camp de vacances pendant des semaines, reposées et relativement heureuses, elles étaient isolées des hommes. Cet endroit m'évoquait une hutte menstruelle, et d'ailleurs, nous, les femmes, y passions tellement de temps ensemble du début à la fin de l'été que nos règles finissaient bien souvent par se synchroniser. Chaque cours de sport et chaque virée au bar à jus pour nous remettre de nos efforts, chaque déjeuner entre filles renforçait mon identification à la tribu. Quand venait la fin de l'été, nos maris étaient presque des étrangers comparés à nos copines.

Et cela, comme je devais l'apprendre, était leur code. Elles s'efforçaient d'être belles à mesures égales pour les hommes qui n'étaient pas là et pour les femmes qui étaient là. Elles le faisaient pour resserrer les liens avec les membres de leur tribu, mais aussi pour se mesurer à leurs congénères et en prendre la mesure jour après jour, soirée après soirée, cours après cours. Elles se comportaient tels des cardinaux rouges ou des paons mâles époustouflants, faisant la roue à tout instant, toujours prêtes à être vues. Un corps splendide sans un gramme de trop et un visage sur lequel l'âge n'avait pas de prise étaient des *must have* prestigieux, c'était certain. Mais ils s'apparentaient aussi à un uniforme obligatoire, une sorte de version corporelle des chaussettes antidérapantes ou des bandanas que les femmes arboraient en cours d'aérobic, ou des planches de paddle qu'elles trimbalaient dans le coffre de leur Range Rover. Mon corps n'était pas tout à fait à moi, songeais-je à la fin de l'été. Il appartenait aussi à la tribu. Son lot était d'être façonné, travaillé, amélioré, sans cesse, sans fin, sans jamais céder à la fatigue, aussi intensément que possible, aussi longtemps que je tiendrais le coup.

5

Soirée filles à la maison

NOTES DE TERRAIN

Les autochtones semblent m'avoir acceptée. Après avoir observé leurs us et coutumes tribaux pendant des mois, après d'innombrables tentatives pour imiter leurs rites et rituels et y participer, ainsi que de fréquents appels du pied de ma part pour lier des amitiés, il se peut que le processus de bizutage touche à sa fin. Je viens d'être invitée à une réunion entre femelles de rang supérieur dans la hutte d'un chef influent et fortuné et de son épouse.

La majorité des événements tribaux fonctionnent selon une ségrégation exhaustive par genre. Qu'ils aient lieu à l'intérieur ou à l'extérieur d'une habitation individuelle, les événements ont l'air d'offrir aux femelles l'opportunité de créer du lien ; de créer des coalitions par le biais de l'inclusion ou de l'exclusion sociale et du commérage ; et de réaffirmer leur position et celle de leurs congénères au sein de cette hiérarchie de domination. Dans ces contextes, l'apparence personnelle (y compris l'ornement du corps avec des textiles particuliers et du visage à l'aide de pigments et d'agents correcteurs spécifiques) est d'une importance capitale.

L'invitation arriva par e-mail. « Je ne sais pas si vous avez eu mon message sur votre téléphone portable, avait écrit la maman d'un camarade de classe de mon fils. Je serais ravie de vous compter parmi nous lors d'un dîner que j'organise jeudi prochain chez moi. Avec des amies. *LMK*. Rebecca. »

Oups ! Non, je n'avais pas eu son message ; tous mes amis savaient bien que, à part pour envoyer des textos ou des e-mails, je n'utilisais pratiquement jamais mon téléphone. Pourtant, j'appréhendais la suite et j'avais déjà l'impression d'être un cancre, une piètre invitée, tandis que je me creusais les méninges sur ce que « LMK » pouvait bien vouloir dire (*Let me know*. Tiens-moi au courant, quoi ! m'expliquerait plus tard une amie, étonnée que je ne sois pas « au courant ») tout en composant le numéro de Rebecca. Après avoir laissé un message pour excuser ma réaction tardive et pour dire que je me ferais une joie d'en être, je lui envoyai également un e-mail. Quelle formule de politesse fallait-il utiliser ? « Bises » ? Non, Rebecca ne l'avait pas écrit, donc mieux valait m'abstenir.

Ce n'était pas la première fois que j'envoyais un e-mail à Rebecca, une magnifique brune maman de quatre enfants mariée à l'un des plus grands financiers de la ville. En revanche, c'était la première fois que l'inverse se produisait. Avant cela, ma correspondance numérique avec elle s'était révélée distinctement unilatérale ; à la demande de mon fils, je lui avais écrit pour lui suggérer que nos enfants se voient en dehors de l'école mais mes messages étaient restés sans réponse. De temps à autre, je réussissais à l'alpaguer dans les couloirs pour organiser une petite séance de jeu pour nos bambins, surtout après qu'elle m'avait vu papoter avec le papa alpha dont l'intérêt nous avait fait gravir les échelons, à mon fils et moi. Et puis, à force de croiser Rebecca en ville, au studio de fitness ou chez Michael's (un restaurant situé au sud de Central Park, *midtown*, et qui servait de bivouac à la tribu que j'étudiais), ou dans d'autres contextes exclusifs laissant entendre que nous avions sans doute des atomes crochus – nous nous étions retrouvées toutes deux à acheter un sac à main chez Bergdorf Goodman le même jour, en vue du même événement (des rencontres à plusieurs collectes de fonds) –, je finis par m'attirer sa sympathie.

Quand mon projet d'écriture avait commencé à s'ébruiter (« Il s'agit d'une étude sur la maternité dans l'Upper East Side », expliquais-je à qui me le demandait), Rebecca et nombre d'autres mères s'étaient soudain montrées bien plus avenantes et enclines à me dire bonjour ou à discuter avec moi. Certaines avaient même proposé que l'on se voie autour d'un déjeuner ou d'un café pour discuter de comment elles envisageaient la vie et la maternité ici, et de ce que tout cela représentait pour elles. Toutes n'accueillaient pas cette nouvelle avec la même chaleur ni la même bienveillance – j'avais beau insister sur le fait que mon but n'était pas d'exposer les dessous de notre communauté ni d'écrire un récit satirique, mais de proposer un mémoire relatant ma propre expérience, infléchie par des notions de sociologie et d'anthropologie ainsi que par une touche d'humour, certaines ne me faisaient pas confiance –, mais, dans l'ensemble, les avis étaient favorables. Elles avaient envie de creuser le sujet plutôt que de l'évoquer à la va-vite quand on se rencontrait dans les couloirs (en général, on y causait de fringues ou de nos prochaines vacances). Quelques-unes me parlèrent des passages à vide qu'avait traversés leur couple, de leur enfance pauvre ou de leur sensation d'être sur la touche (« Je suis de San Francisco. Aux yeux de ces gens-là, c'est comme si je venais de Mars. Jamais ils ne m'accepteront vraiment. »). J'avais plus en commun avec elles que je ne l'aurais cru. Loin des couloirs de l'école, des déjeuners mondains et des galas, elles étaient accessibles et détendues. Comme l'une d'entre elles me le souffla : « Le problème, je pense, c'est que beaucoup de ces mamans et papas brillants, très exigeants envers eux-mêmes et extrêmement branchés compétition, peuvent se révéler tout à fait agréables en tête à tête. Mais il y a quelque chose dans la dynamique de groupe qui en rend certains imbuvables. »

C'était chouette de voir un ou deux nouveaux visages amicaux quand je déposais mon fils à l'école ; malgré l'ascenseur social que le papa alpha nous avait permis d'emprunter, ces couloirs d'école, bondés de mamans alpha au regard d'acier juchées sur talons hauts, m'intimidaient toujours. Ma vie et mes connexions au sud de Manhattan ne cessant de s'éloigner, comme se retire la marée, à mesure que je consacrais plus d'énergie à mes enfants et à mon travail, entretenir des rapports avec les femmes que je côtoyais à l'école de mon aîné et à la garderie de mon cadet et avoir une vie sociale parallèle à celle de mes enfants me paraissait à la fois judicieux et nécessaire. En outre, au sein de cette tribu où tous étaient obsédés par le statut social et la hiérarchie, mon objet d'études, cette invitation de Rebecca à venir chez elle faisait office de recommandation, comme quand, adolescent, vous vous voyiez proposer une place à la table des « cools » à la cantine, mais en version adulte. Une partie de moi avait bien conscience qu'il était ridicule d'y attacher tant d'importance, mais une autre partie – celle qui s'était donné tant de mal pour comprendre ce groupe de femmes, pour dégoter des copains avec qui ses fils pourraient jouer en dehors de l'école, et pour se faire une ou deux amies – était flattée d'être sollicitée par une hôtesse sélecte aussi en vue que Rebecca. Et puis, si ces femmes voulaient m'expliquer leur monde, comme ce serait peut-être le cas chez Rebecca, eh bien, tant mieux. J'espérais simplement que la Reine des Reines des Abeilles ne serait pas de la partie. J'avais mes limites.

« Qu'est-ce que tu vas mettre ? » m'interrogea Candace tandis que nous déjeunions ensemble quelques jours plus tard. Parlant couramment les différents langages culturels de notre ville, elle savait en décrypter les codes. « J'ai un rendez-vous chez le médecin dans l'East Side tout à l'heure ; c'est pour ça que j'ai fait péter le tailleur », avait-elle précisé au moment où nous nous attablions, voyant que j'avais remarqué sa veste Chanel et son brushing américain.

« Aucune idée », avouai-je en lui expliquant que je ne pouvais pas demander conseil aux autres mamans de l'école ou de la garderie, puisque je ne savais pas qui était invitée chez Rebecca et qui ne l'était pas. Candace acquiesça tout en sirotant son thé glacé, jaugeant l'ampleur et la nature délicate de la tâche qui m'incombait. « L'idée, c'est de te fondre dans le groupe, non de sortir du lot, suggéra-t-elle. Il ne faudrait pas voler la vedette à l'hôtesse. Comme à un mariage, quoi.

— En fait, c'est une sorte de soirée filles à la maison, ajoutai-je, songeuse. Sans les maris. Alors, ce sera sans doute un peu plus décontracté. »

Candace avait l'air perplexe. Il y avait maintenant des mois qu'elle prêtait une oreille attentive et compatissante à mes récits sur ma nouvelle tribu, dont les codes et les attitudes plus qu'exagérés étaient à peine croyables. Elle-même plutôt mondaine (« mais entre guillemets », comme elle disait toujours), elle connaissait ces femmes et leurs us pour les avoir côtoyées lors de soirées au profit d'œuvres caritatives, de dîners au restaurant ou de déjeuners mondains en faveur d'une cause. Ayant grandi en Californie puis épousé un homme originaire de New York, dont les parents faisaient partie des meubles dans le circuit social de la génération précédant la sienne, Candace portait sur l'univers que j'étudiais un regard ironique et plein d'humour ; elle était l'*outsider/insider* idéale à mes yeux, une anthropologue malgré elle. « Ça ne sera *pas* décontracté », déclara-t-elle, catégorique.

Elle avait raison, je m'en rendais compte, quand elle disait que « relax » était un concept tout à fait étranger à ce monde. Les corps parfaits façonnés par des heures de Physique 57 ou de SoulCycle seraient enjolivés de tenues haut de gamme et surmontés de visages semblant retouchés à l'aérographe et de cheveux parfaits, jamais indisciplinés, que les hommes soient là ou pas. Tout le monde au sein de cette tribu semblait prêt à tout instant pour un zoom, au moment propice à une belle photo sur laquelle ne devait surtout figurer aucune ride ni mèche rebelle. Cette manie d'être « belle en toutes circonstances » n'avait rien à voir avec la beauté naturelle.

Elle se situait même à l'opposé de la beauté innée et sans efforts. Ces femmes de l'Upper East Side se décarcassaient pour avoir l'air parfaites aussi bien à l'aire de jeux qu'au déjeuner ultramondain visant à collecter des fonds pour l'entretien même de ces aires de jeux, et elles ne s'en cachaient pas. Ce serment qu'elles s'étaient fait, cette détermination inflexible à ne rien laisser au hasard pour ce qui était de leur visage et de leur tenue, cet aspect travaillé faisaient autant partie de leur uniforme de tous les jours que leur appartement hors de prix et leur sac à bandoulière. En effet, certains jours, elles étaient tellement apprêtées et pomponnées que je m'attendais à voir un « *step and repeat* » (une zone où l'on prenait la pose, debout, comme les vraies célébrités) devant la garderie, l'école, les cafés voisins, ou les fêtes d'anniversaire à cinq mille dollars pour enfants de cinq ans, partout où la tribu se rassemblait.

Se tenir prête à être photographiée en permanence leur prenait un temps considérable et leur valait une bonne dose d'anxiété… J'en savais quelque chose depuis que je me maquillais chaque matin, ayant vite remarqué que j'étais la seule à me pointer à l'école les cheveux noués par un chouchou et la joue toujours striée de marques d'oreiller. Je me mis au brushing hebdomadaire, je troquai mon écran total contre une crème hydratante teintée, et j'ajoutai une touche de baume à lèvres rosé pour compléter le tableau. Apparemment, même les habits de jogging devaient être beaux, flatteurs et avoir un train d'avance sur la mode. Les jours où je ne pouvais pas enfiler à la va-vite mes fringues de jogging, ayant rendez-vous après avoir déposé mon fils, je me surprenais à me creuser la tête pour choisir la tenue adéquate et à aboyer sur mon mari, me plaignant de ne pas avoir le temps de préparer notre fils pour l'école… Il fallait déjà que je me prépare, *moi*. L'absurdité de mes propos me heurtait de plein fouet à l'instant où les mots s'échappaient de ma bouche, mais c'était plus fort que moi, emportée que j'étais par la marée culturelle qui plaçait la barre si haut, les visages vierges de toute imperfection, la pléthore de Prada et les démonstrations d'élégance ahurissantes partout autour de moi. Le tout avant neuf heures du matin.

Ces femmes possédaient plusieurs « uniformes », ce qui facilitait la tâche quotidienne de l'habillage. En dehors des panoplies lululemon pour déposer les bambins à l'école ou à la garderie, le lexique vestimentaire était d'une constance remarquable et ne subissait que des variations minimes, très subtiles, sinon aucune. Tout d'abord, il y avait le sac. Les marques et styles de prédilection se classaient comme suit : Céline (sac de voyage, sac de voyage Nano, sac Trapèze) ; Chanel (sac « Boy » grand format) ; Hermès (Evelyn, petit Jypsière ou Kelly en bandoulière ; fourre-tout Garden Party Tote au printemps ou en début d'automne ; le Saint-Graal Birkin en trente ou trente-cinq centimètres, noir, Blue Jean ou or). Le sac Valentino Rockstud (piqué de triangles métalliques) est magnifique et très en avance sur la mode, mais personne au sein de la tribu que j'étudiais n'en possédait un. Il n'était pas *comme il faut*[*] ; le porter ne se faisait tout bonnement pas.

Les ballerines étaient en vogue pendant les mois où il y avait peu ou pas de précipitations – les plus prisées étant celles de chez Lanvin, Chanel et Chloé, surtout par les grandes. Les mamans optaient souvent pour des chaussures à talons compensés Lanvin ou Isabel Marant les jours « tranquilles » où elles ne devaient pas filer en vitesse honorer une autre obligation juste après avoir déposé leur marmaille à l'école. Car, à ce que je voyais, ces femmes cherchaient constamment à gagner de la hauteur pour prendre l'avantage, pour être au-dessus de la mêlée, au sens propre. Les chaussures à plate-forme et les talons aiguilles à semelles laquées rouge vif disaient : « Je suis attendue… Et je n'y vais pas en métro. » On portait des bottes en automne, en hiver et jusqu'au printemps, évidemment : des bottes noires haut perchées, vertigineuses, en cuir ou en suédine d'une souplesse incroyable de chez Manolo Blahnik, Christian Louboutin et Jimmy Choo, certaines laissant apparaître les orteils, et des bottes de motard Brunello Cucinelli garnies de fourrure. Les jeans slim et les leggings en cuir étaient très populaires les jours où l'on pouvait se la jouer plus décontracté. Par temps de pluie, on les associait à des trench-coats classiques (comportant toujours une nouveauté qui nous poussait à en acheter et racheter en permanence, comme des manches en cuir ou un ourlet en dentelle ciselée au laser) et on égayait le tout avec des bottes de pluie Pucci aux coloris extravagants ou un modèle Chanel incrusté de ses emblématiques camélias. En hiver, les mères arboraient des doudounes longues Moncler noir réglisse luisantes. Les vestes en fourrure étaient si répandues parmi les mamans de la haute qu'une amie avait un jour observé, sur le ton de la plaisanterie, qu'il y aurait matière à faire un reportage animalier dans les bulletins d'information de toutes les écoles de l'Upper East Side. Et les jours où le froid était cinglant, on voyait encore davantage de fourrures – de somptueux manteaux en castor, des zibelines noires lustrées et des modèles en chinchilla d'une douceur indicible (je le savais pour en avoir effleuré un avec ma main non gantée dans l'ascenseur bondé). Chatoyantes et d'aspect ahurissant, ces fourrures valaient plus que l'avance sur droits d'auteur de mon premier livre, j'en étais sûre, et pourtant elles étaient portées avec le genre d'aplomb désinvolte d'ordinaire associé à une veste en jean.

Et puis, les jours où elles se rendaient à un petit déjeuner caritatif, ou à tout autre événement similaire, juste après avoir déposé les enfants à l'école ou après leur séance Mommy & Me, alors là, elles y allaient à fond et sortaient vraiment l'artillerie lourde. On voyait des robes en cuir à manches longues toutes simples mais époustouflantes conçues par The Row et des vestes Chanel à franges fantaisie, vives et jeunes, portées sur des robes également frangées, et des ensembles floraux Givenchy accessoirisés avec des escarpins à talons à lacets très élaborés, et des robes « haut ajusté et bas évasé » Alexander McQueen dévoilant des jambes fermes et des ventres plats. Et des leggings en peau de serpent et des vestes en cuir fines comme du papier à cigarettes, dont le caractère un brin déjanté était contrebalancé par de délicieux chemisiers en soie couleur crème très sobres. Tout était incrusté et embelli. Ayant flashé sur la veste fuchsia piquée de bijoux arborée par une grande blonde qui avait envahi le couloir avec ses trois enfants, un matin, je fis une recherche sur Google une fois à mon bureau… pour apprendre qu'elle coûtait plus de sept mille dollars.

Mais il ne suffisait pas d'avoir les moyens. Parmi un certain cercle de mamans restreint dans le monde déjà très restreint de l'Upper East Side, on attachait de l'importance à qui aurait tel article en premier. J'appris cela le jour où une mère de deux enfants à l'affût des tendances se présenta, un matin de février, vêtue d'une robe en coton blanc égayée de ce qui semblait être de la feuille d'or sur le devant, et chaussée d'escarpins vert fluo cloutés avec lanière sur le talon. Elle tremblotait de froid mais elle avait franchi la ligne d'arrivée avant tout le monde. Et désormais, si l'une d'entre nous portait cette robe-là, elle ne ferait que la copier. Le même genre de scène se produisait en automne : des femmes vêtues de leurs plus beaux atours de mi-saison, de pied en cap, avec laine légère, nouvelles bottines et veste Chanel dernier cri malgré la chaleur qui flottait toujours dans l'air. Si beaucoup de femmes à Manhattan sont férues de mode, ce phénomène allait plus loin. Il y avait une volonté d'humilier toutes les autres en portant tel article en premier, une course pour posséder quelque chose avant tout le monde et l'exhiber au mieux.

*

La compétition intrasexuelle – c'est-à-dire la compétition avec d'autres membres de votre espèce de même sexe que vous – est une méthode de pression sélective très répandue. Pendant des années, primatologues et biologistes ont concentré leurs efforts presque exclusivement sur la compétition intrasexuelle *masculine*, car elle était sans doute plus flagrante. Certaines adaptations comme un corps plus imposant, des armes, des démonstrations de force ritualisées appliquées lors de confrontations agressives, des apparats et des comportements spectaculaires mis à profit pour courtiser une femelle sautent aux yeux et sont assez faciles à interpréter. Ils confèrent au mâle en question un avantage et le placent en meilleure posture pour avoir accès (et conserver cet accès) à une ou plusieurs femelles susceptibles de se reproduire – ce qui est la finalité de l'évolution pour les mâles de tous poils, de toutes plumes et de toutes pointures.

Toutefois, depuis peu, biologistes et primatologues ont changé d'angle d'attaque pour mettre en évidence les aspects plus subtils de la compétition intrasexuelle féminine. En règle générale, les mammifères femelles

– qu'il s'agisse de souris, de guenons ou d'*Homo sapiens* – rivalisent, quand le besoin les y pousse, pour s'octroyer des opportunités de se reproduire et d'attirer les partenaires favoris, comme le font les mâles. Cependant, chez celles-ci, la façon d'extérioriser cette agressivité est propre au contexte. Si une souris grise femelle (*Mus musculus*) ne côtoie que peu de femelles de son espèce et s'il y a une multitude de mâles dans la mêlée, son corps ne se donnera pas la peine de sécréter les protéines spéciales (protéines urinaires majeures, MUPs en anglais) qui confèrent à son urine une forte odeur conçue pour tenir les autres souris femelles à distance. En revanche, au contact d'autres souris femelles, son urine se modifie de façon spectaculaire afin de transmettre le message suivant : « C'est chasse gardée, ici ! » Si la plasticité anatomique de ces souris a évolué ainsi, c'est parce que, comme l'affirment les biologistes, envoyer ce genre de signaux compétitifs « coûte » beaucoup aux mammifères. Sécréter ces protéines prend du temps et de l'énergie qui pourraient être utilisés à meilleur escient par les femelles pour s'assurer une bonne nutrition, optimiser leur fertilité, chercher des matériaux pour construire leur nid, être enceinte, sécréter du lait et s'occuper de leurs petits.

Puisque l'agressivité peut se révéler dangereuse et que les signaux compétitifs coûtent beaucoup, il est généralement accepté que les mammifères femelles, y compris chez les primates, ont appris au fil des âges à rivaliser avec leurs congénères « en sous-main ». C'est-à-dire à infliger une violence sociale plutôt que physique en formant des coalitions, en envoyant des signaux subtils et en ayant recours à l'agressivité non physique. Lorsque des femelles chimpanzés excluent, ignorent ou harcèlent une nouvelle venue au sein de leur groupe, elles affirment leur point de vue – « Tu te situes un échelon en dessous de nous » – sans jamais se mettre en danger physiquement, comme cela pourrait arriver en cas de confrontation corporelle réelle. Chez les femelles humaines, refuser de coopérer avec quelqu'un, salir sa réputation (afin que les autres s'abstiennent de coopérer avec elle), commérer et l'exclure du groupe sont autant de moyens d'anéantir une concurrente potentielle. Et, puisque ces punitions sont souvent administrées de façon insidieuse et simultanée par plusieurs membres d'un même groupe, impossible de se « défendre ». Les regards noirs et les attitudes condescendantes de la Reine des Reines des Abeilles et de ses acolytes dans les couloirs de l'école et de la garderie avaient cours en toute impunité, car ils étaient subtils comparés à un coup de poing dans le plexus solaire. Mais ils avaient un impact similaire.

Ayant une conscience aiguë du goût des hommes pour la nouveauté, les primates femelles appartenant à des groupes établis peuvent se montrer d'une vigilance et d'une hostilité intenses envers les nouvelles venues, surtout si le ratio entre les sexes penche largement en faveur des mâles, comme on l'observe dans l'Upper East Side, où l'on compte deux femelles reproductrices pour un mâle. Selon les spécialistes, les femelles n'ont plus recours à l'escalade de l'agressivité que dans des situations hautement compétitives où l'attitude vindicative pourrait leur valoir une énorme récompense sur le plan reproductif ou assurer la défense (du moins en apparence) du statut de leur partenaire ou de leur progéniture. Et cette agressivité sera, comme nous l'avons vu chez les souris, « plastique », c'est-à-dire taillée sur mesure pour un environnement, des conditions écologiques et des ressources données. Voilà pourquoi, lors d'un entraînement de football, une maman ne daigna ni se retourner ni même s'apercevoir de ma présence lorsque, assise juste derrière elle, je lui soufflai à trois reprises que mon fils aimerait participer aux activités d'été qu'elle organisait pour le sien et un petit groupe de camarades. Voilà pourquoi lorsqu'une autre maman intervint et insista : « Le fils de Wednesday aussi », la maman de rang supérieur répondit : « *Entendu !* Caroline, Nancy, Sarah, Pamela, Daniela, Julia et *elle.* » Voilà pourquoi, couvant des yeux, dans ma propre penderie, la robe sophistiquée en coton blanc que la maman *fashionista* avait portée à l'école un matin de février, j'eus l'impression qu'elle était imprégnée de son pipi.

*

Si cette compétition et cette agressivité larvées coûtaient moins sur le plan biologique, elles devaient, en revanche, être très *onéreuses*. Que ne ferait-on pas, m'interrogeai-je tout haut à l'attention de Candace, tandis que nos salades Cobb se matérialisaient devant nous, pour être une mère belle comme il faut selon les critères de notre milieu ? Et à combien cela revenait-il en monnaie sonnante et trébuchante ? Les yeux noisette de Candace, dépourvus de pattes-d'oie grâce à de bons gènes, une bonne alimentation et de récentes injections de Botox très stratégiques, s'illuminèrent. « On n'a qu'à le chiffrer ! » suggéra-t-elle. Pourquoi n'y avions-nous pas pensé plus tôt ? Nous avions vite oublié nos salades : c'était bien plus amusant que de manger. Notre petite séance de mathématiques terminée, voici à quoi ressemblaient nos notes sur ce que, selon nous, une geisha de Manhattan issue de la tribu de l'Upper East Side effectuait et dépensait pour son entretien personnel (données obtenues en puisant dans des conversations que nous avions eues avec certains membres et en gonflant les chiffres de ce que nous pratiquions nous-mêmes) :

Analyse de pied en cap du coût annuel des dépenses en soins de beauté d'une femme de l'Upper East Side de rang moyen/intermédiaire à supérieur dont les enfants sont scolarisés dans le privé

Cheveux et cuir chevelu

Coupe et couleur (5 × an à 500 $) 2,5 k$ et brushing (hebdomadaire à 70 $ l'unité, pourboire inclus) 3,5 k$ = 6 k$

Coiffure et maquillage pour événements spécifiques (10 × an à 150 $) = 1,5 k$

Consultations et suivi par un spécialiste non remboursé, au sujet de la chute de cheveux due aux colorations, au stress et aux hormones, et/ou à des problèmes auto-immuns engendrés par le stress et les hormones = 2 k$

Visage

Botox, Restylane et *fillers* trimestriels (1 000 $ × 4) = 4 k$

Gommage mensuel (300 $ × 12) = 3,6 k$

Masque mensuel (250 $ × 12) = 3 k$

Épilation mensuelle des sourcils : à la cire, à la pince, au sucre, au fil (50 $ × 12) = 600 $

Laser (pour lutter contre les effets du soleil, stimuler le collagène, etc.) = 2,5 k$

Produits pour soins du visage (nettoyant, crème hydratante, sérum, écran total, crème contour des yeux) = 1,5 k$

Maquillage visage = 1 k$

Corps

Cours d'aérobic = 3,5 k$

Coach individuel = 7,5 k$

Diététicienne = 1,5 k$

Jus de fruits/légumes et détoxifiants = 3,5 k$ (si hebdomadaire)

Manu/pédicure = 2 k$

Massages = 9 k$ si hebdomadaire, 4,5 k$ si bimensuel

Séjours thalasso/balnéo = 8 k$ si semestriel

Chirurgie esthétique, y compris augmentation de poitrine, liposuccion = joker !

Garde-robe

Vêtements

Vêtements de saison automne-hiver = 3 k$-20 k$

Vêtements de saison printemps-été = 3 k$-20 k$

Pour événements = 5 k$-20 k$

Villégiature/vacances

Hamptons = 5 k$

Palm Beach = 5 k$

Aspen [veste de ski, pantalon de ski, bonnet(s), gants] = 2,5 k$

Divers/accessoires

Chaussures/bottes = 5-8 k$

Sacs = 5-10 k$

Stupéfiant, tel fut le verdict de Candace une fois que nous eûmes additionné le tout, avant de poser nos cartes de crédit sur la table. Quelque chose comme 95 000 $, dans la fourchette basse, rien que pour être assez belle, assez bien habillée, assez bien chaussée, assez bien entretenue pour être dans le coup. « On n'en parle pas à nos maris, hein », lança-t-elle, sérieuse, au moment où nous nous disions au revoir sur le trottoir. Quoique cela aurait peut-être été une bonne idée, vu que nous étions des partenaires à petit budget comparées à certaines de nos connaissances. « Hé ! s'écria-t-elle quelques secondes plus tard depuis la vitre du taxi dans lequel elle venait de sauter. On n'a même pas compté les chauffeurs et les Uber pour aller et revenir des boutiques et des différents rendez-vous ! » Elle avait raison. Mais je n'avais pas le cœur à refaire nos calculs. J'avais le tournis. Cependant, j'allais devoir prendre sur moi, car j'avais une tenue à préparer et du shopping à faire…

*

J'en étais donc à me prendre la tête sur ce que je pourrais bien porter pour une soirée filles à la maison. Parmi les femmes que je côtoyais, beaucoup faisaient appel à des maquilleurs et coiffeurs professionnels, parfois simplement pour s'apprêter en vue d'un déjeuner à la Rôtisserie Georgette avec les copines, et à des stylistes privées pour gérer leur garde-robe lorsqu'elles avaient des soirées en vue, mais aussi, ce qui est ahurissant, pour aller déposer et chercher leurs enfants à l'école. Le commerce de détail à Manhattan est un système byzantin à deux vitesses, un système qu'il faut approcher avec ruse et brosser dans le sens du poil avec l'aide d'une initiée si vous voulez vous octroyer la seule taille trente-quatre de la ville. N'importe qui peut entrer chez Prada. Voilà pourquoi, en plus d'un styliste, vous avez besoin d'une vendeuse attitrée dans chacune de vos boutiques de prédilection. Elle vous envoie par SMS des photos des nouveaux arrivages susceptibles de vous plaire, et quand vous vous présentez à la boutique, elle vous installe dans la plus grande cabine et vous offre de l'eau ou du champagne pendant que vous essayez les articles en question. Pas le temps de passer ? Elle peut vous faire porter des articles à domicile par coursier « à titre d'essai ». Beaucoup de clientes les portent avant de les renvoyer à l'expéditrice. Quand la saison est plus avancée, votre vendeuse vous appelle et vous demande à mi-voix : « Quand est-ce que je peux vous *pré-solder* ? » Traduction : « Quand pouvez-vous venir afin de découvrir en avant-première les articles qui seront soldés dans un mois, mais que je peux vous faire à prix soldé *dès maintenant* ? » Les femmes de la tribu exigeaient des avantages en nature exceptionnels et le plus d'intimité possible quand elles achetaient en boutique, c'était certain. Souvent, des événements caritatifs se tenaient dans des boutiques sélectes après la fermeture, et vous pouviez parcourir les rayons au côté de vos copines, un verre à la main, sachant qu'une partie de chaque dollar dépensé serait reversé à une noble cause : le musée Guggenheim, la Children's Aid Society (pour les enfants les plus démunis), le Children's Museum of the East End (eh oui, ça ne s'invente pas) ; ce musée/centre d'activités pour enfants situé dans le quartier le plus cossu des Hamptons organisait des événements caritatifs chez Chanel, Lanvin, Dolce&Gabbana ou Dior.

Grâce à certains de ces événements où l'on « achète pour la bonne cause », je réussis, après avoir fourragé parmi mes tee-shirts et mes pantalons puis épluché mon placard, à jeter mon dévolu sur un jean stretch rose à imprimé peau de serpent, un tee-shirt blanc tout simple pas trop près du corps orné d'une fleur rouge et noire brodée sur le devant, au milieu, et une veste imitation Chanel vert pomme avec franges au bout des manches et sur la patte de boutonnage. Si incroyable que cela puisse paraître, je savais que rien dans cette tenue ne serait trop habillé aux yeux de Rebecca et de ses convives.

À présent, il ne me restait plus qu'à trouver ce que je pourrais bien me mettre aux pieds. La plupart des maisons où je me rendais appliquaient la politique du « sans chaussures », les parents, un peu partout à Manhattan, ayant adopté la coutume consistant à ne pas rapporter les miasmes de la rue à l'intérieur par l'entremise des semelles. Pourtant, j'avais le fort pressentiment qu'à cette soirée filles nous serions autorisées à ne pas nous déchausser. Privées de la sensation rassurante d'être un peu plus grandes et un peu plus minces, ces femmes se sentiraient trop vulnérables, supputais-je. Pieds nus, elles auraient l'impression d'être inachevées et à découvert. Rebecca y aurait pensé. Extrayant une des paires de bottines à lanière sur le talon que je mettais toujours pour « sortir », je m'aperçus que le talon était fêlé. Pas le temps de le faire réparer chez Leather Spa, et mon placard n'offrait que des alternatives limitées. Je me retrouvai donc dans l'un des deux temples de la mode chers à la tribu : Barneys. Celui sur Madison Avenue, bien sûr.

*

« Les chaussures sont toutes à six cents dollars », fit observer le vendeur en secouant la tête tandis que, essayant les spécimens ravissants à talons de toutes hauteurs et de toutes formes qu'il avait sélectionnés pour moi quand je lui avais parlé de cette soirée – ballerines D'Orsay, talons aiguilles, talons bottiers –, j'avais lâché un hoquet de stupeur en entendant ce prix. « Et toutes les bottes, ajouta-t-il comme je retournais une bottine en suédine souple bleu marine qui me plaisait bien pour vérifier l'étiquette, sont à mille deux cents. » Et voilà qu'il effeuillait le papier de soie protégeant une mule à bout ouvert avec lanière sur le talon, talon compensé en suédine noire égayée de rayures rouges et roses, ponctuant son geste d'un commentaire avisé : « Celles-ci sont vraiment *graves*. »

Cette dernière paire avait, en effet, tout pour plaire : véritable friandise pour les petons, elle restait assez stable pour que je ne vacille pas quand je marchais avec. Et elle était en solde. Pourtant, vu la hauteur du talon et comme elle comprimait mon gros orteil gauche, ce n'était peut-être pas ce qu'on appelait un investissement raisonnable, et cela me tracassait. « Vous pourriez vous contenter de les porter pendant de courtes durées, suggéra le vendeur, songeur. Et si vous avez une soirée un peu plus longue de prévue, vous pourriez vous faire faire une de ces *injections*. »

Pardon ?

Ah, m'expliqua-t-il, hilare, je n'avais donc pas entendu parler de ces piqûres qui anesthésient les pieds, ou une partie du moins, pour vous permettre de tenir toute la nuit juchée sur des talons meurtriers. Il existait, apparemment, des podologues complices qui alimentaient l'obsession de leurs clientes pour les talons hauts, et ces médecins pouvaient s'occuper de mon cas grâce à un petit shoot. Je haussai les sourcils en signe d'incrédulité, persuadée que le vendeur se payait ma tête. « Vrai de chez vrai. » Il sourit au moment où je capitulai et lui tendis ma carte American Express, et esquissa le geste universel pour dire « fou », index sur la tempe.

*

La beauté, ce n'est pas donné. Et en règle générale, ce sont les femmes qui en font les frais et assument ces nombreux coûts. Les dépenses de temps et d'énergie, bien souvent très éprouvantes, et le simple courage physique poussaient nos grands-mères à faire l'observation suivante : « Il faut souffrir pour être belle. » Ce truisme s'applique par-delà les frontières, dans toutes les cultures : en Chine, où la pratique consistant à bander les pieds des femmes a rendu infirmes des générations d'aristocrates ; en Thaïlande, où les femmes de la tribu kayan portent des colliers en métal pour que leur cou paraisse plus allongé (en réalité, ceux-ci abaissent leurs cervicales et leurs épaules) ; et au sein des tribus africaines et amazoniennes où des plateaux étirent les lèvres jusqu'à ce qu'elles atteignent, dans certains cas, la taille d'un CD. Dans la tribu de femmes de l'Upper East Side qui me sert de sujet d'étude, la « beauté » passe parfois par une augmentation du volume de la poitrine, qui la laissera rigide, lui donnant un aspect plastifié, et l'insensibilisera au toucher. Ainsi, l'idée selon laquelle les femmes sont, littéralement, des objets destinés à procurer du plaisir aux autres, plutôt que des sujets qui aiment en ressentir, se révèle-t-elle exacte. Cette recherche de la beauté peut aussi passer par des injections qui figeront votre visage, le rendront « plus plein », plus ferme et plus stratégiquement rembourré (pour donner une impression de jeunesse et pour prévenir l'apparition des rides), mais à quel prix ?

Des études laissent entendre qu'être incapable d'exprimer de l'empathie avec votre visage lorsque vous écoutez quelqu'un réduit les sentiments de connexion. En substance, qui a le visage engourdi aura très certainement les émotions engourdies : on constate une activité cérébrale moindre dans certaines régions phares du cerveau en termes d'émotions chez les sujets botoxés que chez les sujets non botoxés. Et tout cela en quête d'un visage à offrir en pâture au regard des autres. Et après ? Devant un visage figé, un visage qui n'exprime rien, nous, les humains, sommes désarçonnés et désemparés. C'est ce que j'ai ressenti, en tout cas, le jour où une amie rencontrée par hasard m'a dévisagée, inexpressive, pendant les cinq minutes où nous avons papoté dans la rue, émettant un rire forcé lorsque je lui fis part d'une anecdote amusante au sujet de mes enfants. Était-elle fâchée ? L'avais-je froissée la dernière fois que nous nous étions vues ? Pas dans mon souvenir. Puis ça m'est revenu : la dernière fois que je l'avais croisée, elle se rendait chez sa dermatologue.

Les autres effets indésirables de cette paralysie des muscles faciaux sont d'ordre esthétique. « Pourquoi elle a l'air si bizarre, cette maman qui est pourtant mignonne ? Qu'est-ce qu'il lui est arrivé ? » me demanda mon mari un jour qu'il avait emmené notre cadet jouer chez un petit camarade. Elle devait être en train de divorcer, avait-il supposé, ou elle venait de perdre un proche : c'est dire si son visage semblait avoir vieilli de façon spectaculaire. Il avait pris plusieurs années en quelques semaines. Je voyais tout à fait de qui il parlait. Plusieurs des mamans en avaient discuté après les « cours ». Elle avait eu recours au Botox trop tôt, s'accordaient-elles à dire, et à présent, celle qui avait jadis été une belle trentenaire pimpante, aux yeux pétillants et au sourire facile, avait désormais LE visage qu'on associe non plus à la jeunesse (dénué de rides) mais à l'âge et au Botox : énigmatique et inexpressif. Triste. Vieux.

Ces femmes symétriques au visage figé que je côtoyais, ayant pour la plupart subi une rhinoplastie avant leur mariage, m'apparaissaient souvent comme de jolis zombis photogéniques. Elles étaient magnifiques mais avaient l'air de ne rien ressentir ; leurs yeux, cernés de Botox pour prévenir la formation des pattes-d'oie, restaient sans vie même quand elles souriaient ou riaient. Parfois, je les imaginais me poursuivant, bras tendus, dans les couloirs de l'école ou sur Madison Avenue, me forçant à me retrancher chez Sant Ambroeus (le restaurant), me coinçant dans un ascenseur ou sur une banquette moelleuse pour me dévorer le cerveau. J'avais un faible pour l'acupuncture faciale depuis que je m'étais payé un énorme hématome autour de l'œil après mon baptême au Botox. En dépit de cette malheureuse expérience, me joindre à elles – ces femmes zombifiées, injectées, étouffées – me paraissait inéluctable. Puis venaient les *fillers* (produits de comblement dits « volumateurs »). Je connaissais des femmes dont le visage avait atteint la taille d'un ballon de basket à force de jouer avec le Restylane et le Juvéderm. Avec leurs faces de lune vissées sur des corps rachitiques, elles feraient un sujet idéal pour un photoreportage *National Geographic* : « Rituels de beauté insolites au sein de la tribu exotique 10021 de Kroy Wen[1]. »

Avide de récolter un autre avis sur ce qui pousse les femmes à en faire autant et à aller si loin dans leur quête d'un idéal de beauté, et sur la nature de leur détermination, je me tournai vers Richard Prum, professeur

1. « Kroy Wen » est une ville fictive miroir de New York inventée par l'auteure américaine Kay Boyle dans la nouvelle du même nom, publiée par la revue *The New Yorker* en juillet 1931. Le fait que le nom de New York soit écrit à l'envers fait écho à la thèse développée dans ce court ouvrage de fiction : les rôles y sont inversés. Les colons européens sont présentés comme les innocents tandis que les Américains sont dépeints comme cyniques et désabusés.

d'ornithologie, d'écologie et de biologie évolutionnaire à l'université Yale. Spécialiste de questions comme celle du choix du partenaire, de la sélection sexuelle et de l'évolution esthétique chez les oiseaux, Prum s'intéresse également de près à l'évolution humaine. Il émit l'hypothèse, alors que nous discutions dans son bureau où les piles de livres et les boîtes métalliques de thé vert semblaient avoir poussé comme des champignons au fil des années, que cette folie suscitée par la recherche de la beauté est commune à toutes les espèces. « Chez les oiseaux comme chez les humains, la question de la beauté est étroitement liée à celle de la beauté *sexuelle*, aux caractéristiques visibles qui rendent tel ou tel partenaire désirable », m'expliqua-t-il. Chez les oiseaux, cela pouvait se traduire par le choix d'un mâle non seulement beau à regarder, mais aussi à écouter. Brun et blanc avec des ailes noires et coiffés, dirait-on, d'un petit béret rouge, les manakins à ailes blanches (*Machaeropterus deliciosus*) du nord-ouest de l'Équateur, dans les Andes, n'ont pas l'air si différents de leurs autres camarades oiseaux chanteurs. C'est leur son et leur façon de le produire qui les fait sortir du lot.

Lors de ses parades nuptiales, le manakin à ailes blanches mâle fait mine de jouer du violon avec ses ailes. Il émet une sorte de cliquetis doublé d'un bourdon plus communément associé aux criquets, qui utilisent la même méthode pour produire de la musique. « C'est vraiment *ridicule* pour un oiseau de communiquer ainsi ! s'écria Prum, exalté, précisant alors : Ces piafs sont tout à fait capables de communiquer décemment vocalement. La question est donc de savoir pourquoi ils s'adonnent à ce simulacre de violon. » Réponse : pour choper la femelle. Les manakins à ailes blanches femelles *appréciaient* cette mélodie, qu'elles trouvaient magnifique.

Elles étaient attirées par elle, et choisissaient donc les mâles en mesure de jouer cet air. Au fil des générations, cette préférence avait exercé une certaine pression sur le comportement des manakins à ailes blanches mâles puis fini par le faire évoluer. Prum et son assistante, Kim Bostwick, furent encore plus frappés en découvrant que cette préférence des femelles avait eu un impact profond sur le comportement du manakin à ailes blanches mâle (chant), mais aussi sur sa morphologie (structure corporelle). Un oiseau sur deux dans le monde possède une ulna creuse. Or, chez le manakin à ailes blanches mâle, l'ulna est épaissie, tordue et plane – c'est de l'os bien dense. Cette préférence des femelles pour le battement d'ailes qui supplante le chant traditionnel eut un effet inattendu… et des conséquences singulières. Grâce à leur ulna augmentée, les mâles ont davantage de facilité à produire de la musique, douce aux oreilles des femelles… mais plus de mal à s'envoler pour fuir les prédateurs. Ce qui revient à dire que les manakins à ailes blanches mâles meurent parfois au nom de la beauté. « Ce trait esthétique s'est développé en dépit du fait qu'il diminuait l'aptitude des mâles à se reproduire », commenta Prum, émerveillé.

En biologie et en psychologie évolutionnaires, on avance depuis longtemps que la beauté est une affaire d'utilité et d'aptitude. La beauté, comme le résuma impeccablement Prum pendant notre discussion, « est censée grouiller d'informations. Elle est supposée annoncer : "Je suis en bonne santé ! C'est *moi* que tu veux !" ». Une conception fonctionnelle de la beauté ; la beauté comme baromètre de l'état de santé général, les visages et les corps offrant une sorte de sténographie, la manifestation externe de gènes « sains ». Selon cette théorie, des dents bien alignées et des traits symétriques « signifient » qu'un partenaire potentiel est vierge de parasites et de maladies cardiovasculaires. Cependant, en s'appuyant en partie sur le chant irrationnel, exubérant et décadent du manakin à ailes blanches mâle, Prum rejette la croyance populaire selon laquelle la beauté ne serait qu'un simple vecteur d'informations ; pour lui, ce serait plus probablement « des choses qui se produisent »… Des choses permettant à des oiseaux, des individus, d'en attirer d'autres. Laisser évoluer un bec capable d'ouvrir une noix est un acte assez simple et transparent. « Mais séduire un esprit, fit remarquer Prum, tout ébloui, les yeux écarquillés, c'est un problème infini. » On ne peut pas imputer à la seule sélection naturelle des préférences esthétiques comme celle du manakin pour un solo de violon endiablé, affirma-t-il, un numéro qui lui vaudra peut-être un partenaire, une activité sexuelle et une progéniture, mais qui, en même temps, le met en péril – si bien qu'il pourrait n'obtenir aucun des bénéfices susmentionnés. Dans le monde du manakin, tout comme dans celui, très fermé, des primates femelles que j'étudiais, suggéra Prum, la beauté est souvent décadente, irrationnelle et inaccessible. Elle peut être exubérante et renversante, très onéreuse et potentiellement mortelle. Il s'agit bien souvent d'un système à part entière, affranchi de toute notion de pragmatisme et de fonctionnalité ; un univers à part.

*

Rebecca habitait un gigantesque triplex dans un « bâtiment de prestige » sur Sutton Place. Ainsi située, elle pouvait s'enorgueillir d'habiter un Upper East Side un peu plus ancien, plus raffiné, l'Upper East Side historique, avant son expansion, dans l'esprit de la

Destinée manifeste[1], jusqu'à la 90e Rue. On racontait que son mari avait tout d'abord acheté l'appartement à ses parents à elle avant de décider d'acquérir l'immeuble entier. Il n'était pourtant pas promoteur. Non, c'était un gestionnaire de fonds spéculatifs, et il fallait croire qu'acheter un immeuble – celui où il vivait – s'apparentait à un jeu. En sortant de l'ascenseur, on se retrouvait directement chez Rebecca. Là, je tendis mon manteau à l'un des domestiques, me délectant de la vue irréelle sur le fleuve ; jamais je ne l'avais contemplé depuis cette hauteur ni à cette distance, juste là, de l'autre côté de la rue, au niveau du toit-terrasse, perspective qui lui conférait, ainsi qu'à tout le quartier, des allures de diorama ou de décor de théâtre. Un autre ascenseur m'emporta jusqu'au deuxième étage de l'appartement, le dernier de l'immeuble, qui abritait, semblait-il, les quartiers privés de Rebecca. Partout des fleurs aux tons clairs et du mobilier beige, dont une splendide table en marbre beige donnant sur de hautes fenêtres. Des employés de maison tout de beige vêtus offraient des boissons limpides (vodka, tequila et vin blanc) et des canapés simples et légers. Il y avait un Hockney – on aurait dit un portrait de Rebecca –, un immense Cecily Brown et un Tauba Auerbach. J'avais entendu parler de couples dont le « budget art » pouvait s'élever jusqu'à deux cents millions de dollars, et les œuvres qui ornaient les murs de Rebecca m'avaient tout l'air de corroborer ce genre de somme. Sur le côté se trouvait une table Eames blanc cassé où s'empilaient les cadeaux apportés par les invitées dans des sacs Tiffany, Ladurée et Diptyque. Mon cadeau – des biscuits que j'avais préparés avec mon

1. Idéologie selon laquelle la nation américaine avait pour mission divine de répandre la civilisation vers l'Ouest.

fils – avait été accueilli avec gratitude et enthousiasme par les adorables jumeaux de mon hôte. Je remarquai également quelque chose sur la table : un fouillis qui ressemblait à des pierres précieuses. En m'approchant, je compris que toutes les femmes avaient laissé là leurs sacs à main : des sacs Hermès miniatures dont les coloris évoquaient des bijoux (l'un d'eux semblait être en crocodile rouge vif) et des Chanel matelassés, égayés de graffitis, laqués, ainsi que des sacs Dior en miniature avec des D et des médaillons en forme de cœur qui pendillaient. Je mis mon propre sac – un modèle noir relativement modeste orné d'une rose rouge – avec les autres. Puis je pris une profonde inspiration. C'était donc tout sauf une soirée pizzas pour papoter entre copines…

Rebecca, l'air radieux, flotta jusqu'à moi et me guida vers le centre de la pièce pour me présenter aux femmes que je ne connaissais pas. Beaucoup d'entre elles étaient des épouses de milliardaires qui possédaient des chaînes télévisées et des entreprises figurant dans le classement Fortune 500, et qui dirigeaient des empires immobiliers et des fonds spéculatifs. Certaines étaient des mères d'élèves de notre école, d'autres non. Il y avait une ancienne rédactrice de mode s'en tenant désormais à jouer les gravures de mode, et se consacrant à plein temps à ses trois enfants – ils seraient bientôt quatre. Une ex-présentatrice de journal télévisé venait de laisser tomber son travail pour passer davantage de temps avec ses trois enfants. Elle attendait des jumeaux. Je rencontrai, forcément, deux « consultantes en art » d'une beauté éblouissante et d'une très grande finesse, dont la profession constituait une niche en pleine expansion, notamment auprès du un pour cent de la population assez riche pour se payer leurs services. Aucune n'était grosse. Aucune n'était laide. Aucune n'était pauvre.

Toutes avaient un verre d'alcool à la main. Et toutes avaient l'air à l'aise et avenantes comme jamais cela n'arrivait ni à l'école, ni dans la rue, ni lors d'événements. La méfiance habituelle s'était dissipée. Je compris soudain que les convives étaient *détendues*. Je me détendis un peu, moi aussi, en constatant que la Reine des Reines des Abeilles n'était pas dans la place et que mon uniforme était raccord avec ce que portaient les autres. En plein dans le mille – ou plutôt dans le million, voire le milliard –, quoique très au rabais.

La discussion alla plus loin que le sempiternel papotage à propos des enfants et des vacances. On parla de politique et d'une amie qui n'avait pas pu venir car son mari et elle venaient de se séparer, et d'une autre amie de beaucoup des femmes du groupe qui en était à sa énième tentative de FIV, dans l'espoir, supputait-on, qu'un autre bébé susciterait un regain d'intérêt chez son mari voyageur et l'inciterait à rester un peu plus à la maison. J'eus une sorte de pincement lorsque la conversation se poursuivit à voix basse et que les yeux se baissèrent, de la tristesse et de la compassion pour cette femme qui avait connu plusieurs fausses couches et pour une autre qui venait de recevoir des résultats d'amniocentèse accablants. J'eus honte de ma naïveté, moi qui croyais bêtement que ces femmes menaient des vies enchantées. Ce n'était pas le cas. Puis on changea de sujet et la conversation revint, comme toujours, à ce que chacune avait sur le dos.

Ce décor somptueux et ce groupe de femmes aux tenues et au maquillage impeccables n'auraient pas pu être plus aux antipodes des Efes et des Akas de la forêt tropicale Iutri en république démocratique du Congo ou des Bochimans du désert du Kalahari. Ces chasseurs-cueilleurs prônent un égalitarisme radical, ce qui se traduit par une organisation en groupe sans hiérarchie ni stratification socio-économique, comme nos ancêtres pendant presque toute la préhistoire évolutionniste. Au sein de ces tribus, personne ne possède quoi que ce soit et nul n'a un statut supérieur ou inférieur à ses semblables. La notion de propriété leur est inconnue. Ces faits sont étayés par plusieurs mécanismes. Dont la requête d'objets. Il n'est pas rare qu'une femme se présente devant une de ses congénères et exige qu'elle lui donne ses perles, par exemple, ni qu'un enfant s'approche d'un adulte qui n'est pas un parent et réclame une portion de sa nourriture, ni qu'un homme exige et se voie remettre la pointe de lance d'un autre afin d'aller chasser. Jamais il ne leur viendrait à l'idée de refuser. Ces requêtes consolident l'idée que nul ne possède quoi que ce soit. L'acte de se mettre en retrait et de dénigrer ses propres actions et celles des autres est une autre manière de s'assurer qu'aucune notion de hiérarchie ne se met en place. « Nous ne savons pas exactement qui a tué l'antilope que nous avons trouvée sous l'acacia, annonce un guerrier après une partie de chasse fructueuse, sachant pourtant très bien qui a abattu la bête. C'est peut-être quelqu'un d'un autre groupe. Nous irons la chercher, *tous ensemble*, et nous en distribuerons un morceau à *tout le monde*. » L'homme qui fournit la viande tant convoitée ne peut ni réclamer ni recevoir d'honneurs. Cette antilope a été tuée par tout le monde et personne à la fois, et ainsi tous les membres de la tribu demeurent égaux.

Bien sûr, les femmes méticuleusement apprêtées réunies chez Rebecca – élégantes, raffinées, polies et richissimes – seraient tombées en pâmoison si je m'étais plantée devant n'importe laquelle d'entre elles pour lui crier : « Jane, file-moi tes trois bagues à empiler Pomellato et ton Happy Bag Lanvin, ET QUE ÇA SAUTE ! »

Pourtant, elles suivaient à la lettre une étiquette stricte en ce qui concernait les compliments, pratique qui, dans ce contexte, m'interpella comme jamais auparavant et m'évoqua les chasseurs-cueilleurs africains mentionnés auparavant. Dans un contexte exclusivement féminin, comme celui-ci, il fallait à tout prix et par tous les moyens, détourner, plus ou moins agressivement, le moindre propos élogieux à propos de soi. Toute la soirée, si une femme en flattait une autre avec un : « C'est un Chloé, ton chemisier ? La couleur te va hyper bien ! », cette dernière lui répondait : « Oh, ce truc… Je l'ai depuis quatre ans. Et j'ai l'air de ne pas avoir dormi depuis une décennie. » Quand on vous disait : « Ta peau est resplendissante ! », la réponse idoine était : « Tu parles, j'arrête pas de bourgeonner. Si j'ai l'air bien, c'est le maquillage qu'il faut remercier, crois-moi ! » « Tu as perdu du poids, non ? Quelle ligne, c'est incroyable » appelait un démenti sans détour et une parade visant à faire diversion, du type : « Non, c'est grâce à ce pantalon, qui me maintient comme un corset. Par contre, toi, il paraît que tu fais de l'aérobic avec Tracy (Anderson) tous les jours, et ça se voit ! »

Au début, j'en avais déduit que ces démentis et renvois de balle avaient pour fonction de se prémunir contre l'envie. Si quelqu'un aimait ce que vous aviez, alors vous deviez dévaloriser l'objet en question afin que la personne ne nourrisse pas à votre égard une rancœur qui pourrait la pousser à vous faire du mal (dans le Bassin méditerranéen et au Proche-Orient, on appelle cette pratique « éloigner le mauvais œil »). Mais je me trompais. En réalité, grâce à cette sorte de ping-pong discursif, ces allers-retours entre éloges et autodénigrement, la hiérarchie entre femmes aux moyens illimités se maintenait, système alimenté sans souci et sans arrêt étant donné la facilité avec laquelle chacune pouvait se procurer tout ce qu'elle désirait. Le compliment était un test : montreras-tu que tu es l'une des nôtres en répondant comme nous ? Sais-tu où tu te situes ? Ou, au contraire, vas-tu tenter de faire un coup d'éclat et de te hisser au-dessus de ton rang ? Seule Rebecca, observai-je, fut autorisée à accepter un compliment sans faux-semblants. Quand l'une d'entre nous lui dit qu'elle était ravissante (ce qui était la vérité), elle sourit et répondit : « Tu es vraiment adorable ! » Comme la riche pimbêche au bras long qui organisait un groupe d'activités pour mamans et tout-petits qui se contentait d'un léger hochement et d'un sourire condescendant et pincé quand on lui disait à quel point elle était sublime (cette même femme qui nous avait ostracisés de son groupe, mon fils et moi), Rebecca tenait les rênes ici, et ses convives en faisaient état. Certes, nous étions peut-être toutes magnifiques, mais personne ne devait l'admettre. C'était le pacte.

Autour d'un succulent dîner – sans gluten, bio et équilibré, placé discrètement devant nous par les employés de maison –, la conversation s'orienta vers un intrus originaire de la côte Ouest qui venait de débarquer à New York. Un riche couple de Los Angeles, la femme en particulier, avait récemment damé le pion à un magnat de l'industrie, figure incontournable dans le milieu des œuvres caritatives, lors d'un gala donné en son honneur. Au moment où il annonçait son intention de verser un million de dollars à la cause en question, la brune impertinente avait bondi de son siège et crié : « Nous en donnerons deux ! » Le silence s'était abattu sur l'assemblée, ahurie par ce faux pas et son culot. Elle ne tarda pas à être mise à rude épreuve par les donneurs de leçons du circuit des événements caritatifs à New York : par le bouche à oreille, dans la presse et par la pratique de l'exclusion sociale. Le jury examinait son cas dans la pièce où nous nous trouvions. « Elle est très L.A. Très frontale, fit remarquer avec tact une des convives. La première fois que je l'ai rencontrée, elle m'a demandé qui m'avait refait les seins. Elle m'a dit : "Ils ne peuvent pas être vrais, c'est impossible." Et pourtant si ! » Hilares, les autres acquiescèrent, s'accordant toutes à dire que le problème tenait en grande partie au fait que le couple ne s'était pas encore familiarisé avec les règles, les lois et codes sociaux propres à Manhattan qu'elles-mêmes avaient intégrés depuis belle lurette.

La danse sociale saisonnière dure depuis au moins un siècle. Pendant la « saison des galas », d'avril à juin, puis dans les Hamptons tout l'été, puis de nouveau en ville de septembre à novembre se tiennent des dîners en l'honneur d'une personnalité qui a payé ce privilège au prix fort, des petits déjeuners caritatifs au profit de telle ou telle cause, et une interminable série de déjeuners. Les causes défendues sont nombreuses et vont de la recherche sur une maladie à la protection de l'environnement ou à la préservation du patrimoine, en passant par des problèmes de société comme l'alphabétisation ou le soutien à une institution culturelle. Tous ces rendez-vous, hormis les dîners, où comme par magie les hommes apparaissent, sont des activités strictement réservées aux femmes. Les règles sont claires. Vous pouvez acheter un ticket ou être invité à la table de quelqu'un d'autre, ou acheter une table vous-même s'il s'agit d'une cause qui vous tient à cœur, si le repas est organisé par une commission dont vous faites partie, un comité à qui vous avez prêté votre nom et/ou votre temps. Une table pour vous et neuf de vos amis les plus proches pourra vous coûter de trois mille cinq cents à sept mille cinq cents dollars pour un déjeuner, et dix mille dollars minimum pour un dîner. Lors de la plupart de ces événements, on s'adonnait également à des enchères sous pli cacheté : on exposait sur de longues tables des produits de luxe pour lesquels vous pouviez proposer sur un morceau de papier un prix de façon anonyme, ce qui permettait de lever encore plus de fonds pour la cause. Chaque fois que je prenais part à un de ces petits déjeuners ou de ces déjeuners réservés aux femmes, cela me rappelait la toilette chez les grands primates : les singes hurleurs, les capucins et les babouins qui bichonnent la fourrure de leurs « amis », parfois pendant des heures, renforçant l'impression d'être connectés *via* la proximité et un contact tactile affectueux, posant des jalons pour ensuite créer des alliances qui pourraient bien, un jour, leur sauver la vie. Nous n'étions pas en train de nous épouiller, mais c'était tout comme. Deviser ainsi entre nous, manger, boire ensemble, poser des questions sur telle ou telle tenue, sur les enfants et le travail en nous réunissant pour une cause, c'étaient autant de moyens de nous rassurer les unes les autres, de créer des connexions et de nous toucher mutuellement. Et puis, un phénomène que les primatologues appellent l'*altruisme réciproque* (« Si tu me toilettes, je te toilette ») est à l'œuvre tout au long de la saison des galas. Il s'agit là d'une des façons dont les relations se tissent et s'entretiennent parmi les privilégiés de Manhattan. C'est également une façon de faire un don pour une cause tout en montrant que vous avez les moyens de le faire. Comme tout primate, les humains ont un comportement affiliatif et prosocial. Et, comme tant d'humains vivant dans une société façonnée à l'origine par l'agriculture, nous avons une propension à la hiérarchie et à la stratification. Ce cycle caritatif de petits déjeuners-déjeuners-dîners en atteste.

Les événements auxquels les maris prennent part ont lieu le soir et sont plus susceptibles de comporter des enchères *en direct*, où l'on dit « mieux ! » en vue de montrer qu'on a les moyens de payer un prix exorbitant pour un séjour à Anguilla, une part d'un jet privé, une loge VIP à un match des Yankees ou des places en parterre pour un match des New York Knicks à Madison Square Garden. On raconte que, lors du gala d'une école, le bocal de cookies faits maison par les CM1 s'est vendu soixante mille dollars. Une peinture à la main réalisée par une des classes était partie pour vingt mille ! Jamais si flagrante consommation n'avait autant donné aux acquéreurs l'impression d'être vertueux (ou, dans le cas de l'œuvre d'art réalisée par les bambins, si humble). Dépenser de l'argent fait partie du jeu. Mais les personnes que vous connaissez à tel ou tel événement, celles à qui vous parlez, l'endroit où vous êtes assis, qui vous a invitée, qui vous avez invité, etc., sont autant de facteurs qui contribuent à déterminer votre rang. Ceux qui dévient du scénario (la brune de Los Angeles ou, avant elle, Felix Rohatyn, qui avait poussé un coup de gueule et affirmé qu'il serait bien plus efficace de rédiger des chèques aux œuvres caritatives de notre choix plutôt que d'assister à des « bals du cancer » à n'en plus finir, et s'était vu ostraciser sur-le-champ ; il avait fini par rédiger un laïus exposant son point de vue dans le *New York Times*, qui avait en partie fait office de *mea culpa*) apprennent vite à quel point ces coutumes tribales sont inflexibles et profondément ancrées.

À Manhattan, l'« ascension sociale » est une réalité, et quand j'entends cette expression j'imagine des femmes en talons aiguilles – la Reine des Reines des Abeilles et ses acolytes perchées à la cime, talonnées par nous autres –, engoncées dans des robes Chanel, des tailleurs-combinaisons Yves Saint Laurent, minaudière étincelante à la main ou pendue à leur épaule mince, gravissant une paroi montagneuse, négociant chaque prise avec dextérité, jusqu'à trouver la hauteur idéale, celle qui offrira la meilleure vue (sur la vallée boisée, au pied de la pente, ou droit devant elles, sur la savane). Jouissant de l'altitude et de cette perspective, elles se sentent, comme tous les autres primates, y compris nos ancêtres *Homo sapiens*, en sécurité. Riches.

À mesure que la soirée déclinait, les femmes prenaient congé en gratifiant Rebecca de remerciements et les autres convives de bises. Et, ce soir-là, comme toujours, au moment de se quitter, elles demandaient : « Je te verrai à ce truc jeudi ? Tu vas à la réunion de l'école demain ? » Au même titre que le refus d'un compliment, la confirmation de la prochaine occasion de se voir garantissait qu'elles appartenaient à la même clique.

*

Les femmes de la tribu que j'avais prise pour sujet d'étude payaient le prix fort pour satisfaire aux canons : elles avaient l'air figé, elles se sentaient déconnectées de leurs semblables, elles affamaient leur corps et faisaient de l'exercice pour le soumettre à leur idéal de beauté. C'est elles qui se collaient à la corvée sans fin constituant à se forger puis à entretenir un certain statut social et des connexions pour elles-mêmes et leurs enfants, et pour leur couple. Cependant, c'étaient les hommes qui réglaient l'addition. Ce soir-là, chez

Rebecca, nul doute que toutes les convives, fortunées, qualifiées, magnifiques, étaient également influentes. Or, un point ne cessait de me turlupiner : le fait indéniable qu'elles soient toujours à part, cloisonnées, tenues à distance par les hommes. « On s'amuse plus, comme ça ! » répondirent les femmes à qui je posai la question. « Tu déconnes ou quoi ? On préfère que ce soit ainsi ! » confirmèrent les hommes lors d'un dîner particulièrement agréable et amical… où les hommes et les femmes étaient attablés dans des pièces différentes. Comme l'habitude de « rester à la maison » avec les enfants, la ségrégation sexuelle au sein de cette tribu me semblait révélatrice d'une réalité profondément enfouie et lourde de sens, travestie, tel un noceur en goguette à un bal organisé par Save Venice, en simple préférence. Comme une robe chic de créateur sur un cintre dans un dressing, une parmi tant d'autres, la ségrégation sexuelle était, à ce qu'on me disait, « un choix ».

Aux quatre coins du monde, les données ethnographiques offrent un autre son de cloche : plus une société est stratifiée et hiérarchisée, plus les sexes sont séparés, moins le statut des femmes est enviable. Si improbable cela puisse paraître, à première vue, il fallait envisager l'éventualité que, même ici, nous n'échappions pas à la règle. Que faisaient les hommes pendant que les femmes de ma tribu traînaient ensemble dans les diverses boutiques et autres gynécées à caractère social, un peu partout en ville – les comités féminins des conseils syndicaux, les troquets sélects où l'on petit-déjeunait à deux pas des cours d'éveil musical, les studios de fitness de luxe et les spas –, à parler de l'association des parents d'élèves ? En général, ils étaient en compagnie d'autres hommes, au travail, dans le monde extérieur « toujours en grande partie aux mains des hommes », le monde du commerce. Parfois, ils étaient à la Dads' Poker Night (la soirée poker réservée aux papas), une initiative de collecte de fonds organisée par des écoles privées aux quatre coins de la ville, où aucune épouse n'oserait mettre les pieds et sur laquelle on ne posait pas de questions. Et parfois, les femmes de mon entourage se rongeaient les sangs et me confiaient leurs soupçons : les hommes puissants et riches qu'elles avaient épousés ne se laissaient-ils pas aller à quelques flirts, batifolages ou autres liaisons extraconjugales ? – ce que les biologistes appellent, lorsqu'elles se produisent chez des animaux, des « copulations hors couple ».

Vu à travers le prisme de l'anthropologie et de la primatologie, il n'est pratiquement pas ici question de manquement moral mais plutôt de circonstances. Bien sûr, nombre des hommes de la tribu que j'étudiais avaient opté pour la monogamie. Or, partout à travers le monde, plusieurs facteurs s'associaient pour permettre aux mâles de rang supérieur de s'adonner à la copulation hors couple en toute impunité – en théorie comme en pratique. Suivant le scénario classique chez tous les grands singes, chez *Homo sapiens*, c'est la femelle qui a le plus tendance à quitter son groupe natal une fois arrivée à maturité sexuelle, perdant par là même le soutien social crucial que lui procurait sa famille, faisant par la suite des alliances entre femmes (n'ayant aucun lien de parenté), des ententes fragiles, comme on peut s'en douter. (De tous les grands singes, seules les bonobos femelles ont mis au point une stratégie pour améliorer la situation et forger des unions solides : de fréquents ébats homosexuels avec les partenaires femelles de leur groupe.) Nul besoin d'un dessin pour comprendre que, du fait de cette dispersion, la perspective de prendre vos cliques, vos claques et vos enfants vous semble bien moins évidente que si vous viviez dans une résidence (ou dans la savane) au côté de votre famille d'origine, entourée de parents accueillants qui veillent sur vous. « Je ne peux pas retourner à Long Island chez mes parents… Ça déracinerait mes enfants », a expliqué une femme à une amie commune, justifiant ainsi pourquoi elle était contrainte de rester auprès de son mari, un coureur de jupons, le temps que ses enfants, encore jeunes, soient en âge d'aller en pension.

La dispersion des femelles n'est pas le seul phénomène qui confère davantage de pouvoir aux hommes qu'à leurs partenaires. Les femelles *Homo sapiens* sont confrontées à un inconvénient fondamental : elles sont dépendantes à un point qu'aucune autre espèce n'égale. Nous sommes les seuls primates à pratiquer la mise en commun systématique de la nourriture et des ressources en général, la seule espèce dont les femelles, dans de nombreuses sociétés, dépendent des hommes pour s'abriter et se sustenter. Les mères oiseaux, les femmes efes d'Afrique et les guenons sont toujours à l'affût de provisions, qu'elles trouvent elles-mêmes. D'ailleurs, chez les Bochimans, même les femmes ayant des enfants en bas âge procurent plus de quatre-vingt-cinq pour cent des calories journalières nécessaires au groupe. Les femmes agtas des Philippines chassent même enceintes. Le fait de nourrir des bouches leur confère un certain statut et surtout le pouvoir de quitter un partenaire quand elles le souhaitent, de prendre des amants, d'aller et venir, d'avoir voix au chapitre, d'être actives et influentes au sein de leur communauté. Tout comme dans le désert du Kalahari ou au fin fond de la forêt tropicale en Asie du Sud-Est, les ressources sont le nerf de la guerre dans l'Upper East Side, et si vous ne rapportez pas de tubercules ou de racines de sha shen à la maison, si vous ne gagnez pas votre croûte, votre pouvoir sera moindre au sein du mariage. Et du monde. Point barre.

Tout semblait peser en faveur de ces hommes que j'observais et avec qui j'avais des interactions sociales (souvent assez maladroites… tout le monde semblait un peu rouillé sur ce plan). Comme les autres mâles primates dans le monde, les plus haut placés disposent de tout un arsenal de stratégies pour contraindre leurs femelles à rester auprès d'eux, quoi qu'il arrive. Les babouins hamadryas mâles se retournent les paupières en signe de menace ou mordent au cou les femelles gravitant autour d'eux comme dans un harem pour exercer leur mainmise sur elles et leur faire passer l'envie de s'accoupler avec d'autres ou de s'aventurer trop loin. À Porto Rico, les macaques rhésus pourchassent et vont jusqu'à blesser les femelles qui tentent de copuler avec des mâles de rang inférieur. Et nombre de grands primates (non humains) commettent l'infanticide, tuant la dernière progéniture engendrée par d'autres mâles pour déclencher l'œstrus chez une femelle, qui pourra porter leur descendance *à eux*.

Les primates mâles de Park Avenue la jouent plus fine sur le plan tactique, c'est certain. Ils vassalisent leurs femelles dépendantes, s'assurant un accès permanent et exclusif à elles, quelle que soit leur propre attitude, en contrôlant l'accès de ces dernières aux ressources. Gratifier les femmes ou les priver de cadeaux de luxe, de vacances somptueuses, d'allocations pour le renouvellement saisonnier des garde-robes et les « retouches » du visage et du corps, d'allocations qui couvrent les actions caritatives qu'elles ont menées, leur fenêtre sur le monde… toutes ces pratiques sont monnaie courante au sein d'un certain milieu. Tout comme, d'après les dires de plusieurs femmes, les « primes de fin d'année » pour épouses, parfois évoquées dans les arrangements prénuptiaux, parfois accordées par pure « largesse » – ou refusées au moindre prétexte. Celles qui sont au parfum mentionnent ce secret de polichinelle lors des réunions de tel ou tel conseil d'administration ou de soirées filles en ville : « Je ne sais pas exactement combien je peux donner cette année parce que j'ignore à combien s'élèvera mon allocation charité. » « Le montant de ma prime annuelle n'a pas encore été fixé par mon mari, alors j'ignore si je réserverai une table comme simple convive ou en qualité de bienfaitrice. » Telles sont les tactiques de coercition, travesties en carottes généreuses et informelles, employées par moult hommes de haut rang pour renforcer leur pouvoir déjà considérable au sein de leur société, et leur toute-puissance au sein de leur couple.

Plus j'observais la tribu, plus ces asymétries en termes de pouvoir m'apparaissaient flagrantes, non seulement dans les rapports interpersonnels entre femmes, mais aussi sur les plans institutionnel, social et culturel. À Manhattan, les hommes ayant réussi au niveau financier siègent dans des commissions de très grande influence (celles des hôpitaux, des universités et des fondations prestigieuses pour lutter contre telle ou telle maladie), des commissions dont les *give/gets* annuels (la somme que vous consentez à verser et à obtenir de vos pairs) s'élèvent au bas mot à cent cinquante mille dollars. Leurs femmes font souvent partie de commissions de moindre envergure : comités de femmes, musées situés en périphérie dont les *give/gets* annuels se situent entre cinq mille et vingt mille dollars. Les maris riches au bras long sont au conseil d'administration d'écoles privées prestigieuses ; leurs épouses sont des « mamans d'élèves » officiellement chargées de faire le relais avec toutes les autres mères sur le plan social et sur le plan de la communication, sans rémunération, bien sûr. Tandis que leurs maris engrangent des millions, les mères privilégiées capitulent, faute d'autres options (« Il faut que j'assure au niveau bénévolat, histoire que mon fils soit accepté dans une bonne école », rabachent-elles) et se rangent à la *Mommynomics*[1] de l'Upper East Side. Elles dispensent gracieusement aux écoles de leurs enfants les compétences qu'elles ont acquises puis affûtées à l'université, parfois jusqu'en troisième cycle, et dans les professions qu'elles ont exercées et dont, en général, elles ne sont pas peu fières : organiser des galas, gérer le contenu des bulletins d'information, jouer les bibliothécaires, mettre sur pied des ventes de gâteaux. Les écoles couleraient sans cette caste de mamans privilégiées bénévoles qui fournissent gratuitement des centaines de milliers d'heures de travail chaque année. En un sens, prendre part à la *Mommynomics* permet à une femme de se sentir utile et d'être occupée. C'est aussi un acte d'extravagance, de vantardise : « Avant, je travaillais, je pourrais toujours le faire, mais je n'en ai pas besoin. » Or, il ne souffre pas la comparaison avec ce que certains de leurs maris font ou aspirent à faire : amasser assez d'argent pour cesser de travailler, certes, mais aussi pour faire le « Serment du don », une promesse publique prononcée par les milliardaires s'engageant à reverser la moitié de leur fortune.

1. « Économie des mamans ». Néologisme, mot-valise inventé par l'auteur.

Les épouses déjeunent chez Freds et Bergdorf Goodman avec d'autres mères pendant que leurs mâles à dos d'argent de maris vivent leur vie dans *leurs* troquets et tavernes *à eux*. Il y a quelques années, au 21 Club, on pouvait voir Henry Kissinger, Roger Ailes[1] et William Safire[2] assis tous les trois à quelques mètres les uns des autres, butinant de table en table, réaffirmant leur domination sur le monde. Le Grill Room pourrait tout aussi bien être réservé aux hommes, commenta mon mari un jour où le ratio hommes/femmes y était de quatre pour une (selon d'autres sources masculines, ce ratio serait habituellement d'un pour deux). C'est dans ce genre d'endroit que se règlent les affaires, et au sein de la tribu que j'étudiais les affaires étaient quasi exclusivement réservées aux hommes.

Postée devant l'immeuble de Rebecca ce soir-là, le temps d'arrêter un taxi, je me remémorai la vue depuis sa baie vitrée vingt-six étages plus haut. Dans le secteur le plus sélect de l'économie la plus sélecte au monde, dans un coin très restreint d'un quartier bien précis, une population de femmes ont cessé de travailler ou n'ont jamais eu à le faire. D'un point de vue anthropologique, ces femmes fortunées qui semblent avoir et ont, d'ailleurs, bien de la chance sont également naufragées dans leur monde où sévit la ségrégation sexuelle, au sein de leurs commissions de moindre importance, de leurs petits déjeuners ou déjeuners caritatifs, de leurs groupes d'activité et de leurs maisons de vacances dans les Hamptons, à longueur d'été.

1. Né en 1940, Roger Ailes est président de Fox News Channel et du groupe Fox Television.

2. Né en 1929 et décédé en 2009, William Safire était journaliste, éditorialiste pour le *New York Times*, spécialiste de la langue américaine et conseiller de Richard Nixon.

Ayant la proportion des sexes en leur faveur, les ressources matérielles sous contrôle, des épouses dépendantes d'eux pour s'occuper de leur progéniture encore plus dépendante, les hommes nantis de l'Upper East Side peuvent agir à leur guise. Ils peuvent décider de jouer le jeu du partenariat en l'absence d'une véritable parité économique au sein de leur mariage et se comporter en vrais partenaires. Mais ce genre d'arrangement est fragile et contingent, et dans les faits les femmes demeurent dépendantes : un mari peut, à tout moment, ignorer ses obligations. Pouvoir jouir de l'argent de votre époux est, certes, agréable, mais selon une étude comparative entre la société humaine et nos cousins singes, jouir de cet argent ne procure pas le pouvoir que s'octroie celui qui le gagne. Et en avoir conscience ou ne serait-ce qu'une vague intuition, la simple perception du déséquilibre, du fossé abyssal entre sa version du pouvoir et celle de son homme, peut valoir à une femme de sacrées insomnies.

6

Un Xanax et un bloody mary : mamans de Manhattan au bord de la crise de nerfs

Vêtue d'une veste vert militaire avec poches amples et de chaussures pratiques à semelle de caoutchouc, je traverse furtivement le premier étage du grand magasin Bergdorf Goodman. Lestée de sacs de courses couleur lavande en guise de camouflage, je suis en chasse pour trouver la perle rare, sur fond de Prada et de Lanvin. Sans succès. Après avoir réglé ma sarbacane, le genre que les biologistes utilisent sur le terrain, je prends l'ascenseur pour monter jusqu'à la jungle des créateurs « Young and fun ! » au quatrième étage. Difficile de choisir parmi les spécimens qui évoluent autour de moi, car elles sont nombreuses à répondre au signalement : une trentenaire ou quadragénaire fertile de l'Upper East Side, remarquablement svelte, rongée de stress, manquant de sommeil mais pas d'argent. Or elles ont tendance à se déplacer en meute et elles ont un faible pour les leggings en cuir et les jeans, ce qui complique ma tâche : je dois trouver non seulement l'animal idoine, mais aussi le moment opportun. J'ai tout mon temps. Ma mission est importante. Jusqu'ici, mes études ont essentiellement porté sur les comportements de groupe au sein de la tribu. Désormais, il me faut les comprendre sur le plan individuel et de fond en comble. Un échantillon sanguin pourrait receler une mine d'informations sur leur physiologie et leurs émotions.

Puis l'une d'elles s'éloigne de ses congénères pour aller passer en revue un présentoir Balenciaga. Mieux encore, elle porte un pantalon très léger. Je la place dans mon viseur et, d'un souffle dans ma sarbacane, je lui envoie une fléchette dans le derrière. Elle erre d'un pas titubant jusqu'aux cabines d'essayage, où elle s'affale à même la moquette épaisse et moelleuse en moins de vingt secondes. Tandis que je la traîne de l'autre côté de l'épais rideau, jusqu'à la plus spacieuse des pièces tapissées de miroirs, Robert Sapolsky, neuroendocrinologue et primatologue ayant consacré sa carrière aux babouins olives de la réserve du Massaï Mara, au Kenya, dont il a étudié le quotidien et les résultats sanguins, me fait entrer et me concède : « Vous commencez à avoir le coup de main, dites donc. »

Nous nous hâtons de prendre ses constantes vitales et de prélever son sang, efficaces, conscients que le temps nous est compté. Notre grand singe femelle, toute menue et bien habillée, reprendra ses esprits sur la moquette duveteuse, et à la vue de la flûte de champagne à demi-vide que nous avons laissée sur le guéridon de la cabine, croira qu'elle s'est elle-même mise dans cet état, et aura trop honte pour en souffler mot à qui que ce soit. En attendant, nous battons le pavé, direction Quest Diagnostics – celui sur la 57e Rue entre Park et Lexington Avenue. Je marche d'un pas sautillant, assaillie par une envie quasi irrépressible de siffloter. Je suis impatiente d'entendre l'histoire que son sang, toujours chaud dans les fioles qui ballottent au fond de mes poches, va nous raconter.

*

Pendant la rédaction de ce livre, cette rêverie me revenait sans cesse, à bord du bus M86 pour traverser le Parc ou coincée dans l'espèce de cratère qui fait office de siège dans le métro, ou encore assise sur un banc près des jeux, à papoter avec d'autres mamans tout en surveillant distraitement mes enfants. La morphologie de nombre des mères de l'Upper East Side que je fréquentais *via* l'école de mon fils aîné ou la garderie de mon cadet en disait long. Leurs figures émaciées, leurs bustes et leurs membres fermes semblant prêts à bondir à tout instant me faisaient penser, lorsque je les croisais dans les couloirs de l'école ou aux déjeuners et galas pour dames où nous allions toutes, à des animaux dressés pour la lutte ou la fuite. Leurs doigts virevoltaient sur leurs iPhone et leurs Blackberry. Leurs mâchoires étaient serrées. Leurs fronts étaient plissés, à moins qu'ils ne soient botoxés, auquel cas leur histoire se lisait sur leurs bouches, déformées par une mouc ou un sourire pincé, le genre de rictus qui n'exprimait aucun plaisir, aucune joie ni décontraction, mais plutôt l'extrême inverse : « Bonjour, je vous ai vue, mais je suis pressée. » Cependant, c'était surtout dans leurs yeux que se lisait leur histoire : des yeux écarquillés, sur le qui-vive, hypervigilants, qui analysaient tout, tels ceux d'une gazelle passant en permanence son environnement au radar, comme s'il en allait de sa vie.

À présent, je savais à quels rites de passage et initiatiques une maman privilégiée de l'Upper East Side devait se soumettre. Je savais que son identité se façonnait en partie grâce à certains rituels seulement assumés comme tels de façon tacite : trouver ce que les narrateurs des romans anglais du XVIIIe siècle appelaient un « beau parti » ; réussir un entretien avec un syndicat de copropriété et entreprendre la rénovation d'un appartement ; envoyer sa candidature à des établissements prestigieux pour ses enfants ; suivre des cours d'aérobic tous les jours ; et prendre part à la *Mommynomics*, le cercle de déjeuners caritatifs, d'événements liés ou non aux écoles de ses enfants qui lui permettaient de forger des alliances stratégiques, et d'asseoir son rang social, voire de gravir les échelons. Mais je me demandais souvent ce que cela *faisait vraiment* d'être l'épouse d'un alpha (ou d'un bêta situé pas loin derrière) et d'élever des enfants en bas âge dans l'Upper East Side. Certes, je m'étais indigénisée, mais je n'en restais pas moins une pièce rapportée, moins aisée que beaucoup de femmes de mon entourage. De rang inférieur, j'étais toujours une nouvelle venue par rapport à certaines. Je ne pouvais donc pas être certaine que le stress ou le malaise que je ressentais lorsque je déposais mon fils à l'école ou lors des événements liés à l'école ou à la garderie valait comme indicateur précis de leur ressenti *à elles*. Autour d'un café et après les réunions parents-professeurs, quelques mamans ouvertes de l'Upper East Side ont mis des mots sur ce que laissaient transparaître leurs visages.

Elles m'ont dit : « Au moindre claquement du radiateur, je fais un bond. »

Et : « L'instit de notre fille nous a rapporté qu'elle avait du mal à trouver un groupe d'enfants avec qui jouer à la récréation, et j'ai fondu en larmes. »

Et : « Mon mari m'a tapoté l'épaule pour me demander quelque chose, et ça m'a tellement surprise que j'ai crié et que je suis tombée de ma chaise. *À la maison.* »

« Je sais *exactement* sur quoi tu devrais écrire », m'annonça un jour Candace, à bout de souffle, autour d'un déjeuner. Après avoir furtivement puisé quelque chose dans son sac, elle l'enfourna dans sa bouche. Elle était arrivée en retard – « Embouteillages monstres », dit-elle en guise d'excuse – et avait appris, à peine vingt-quatre heures plus tôt, que son fils avait subi une commotion cérébrale lors d'un match de football. Son mari était à la recherche d'un nouvel emploi. Candace n'avait pas bien dormi, je le devinais ; ses yeux étaient cerclés de noir. Elle avait perdu du poids, aussi, et paraissait maigre à s'envoler dès la première bourrasque. J'avais envie de la réconforter mais j'avais également envie d'entendre ce qu'elle avait à me dire, elle qui comprenait en profondeur les hommes et les femmes hypracompétitifs, ayant ultra bien réussi, dont j'étudiais le mode de vie. Après tout, elle était mariée à l'un d'entre eux et, en tant qu'organisatrice d'événements très sélects, elle gérait depuis des années la logistique des *baby showers* (fêtes prénatales) et autres goûters d'anniversaire démesurés commandités par certains des acteurs les plus riches et les plus puissants de Manhattan. Elle les avait vus au plus bas, la garde baissée.

« Sur l'*anxiété*, susurra Candace avec une certaine urgence dans la voix, par-dessus la table. Ta tribu de mamans et l'anxiété.

— Très bien », répondis-je, songeuse. Puis je me risquai à demander : « Euh, dis-moi, c'était quoi, ce cachet, Candace ?

— Ativan », m'informa-t-elle de but en blanc. Elle expira en souriant et se laissa tomber contre le fauteuil en cuir, ses épaules et son visage enfin détendus. Elle était magnifique et radieuse, tout à coup, soudain redevenue elle-même, et elle suggéra : « Prendrons-nous du vin, très chère ? »

*

L'anxiété et le stress sont des maladies occidentales, des afflictions propres aux WEIRD, l'acronyme inventé par l'anthropologue américain Jared Diamond pour désigner les peuples *Western, educated, industrialized, rich, democratic* (occidentaux, instruits, industrialisés, riches, démocratiques). En croisant les données nationales concernant un cas de figure où l'anxiété confine au dérèglement, à la phobie sociale, on voit qu'elles parlent d'elles-mêmes. Tandis que le taux de personnes atteintes de phobie sociale en Chine, en Corée, au Nigeria et à Taïwan est de un pour cent, ce taux est presque dix fois plus élevé aux États-Unis. Un Américain sur quatre subira l'angoisse de façon sévère et durable à un moment donné de sa vie.

Et les citadins sont tout particulièrement stressés et anxieux, et cela prend des proportions extraordinaires, nous disent les chercheurs. Les rues et les bus bondés, le prix exorbitant des vêtements, de la nourriture et du logement, le vacarme des marteaux-piqueurs nous donnent l'impression d'être menacés et de moins maîtriser les choses, ce qui fait grimper les taux d'anxiété, de stress et de maladies générées par celui-ci. En effet, ces conditions spécifiques à la vie en ville ont modifié le cerveau humain, altérant notre cortex cingulaire et notre amygdale, selon un cercle particulièrement vicieux, si bien que ces derniers sont encore moins aptes à gérer le stress que ceux de nos cousins campagnards.

Le biologiste et neurologue Robert Sapolsky, mon complice de la rêverie chez Bergdorf Goodman, a retracé comment le stress, jadis un moyen d'adaptation indispensable, a été détourné de sa fonction première pour devenir une énigme contemporaine unique en son genre : le stress chronique, doublé de sa vassale sur le plan affectif – l'anxiété chronique. « Pour le mammifère moyen, explique-t-il, le stress se résume à trois minutes de terreur dans la savane, après quoi le stress retombe, ou c'est vous qui tombez. » Le stress s'est développé en tant qu'état physiologique utile, à très court terme, et susceptible de vous sauver la vie : votre cœur se met à battre la chamade pour faire affluer l'oxygène ; vos poumons augmentent la cadence, votre corps désactive tout ce qui est contingent au profit de la survie immédiate (pourchassée par un lion, on met en veilleuse l'ovulation, la croissance, les dépenses d'énergie pour réparer les tissus endommagés… on verra ça plus tard). Ces brefs et violents accès de terreur entraînent une montée hormonale du taux de stress, générée par l'adrénaline ou le cortisol. Une fois qu'on a réussi à déjouer l'attaque du lion ou à lui échapper, les taux sanguins de ces hormones redescendent.

En revanche, de nos jours, « nous activons la réponse par le stress même lors d'événements purement psychologiques, or ce n'est pas pour cet usage qu'il s'est développé », observe Sapolsky. Notre pression artérielle grimpe jusqu'à 18/12 non pas en vue de nous sauver la vie, mais parce que nous sommes coincés dans les embouteillages ou parce que nous angoissons en pensant aux attentats. Et nous ne savons pas où se trouve le bouton OFF. Alors, très vite, le stress d'adaptation devient du stress chronique et de l'anxiété perpétuelle. À l'heure actuelle, « les hormones que jadis nous utilisions pour sauver nos vies sont sécrétées […] en permanence, quand nous nous inquiétons pour la couche d'ozone ou que nous devons prendre la parole en public ». L'une des découvertes majeures de Sapolsky fut d'affirmer que chez les mammifères organisés selon un système hiérarchique, comme les babouins et les humains de l'Upper East Side, le rang social peut engendrer un stress colossal et aller jusqu'à modifier la composition du sang, l'esprit et le corps d'un individu, surtout dans les contextes où les positions sont instables et où les individus manœuvrent pour monter en grade. Nous tenions là une bonne piste.

*

Il y aurait tant à apprendre d'une goutte de sang, qui ressemble à une goutte de vin, songeais-je tandis que nous étions attablés chez mon beau-frère et son épouse pour la Pâque. Mon fils aîné aimait beaucoup cette célébration, ses rituels autour de chaque mets, les lavements de mains et les prières. Mon cadet adorait les attentions de ses cousins qui le chouchoutaient, et les chansons – le fait de devoir rester assis sans bouger, un peu moins, par contre. Je m'étais ouverte à cette tradition et au judaïsme de la même façon que j'en étais venue à pouponner dans l'Upper East Side : *via* le mariage. Ainsi, voir mes nièces et neveux, mon beau-frère et ma belle-sœur exécuter les gestes sacrés restait nouveau et fascinant à mes yeux, et j'étais presque aussi émerveillée que mes enfants. À un moment, lors de la Haggadah, lorsque nous énumérions les dix plaies d'Égypte, ces punitions que Dieu fit pleuvoir sur Pharaon pour avoir refusé de laisser partir les Israélites, nous trempions notre doigt dans nos verres afin de déposer des gouttes de vin sur le rebord de nos assiettes, une pour chaque plaie. Les eaux du fleuve changées en sang. Les grenouilles. Les poux. Les mouches. La mort des troupeaux. Les furoncles. La grêle. Les sauterelles. Les ténèbres. La mort des premiers-nés. Tout en écoutant la litanie, je dressais une autre liste dans ma tête, une autre version des plaies : les afflictions qui frappaient les femmes de la tribu que je connaissais si bien, à présent. Les poux. Les inscriptions à l'école. Les campagnes de mobilisation de fonds. Les maris toujours en déplacement. La compétition intrasexuelle. Le divorce. Il y en avait d'autres, je le savais. Beaucoup d'autres.

Dieu merci, il y avait toujours une goutte de vin.

*

À mesure que je devenais plus proche des mamans de l'Upper East Side qui évoluaient autour de moi, et que les autres persistaient à garder leurs distances, la notion d'« appartenance » se mit à me préoccuper de plus en plus : que signifiait-elle en définitive, pour moi comme pour les femmes qui étaient désormais devenues mes amies, et pour celles qui ne l'étaient pas ? Une partie de moi aspirait à s'intégrer et à être acceptée par tous les membres de ma tribu adoptive. Il faut dire que les primates sont des êtres profondément affectueux et extrêmement prosociaux, des caractéristiques qui nous différencient des autres espèces : à l'instar des chimpanzés, des babouins et des macaques, les connexions avec nos semblables nous importent plus que pratiquement tout le reste, même si nous sommes des mamans un tantinet cyniques au cœur d'une grande métropole. Je ne m'étais toujours pas remise de cette période où l'on m'avait traitée comme un paria, refusant de nous inviter, mon fils et moi, ou de répondre à mes sollicitations pour qu'il puisse jouer hors école avec ses petits camarades. J'avais conscience que ce genre de bizutage n'était pas rare entre grands primates, du genre humain ou pas, et je doute que ces gestes d'exclusion et les fois où l'on m'avait tourné le dos de façon ostentatoire et explicite aient été personnellement dirigés contre moi. Pourtant, il subsistait dans une des zones les plus primitives de mon cerveau la peur de me voir à nouveau exclue, un jour. Toutes les femmes veulent rentrer dans le moule – qu'elles soient hippies à Berkeley, mamans d'élèves à Omaha ou nouvelles venues à TriBeCa (ayant quitté l'Upper East Side pour s'installer *downtown*, au sud de Manhattan). Une partie de moi était prête à tout pour marcher droit : m'habiller selon leurs codes vestimentaires, prêter main-forte aux différents comités de l'école, me rendre aux déjeuners mondains. Pendant ce temps-là, mon lobe frontal, perplexe, se demandait ce qui se produirait si je ne jouais pas le jeu, ou si je n'étais pas en mesure de le faire. Comment en arrivait-on à se brouiller avec la tribu, et que se passait-il alors ?

Le divorce et la diminution de revenus – le fléau du double D, comme je l'avais baptisé, à l'époque – semblaient être les deux cas de figure les plus susceptibles de précipiter votre expulsion du groupe. Une fois divorcée, une femme n'aura très certainement plus les moyens de continuer à jouer dans la cour des grands : elle ne pourra plus se payer les billets pour assister aux événements mondains, ni pour partir en week-end à Saint-Barth, Paris ou Miami. Elle sera moins sollicitée pour cette raison… mais aussi pour une autre : la compagnie des femmes divorcées insuffle souvent à leurs congénères la peur d'être la suivante sur la liste. « Ça pourrait m'arriver à moi aussi », se disent-elles. Ainsi que : « Elle est à l'affût, et elle pourrait très bien essayer de piquer le mari de quelqu'un. » Comme me le confia un membre de la tribu divorcée : « C'est "merci, au revoir", pour moi, à présent. Les cinquièmes roues du carrosse, ça fait peur. » Un membre de la tribu ayant divorcé pourra conserver une ou deux amies, mais sa vie sociale s'en verra considérablement réduite.

Songer que votre vie pouvait s'effondrer d'un jour à l'autre si votre mariage venait à capoter avait indéniablement quelque chose de terrorisant. Mais l'histoire que j'avais vraiment du mal à digérer, c'était celle d'une femme que j'appellerai ici Lena. Si j'en crois ce qu'on raconte, son mari et elle ont presque tout perdu lors de la crise de 2008. La villa en front de mer dans les Hamptons du Sud. L'appartement standard de sept à huit pièces sur Park Avenue. Ils durent retirer leurs enfants des écoles privées prestigieuses dont ils avaient été de généreux bienfaiteurs et où ils avaient siégé au conseil d'administration, ayant même voix au chapitre en matière d'admission, ce qui, en retour, leur octroyait un capital culturel colossal. Envolé, tout cela. Ils déménagèrent pour s'installer sur la 110e Rue. Sans en souffler mot à qui que ce soit, Lena accepta un emploi dans un grand magasin dans un centre commercial cossu d'une banlieue cossue de Manhattan. D'un côté, c'était un acte de pure nécessité. Mais, vu sous un autre angle, c'était aussi un acte de bravoure, car cela revenait à rétrograder. Plusieurs femmes de ma connaissance se présentèrent à la boutique en question un jour et furent outrées de constater que Lena se trouvait désormais de l'autre côté du miroir, payée pour leur apporter les paires de chaussures de leur choix. D'autres auraient pu se montrer solidaires de Lena et organiser une excursion collective jusqu'au magasin huppé où elle travaillait, histoire de lui offrir un jour de commissions mirobolantes. Elles auraient pu lui tendre la main, voire lui lancer une bouée. Je me rassure en me disant que, à leur place, je l'aurais fait. Au lieu de cela, ses ex-congénères l'évitèrent. Cela ne me surprit pas, au final. Mais cela me mit en colère. L'épisode eut le mérite de me rappeler à quel point ces femmes que je côtoyais me demeuraient étrangères, de mettre en exergue le fossé entre leurs sentiments et actes et les miens. On aurait dit qu'elles vivaient au sein d'une caste et que, à leurs yeux, Lena était souillée pour toujours, rendue impure selon les rituels propres à leur foi. Sa disgrâce avait quelque chose de terrifiant… Et elle avait été érigée au rang de tabou. Certaines de ces femmes craignaient peut-être que Lena se sente humiliée en leur présence, mais cela m'aurait fort étonnée. Et puis, était-ce une raison valable pour abandonner une amie ?

« On dirait presque que la réaction qu'on te dicte d'avoir quand une copine a des soucis, c'est "marche ou crève" », m'expliqua autour d'un café une femme fraîchement divorcée de son mari riche et influent. La Reine des Reines des Abeilles ne daignait même plus lui adresser la parole… Je lui fis remarquer qu'elle ne s'en porterait sans doute pas plus mal. Mais je n'ignorais pas qu'être ainsi ostracisée, lâchée comme une vieille chaussette devait être très difficile à vivre, et je compatissais à son sort, tout comme à celui de Lena.

En fin de compte, on raconta que Lena et son mari avaient quitté la ville. Je fus contente et soulagée d'apprendre qu'elle s'était convertie au bouddhisme, et qu'elle était heureuse. Or, aux yeux de certaines, elle n'existait même plus. « Je crois qu'elle s'est installée dans une sorte de repaire pour hippies ? Et qu'elle s'est fait embrigader dans une secte ou un truc du genre ? » Ainsi me furent décrits les faits par une femme que j'avais interrogée à propos de Lena. Elle était morte.

*

La culture de l'Upper East Side où elles évoluaient constituait en soi un fléau colossal pour ma tribu de mamans. Là, l'injonction de rentrer dans le moule, la recherche de la perfection et l'importance des apparences qu'il fallait sauver à tout prix sont incroyables et ne vous laissent pas une seconde de répit. Quand au début j'ai réalisé, dans ce quartier, qu'il me faudrait m'habiller chic pour aller chercher du lait à la supérette du coin, ce n'était, en fait, que la partie émergée de l'iceberg. Il faudrait être sourd aux obligations sociales pour ne pas percevoir cette pression qui vous contraignait à être toujours impeccablement mise, impeccablement apprêtée, impeccablement coiffée et toujours au bon endroit, en bonne compagnie, au bon moment. Mais quelque chose se joue également à un autre niveau, plus en profondeur. L'histoire de Lena nous enseigne que, à l'instar des sociétés bédouines ou roms, la culture de l'Upper East Side est ancrée dans la dichotomie honneur/honte. La honte et la peur de ne pas rentrer dans le moule, de se brouiller avec le groupe ou de se voir ostraciser, bien plus que la peur d'aller en prison ou en enfer, sont les principaux moyens de contrôle social. Et dans l'Upper East Side comme en Chine ou au sein de certaines tribus amérindiennes, nul n'est à l'abri de perdre son honneur et « la face » : pas l'élément physique qui vous sert à parler, à manger et que vous enduisez de maquillage, non, votre prestige, votre réputation, votre véritable identité. Marcel Mauss écrivit ceci au sujet des peuples pacifiques qu'il avait rencontrés dans les Antilles :

« Le noble kwakiutl et haïda a exactement la même notion de la “face” que le lettré ou l’officier chinois. On dit de l’un des grands chefs mythiques qui ne donnait pas de potlatch qu’il avait la “face pourrie”. Même l’expression est ici plus exacte qu’en Chine. Car, au nord-ouest américain, perdre le prestige, c’est bien perdre l’âme : c’est vraiment la “face”, c’est le masque de danse, le droit d’incarner un esprit, de porter un blason, un totem, c’est vraiment la *persona*, qui sont ainsi mis en jeu, qu’on perd au potlatch, au jeu des dons, comme on perd à la guerre ou par une faute rituelle[1]. »

Ou bien, pourrait ajouter Marcel Mauss aujourd’hui, à propos des femmes dont j’avais fait mon sujet d’étude, en perdant son argent. Ou en attrapant des punaises de lit.

Si les punaises de lit et les poux sont une réalité problématique et stressante pour tous les New-Yorkais, aux yeux d’une maman privilégiée de l’Upper East Side comme Gina, ils représentent une menace d’une autre nature. Gina en sanglota des jours durant… pas seulement parce que s’en débarrasser coûte très cher en argent, en temps et en énergie. Pas seulement, non plus, parce qu’elle était criblée de morsures qui la démangeaient et que, même dans son lit, elle ne trouvait ni répit ni détente. Et pas uniquement parce que sa famille ne pourrait peut-être pas revendre l’appartement pendant plusieurs années après l’infestation, en vertu des nouvelles lois obligeant les vendeurs à informer tout acquéreur potentiel que leur bien principal avait

1. Marcel Mauss, *Essai sur le don*, PUF, coll. « Quadrige », 2007, p. 148-150.

subi des invasions de nuisibles. Non, cette crainte ne figurait pas en tête de ses inquiétudes. Gina avait surtout très, très peur que son malheur n'arrive aux oreilles de ses amies. Son identité, entre autres, s'articulait autour de sa capacité à accueillir les petits camarades de ses enfants pour des sessions de jeu, et à avoir un intérieur irréprochable. Ces punaises de lit faisaient planer sur elle une éventualité qui la terrorisait : celle d'être ostracisée du groupe. « Plus personne ne voudra venir ici ! » se lamenta-t-elle auprès de moi. Si ses enfants cessaient d'avoir une vie sociale, alors elle aussi. Et nous savons tous ce qui s'ensuit pour ceux qui ne sont plus affiliés socialement dans un milieu de ce genre : la mort sociale (voire la mort physique, si vous êtes un babouin).

Parmi les mères que je côtoyais, beaucoup éprouvaient le même sentiment exacerbé de honte sociale et d'humiliation que Gina, et cela valait non seulement pour les catastrophes de l'intime comme les divorces ou les banqueroutes, mais aussi pour les deux ou trois kilos en trop, pour l'enfant qui avait besoin d'ergothérapie ou pour les fois où elles ne pouvaient pas se payer deux semaines de ski à Aspen. Dans un monde où vous n'êtes pas censée avoir le moindre gramme de cellulite, ni le moindre cheveu de travers, un monde où votre être tout entier dépend de ce que vous donnez lors d'un potlatch ou de la façon dont vous tenez votre intérieur, ou de l'attitude irréprochable de votre progéniture, on peut perdre la face pour trois fois rien. S'il n'y a aucun péché, et sans doute aucun Dieu – la tribu étant monothéiste de tradition, mais majoritairement post-religieuse –, la honte, elle, est bien là. Si, à l'origine, elle vous semblait à des années-lumière, une fois pris dans cette logique culturelle où l'on peut perdre la face si aisément, il devient clair que la simple éventualité de subir une telle humiliation publique peut générer un stress bel et bien réel. Leurs traits tirés et émaciés. Une autre goutte de vin.

*

Candace ne se trompait pratiquement jamais au sujet de la tribu, et, suivant la piste qu'elle avait défrichée pour moi, je découvris qu'il existait en effet une sorte de fossé entre les genres sur le plan de la vulnérabilité à l'anxiété. Les femmes des pays développés (mais pas celles des pays en voie de développement) sont *deux fois* plus susceptibles d'être sujettes à des troubles anxieux que les hommes. Toutefois, je pensais que ma tribu serait l'exception qui confirme la règle. Après tout, je savais par expérience qu'être une maman relativement privilégiée à Manhattan vous octroyait certains avantages non négligeables : la possibilité de vous prémunir non seulement contre les catastrophes telles que contracter une maladie grave sans être assurée, ou ne plus pouvoir nourrir vos enfants, mais aussi contre les agressions quotidiennes de la vie dans les grandes métropoles, par le truchement d'un massage ou d'un week-end au vert. Avec leur richesse exponentielle, leurs jets privés, leurs trois semaines de vacances Caraïbes/Aspen (ou îles Turques-et-Caïques/Vail), leurs escapades d'une semaine entre filles à Canyon Ranch, les somptueuses demeures sur Further Lane pour s'éloigner encore plus de la foule déchaînée des grandes villes, j'imaginais que les mamans ultrariches de l'école ou de la garderie où allaient mes fils seraient d'un calme également exponentiel. Savoir vos enfants dans le meilleur établissement scolaire entre tous, ou entre les mains de la meilleure nounou possible (dénichée *via* une agence qui prélevait une commission très conséquente pour mettre en relation des parents avec *la crème de la crème*[*] des assistantes maternelles), devrait vous apporter un certain degré de sérénité et de certitude quant à leur bien-être, non ? Tout cela devrait suffire à dissiper les soucis de quiconque. Toute autre forme de stress et d'anxiété était sans doute créée de toutes pièces par ces femmes qui se rongeaient les sangs pour des broutilles, oubliant de vivre le moment présent, de jouir de tout ce qui leur était donné.

J'avais tort.

Eh bien, oui, le vieil adage dit vrai : une fois que certaines calamités comme la pauvreté, la maladie et la faim ne peuvent plus vous atteindre, l'argent ne fait pas le bonheur. Et il ne vous offre aucun répit, aucune trêve au milieu de toute cette anxiété. C'est même précisément l'inverse qui semble se produire : une ribambelle de facteurs spécifiques à leur niche écologique vient se superposer aux éléments déjà stressants de la vie citadine, faisant des mamans riches de l'Upper East Side les suprêmes boules de stress que l'on sait. Quand on vit en état de relâchement des pressions de compétition interspécifique au sein d'une culture ancrée dans la dichotomie honneur/honte, la maternité constituait, comme je m'en rendais compte peu à peu, un terreau idéal pour l'anxiété. Leurs vies parfaites étaient, sur pas mal de points fondamentaux, un véritable cauchemar au niveau psychique.

Le culte de la « maternité intensive », un concept propre à l'Occident et réservé aux riches, était vraiment un fléau aux yeux de celles qui me servaient de sujets d'étude. La sociologue Sharon Hays, à qui l'on doit l'expression « maternité intensive », la définit ainsi : « un modèle genré qui contraint les mères à consacrer énormément de temps, d'énergie et d'argent à l'éducation de leurs enfants ». Une disponibilité émotionnelle permanente, une surveillance sans relâche de l'état psychologique de leurs enfants, l'organisation d'activités et la « promotion » de leur « développement intellectuel » : on n'en attend pas moins des femmes qui ont les moyens, observe Hayes, et ne pas pourvoir à leurs besoins de façon exhaustive ou se contenter de laisser tranquilles leurs rejetons frôle la négligence. Les mères de ma tribu, contrairement à la mienne, étaient toujours mobilisées : ateliers cuisine pour enseigner les fractions à leurs bambins, musée pour des visites pédagogiques et implication dans la vie de l'école. Selon ce paradigme, la maternité est une tâche anxiogène et harassante qui vous occupe vingt-quatre heures sur vingt-quatre, sept jours sur sept et dont les enjeux sont colossaux. Dans l'Upper East Side, personne, ou presque, ne se dira qu'en laissant un enfant échouer et en ressentir de la frustration une mère renforcera peut-être sa propre résilience, ce qui pourrait faire d'elle quelqu'un de plus heureux, de plus solide. Non, si votre enfant ne réussissait pas – à obtenir presque cent pour cent à son examen de l'Educational Records Bureau, à produire un superbe dessin en cours d'arts plastiques, à bien négocier le parcours d'obstacles ou la course de vitesse –, on ne voyait pas, semblait-il, les bienfaits de cette expérience en termes d'apprentissage, on n'y voyait qu'une preuve supplémentaire de votre propre échec en tant que parent.

Toutefois, si vous vivez la maternité de façon intensive, si vous faites tout bien, vous courez aussi le risque d'être étiquetée « maman hélicoptère » et d'être réprimandée pour avoir broyé vos enfants. Une étude réalisée auprès de cent quatre-vingt-une mères ayant des enfants jeunes a montré que celles qui optaient pour la maternité intensive étaient sujettes à l'anxiété et à la dépression. D'un autre côté, choisir la solution de facilité et lire la presse à scandales pendant que vos enfants regardent la télé fait de vous une Mauvaise Maman. Difficile d'imaginer situation plus éloignée du scénario évolutionniste de la maternité – des gamins de tous âges traînant en groupe à longueur de journée, les plus jeunes acquérant des compétences auprès des plus âgés afin de pouvoir se rendre utiles à la maison, tandis que les mamans passent du temps avec leurs sœurs et leurs cousines, à assumer ensemble le rôle de parents – que cette plaie qu'est la maternité intensive. Une autre goutte de vin sur le rebord de l'assiette.

Je finis par m'apercevoir qu'avoir un large éventail de choix et l'argent pour les réaliser représentait une autre plaie pour ma tribu de mamans. État de fait qui tout d'abord me surprit : on dit souvent que les riches ont des options que les pauvres n'ont pas, et qu'avoir le choix est un privilège. Et pour cause. Avoir la possibilité d'envoyer votre enfant dans une école privée avec des classes à effectif réduit plutôt que dans une école publique surpeuplée est un avantage incontestable. Tout comme celle de choisir entre les deux voitures les plus sûres car vous pouvez vous payer l'une comme l'autre, plutôt que de devoir acheter la voiture la moins chère, mal notée en matière de sécurité. Dans ces cas particuliers comme dans d'autres circonstances, avoir le choix et l'aisance financière qui le rend possible (quelle Volvo ? Quel oncologue ? Quelle nounou sortie de chez Norland ?) améliore votre qualité de vie, mais peut aussi vous sauver la vie tout court. Cependant, l'observation et la pratique des us et coutumes des mamans de mon entourage m'ont appris ce que les chercheurs corroborent : avoir trop de choix est source de stress. Être confronté à plus de trois ou quatre options augmente les effets négatifs tels que le regret, les attentes mirobolantes et la déception. Plus le spectre du choix s'élargit, plus ces effets négatifs s'intensifient, jusqu'à déboucher sur l'*anxiété*. Un seul facteur peut atténuer ces désagréments : *si les participants ne sont pas tenus responsables de leurs choix*. Avec la maternité intensive et privilégiée, on est dans le cas de figure inverse. Vous êtes entièrement responsable d'avoir opté ou non pour le siège auto ou la poussette les plus sûrs, ou pour la meilleure carotte bio, choix susceptibles d'altérer votre vie et celle de l'enfant. « Je ne sais pas du tout laquelle choisir ! » s'exclama un jour une maman à mon attention à la cafétéria de l'école maternelle, une pile de CV de nounous posés devant elle. Elle s'apprêtait à reprendre le travail à plein temps. « Et ce n'est pas une décision qui se prend à la légère, en plus. C'est de *mes* enfants qu'il s'agit. »

C'est un problème de riches, du « premier monde », me direz-vous. Eh bien, oui, c'est exactement cela, et au premier degré. Dans la majeure partie du monde, la garde des enfants n'a rien de problématique, car l'expression « il faut un village pour élever un enfant » est un mode de vie, pas un simple slogan asséné à coups d'autocollants. Ainsi, les femmes peuvent travailler, se sentir épanouies et avoir une vie propre en dehors de la maternité, le tout sans culpabiliser. Ni angoisser. Une autre goutte de vin.

Les nounous (hommes ou femmes), les gouvernantes, les femmes de ménage sont les principales alliées d'une maman favorisée. Et il n'est pas rare, comme je l'ai appris à mes dépens ou de la bouche d'autres mères, qu'elles deviennent leurs pires ennemies. Et une source d'anxiété considérable. Avant d'avoir des enfants et de m'installer *uptown*, je m'étais toujours imaginé qu'entretenir des relations cordiales avec les gens travaillant chez vous, à votre service, n'avait rien de compliqué. Si j'étais « gentille » et respectueuse, notre nounou serait « heureuse » et ferait bien son boulot. Point barre. Les femmes ayant maille à partir avec leurs nounous et leurs femmes de ménage devaient sans doute abuser de leur pouvoir sur des gens qui en étaient dépourvus, et elles payaient le prix de leur mesquinerie. Mais vivre de l'intérieur ce genre de rapports, comme je ne tarderais pas à le comprendre, revenait à découvrir à quel point ceux-ci sont plus intéressants, complexes et anxiogènes que ne le suggère un ouvrage comme *Le Journal d'une baby-sitter*. Tout d'abord se pose la question de l'argent. Maintes assistantes maternelles de ma connaissance gagnaient au moins cent mille euros par an et sillonnaient la planète à bord de jets privés. Elles avaient droit à des congés payés, la moitié ou la totalité de leur couverture maladie était prise en charge et elles recevaient de généreuses primes les jours fériés. On est loin des mines de sel… C'est pourquoi j'ai toujours été sidérée qu'il y ait des luttes de pouvoir entre les nounous de ce standing et leurs patronnes (je dis bien « patronnes », puisqu'il est très rare qu'un père de la tribu s'implique activement dans l'intendance du foyer). « Elle croyait que j'avais plus besoin d'elle qu'elle n'avait besoin de moi, me confia une femme abattue, au sujet d'une descente aux enfers somme toute assez classique, allais-je constater, dans la relation nounou/femme de ménage/patronne. Dès qu'elle a réalisé à quel point elle était indispensable, elle s'est mise à réclamer de plus en plus. Si bien que, au bout d'un moment, on a vraiment eu l'impression de se faire exploiter. »

À vrai dire, si les mamans détiennent tout l'argent, ou presque, ce sont les nounous qui détiennent le pouvoir : celui de faciliter nos vies, ou de chambouler nos emplois du temps et nos existences, intentionnellement ou pas, et celui de prendre soin des membres les plus vulnérables de nos familles. Il y a des tas de nounous géniales et aimantes, ici et ailleurs. La nounou d'une amie a suivi des séminaires de puériculture au centre socioculturel juif de Manhattan ; non pas à la demande de ses patrons, mais de sa propre initiative. Mon amie n'en avait eu vent que le jour où elle était tombée sur les notes de la nounou, consignées dans un anglais très approximatif et phonétique puis minutieusement traduites en espagnol, pliées et posées sur le plan de travail à côté de son sac à main. Sans qu'on le lui ait intimé et sans aucune compensation financière, cette femme s'était infligé des heures de casse-tête par loyauté vis-à-vis des enfants dont elle s'occupait et de ses patrons, mais aussi afin d'être une meilleure nounou. Une autre avait risqué sa vie quand l'échafaudage recouvrant la façade d'une supérette dans l'Upper West Side s'était effondré pour retrouver le bébé dont elle avait la responsabilité. Bravant l'interdiction des secouristes, selon qui c'était trop dangereux, elle avait plongé sous la carcasse broyée, trouvé et récupéré le bébé (qui était sain et sauf, mais qui ne le serait peut-être pas demeuré longtemps sans la bravoure et le dévouement de la jeune femme).

Bien évidemment, il existe des nounous qui nourrissent de la rancœur, qui n'ont aucune expérience, n'éprouvent aucun intérêt pour la puériculture et ne s'y collent que « le temps de trouver ce [qu'elles ont] vraiment envie de faire » (des étudiantes ayant à peine plus de la vingtaine, en général) ou faute de qualification pour exercer un autre travail. Certaines sapent votre autorité. D'autres traduisent en actes leur frustration. D'autres encore sont malavisées et ont une attitude exécrable. Un jour où le vent s'était mis à souffler si fort et si subitement que la police sommait la population de ne pas rester dans la rue, une amie appela sa nounou pour lui demander de rentrer à la maison avec les enfants. Par la suite, son fils de sept ans lui rapporta qu'après avoir raccroché la nounou avait pesté : « Ta mère est carrément ridicule, tu n'as pas idée. » Pour tout vous dire, il existe des nounous qui, par agressivité passive, se font porter pâle les jours où les mamans ont noté des événements importants sur le calendrier familial. Ou qui quittent la maison dans tous leurs états pour exprimer leur ras-le-bol. Il y a des luttes de pouvoir entre nounous et mamans. Elles se disputent. Bien souvent, elles bouillonnent sous le même toit, chacune ayant besoin de cette autre qui lui sort par les yeux. Elles sont aux prises avec les mécanismes complexes de la différence socio-économique et culturelle (dans le cas où la nounou est originaire d'un autre pays), du grand écart de maturité (dans le cas où la nounou a la vingtaine) et de l'envie (« Mes enfants la voient plus qu'ils ne me voient moi ! » pourra enrager une maman ; « Pourquoi elle possède tout ça alors que moi j'ai beaucoup moins ? » pourra fulminer une baby-sitter, les deux coincées entre quatre murs). Avoir une nounou ou être une nounou ayant une maman pour patronne peut s'avérer aussi aidant qu'exaspérant. En tout cas, jamais je n'ai entendu personne qualifier cette situation de « facile ».

L'alchimie entre soi-même et une nounou s'apparente au jeu du quitte ou double. C'est un des facteurs déterminants, si ce n'est *le* facteur déterminant du taux de stress et de la qualité de vie d'une maman de l'Upper East Side. À une époque, j'aurais sans doute balayé ce genre de griefs d'une remarque moqueuse : « Mais tu n'as qu'à la virer ! » Maintenant que j'ai vécu cette expérience, je me dis : « OK, je la vire, mais ensuite, *je fais quoi* ? » Dans un modèle sociétal où, comme l'a observé Anne-Marie Slaughter, les infrastructures de garde sont inexistantes, où le gouvernement n'impose aucun critère, aucune vision d'ensemble, aucune homologation des assistants maternels, les mères et les nounous sont trop dépendantes les unes des autres et les options trop restreintes pour que les choses soient simples. Une autre goutte de vin.

Puis il y a le nœud gordien, cette plaie faisant peser une triple menace sur ma tribu : l'équation fatale entre restriction de calories, chute vertigineuse du taux d'œstrogènes et insomnie qui mine toutes les jeunes mères que j'ai interrogées sur le sujet. Comme j'en ai fait les frais à un moment de ma carrière de maman dans l'Upper East Side, le manque de sommeil, les dérèglements hormonaux et la faim peuvent rendre terriblement malheureuse et anxieuse. Certes, les femmes qui retardent l'échéance du mariage et de la procréation ont davantage de recul, un cerveau mieux pourvu en myéline que leurs congénères de moins de trente ans et, en général, une situation sociale et financière plus stable. Mais elles sont moins énergiques que leurs homologues plus jeunes. Et elles ont plus de mal à recharger leurs batteries en s'octroyant le repos qui leur manque si cruellement. Puisque les taux d'œstrogènes déclinent et, dans certains cas, dégringolent passé trente-cinq ans, le sommeil se met à leur échapper. Un taux d'œstrogènes bas ne fait pas que vous maintenir éveillée contre votre gré. Les chercheurs ont découvert que la vulnérabilité des femmes à l'anxiété et aux troubles de l'humeur pourrait être due, en grande partie, à la baisse de leur taux d'œstrogènes. Les œstrogènes atténuent les réactions de peur chez les femmes et les rates en bonne santé : chez des femmes se prêtant à un exercice d'extinction de la peur encadré par des chercheurs, plus on relevait d'œstrogènes dans leur sang, moins elles étaient enclines à sursauter. En résumé, lorsque votre niveau d'œstrogènes est au plus bas, votre aptitude à rester calme l'est aussi.

Ajoutez au tableau de ces plaies l'un des impératifs les plus singuliers de l'Upper East Side : avoir le corps le plus athlétique possible, sans un gramme de graisse, digne d'une sylphide. Lors d'un voyage d'affaires à Abuja, au Nigeria, mon mari s'est rendu au marché pour me trouver un cadeau. Une femme rondelette vêtue d'une chatoyante robe traditionnelle, qui l'aidait à s'y retrouver parmi les habits aux coloris vifs présentés sur son étalage, lui demanda : « Est-ce que votre femme est grosse ? » Lorsque, confus, il répondit : « Quoi ? Mais non, elle est mince ! » la femme baissa les yeux, gênée. En substance, sa question voulait dire : « Est-ce que votre femme est belle et en bonne santé ? Est-ce que vous êtes un homme riche ? » Même lorsqu'il la paya en la remerciant pour sa coopération, elle continua de se dérober à son regard, me relata-t-il. Sa femme était maigre et il l'avait *avoué*. Il aurait tout aussi bien pu être couvert de furoncles. Or, ici, dans l'Upper East Side, rien ne part plus vite qu'une taille trente-quatre. Les femmes sont minces, très minces, superminces. La minceur est notre étalon en termes de beauté et de richesse, et les critères sont draconiens. « Hormis à Hollywood et dans le monde du mannequinat, je ne connais aucun endroit où les femmes se mettent autant la pression pour être fines », fit observer Stephanie Newman, psychanalyste exerçant à Manhattan, depuis son cabinet dans l'Upper East Side où elle suivait de nombreuses patientes atteintes de troubles de l'alimentation. Et plus vous êtes rachitique, affirment les endocrinologues, moins vous produisez d'œstrogènes. Si la graisse n'est pas nécessairement bonne pour la santé, les cellules adipeuses sont œstrogéniques, et cette hormone contribue à émousser l'anxiété. Minceur et nervosité sont aussi inséparables que Dolce&Gabbana, il faut croire.

Être mince, avoir faim et substituer à un repas complet une dose de jus de chou kale, habitudes chères à la tribu que j'étudiais, n'affecte pas que votre taux d'œstrogènes. Les conditions imposées aux participants lors d'une célèbre étude sur la sous-nutrition menée sur trente-six objecteurs de conscience pendant la Seconde Guerre mondiale sont la copie quasi conforme des pratiques quotidiennes de plus d'une femme de l'Upper East Side, ainsi que des recommandations types aux États-Unis en matière de régime : arriver à un déficit journalier de cinq à six cents calories en vue de perdre cinq cents grammes à un kilo par semaine (les participants à cette étude ingurgitaient mille six cents calories par jour et marchaient trente-cinq kilomètres par semaine, dans le but de perdre environ un kilo et demi par semaine). Au cours de l'exercice, les hommes observés ne tardèrent pas à être sujets à des accès de léthargie, d'irritabilité et d'anxiété prononcées, ainsi qu'à des vertiges, une intolérance au froid, des chutes de cheveux, des bourdonnements intempestifs dans les tympans, une incapacité à se concentrer et une perte de libido. Ils devinrent obsédés par la nourriture et élaborèrent des rituels sophistiqués qu'ils observaient lorsqu'ils s'attablaient, tout comme les anorexiques ritualisent la préparation des plats et la consommation des aliments.

En un mot, l'expérience avait des airs de déjeuner en semaine chez Sant Ambroeus. N'oublions pas de préciser que ces restrictions alimentaires ont conduit six pour cent des participants de l'étude effectuée pendant la Seconde Guerre mondiale, pourtant motivés et en bonne santé, à l'hôpital psychiatrique : l'un d'eux connut des épisodes suicidaires ; un autre se sectionna trois doigts. Pas étonnant que les femmes de mon entourage, celles qui voyaient dans la consommation de jus (le *juicing*, comme elles disaient), le jeûne, l'élimination de toxines et les heures quotidiennes d'exercices rigoureux une véritable philosophie de vie, soient si à cran. Apparemment, c'était un miracle qu'elles se contentent de se toiser de pied en cap, le regard corrosif et envieux, dans les ascenseurs de l'école, plutôt que de se faire hara-kiri à coups de pic à viande après avoir embroché d'autres personnes.

En effet, les baisses du taux d'œstrogènes observées chez les femmes minces aux alentours de la quarantaine, un signalement qui sied à ma tribu comme un gant, rendent ces dernières plus agressives. Dans le cadre d'une étude, des chercheurs ont fait jouer des femmes présentant des symptômes d'anxiété aiguë et des femmes ne répondant pas à ces critères à un jeu conçu pour mesurer leur agressivité. Notant un taux d'attaque plus élevé chez les femmes souffrant d'anxiété aiguë, ils ont constaté, non sans surprise, que, comme l'option « attaque » proposée par le dispositif n'offrait aucun avantage en termes de score, celle-ci constituait « un pur cas d'agression réflexe motivée par le dépit ».

Tiens donc, songeai-je, me remémorant les charges qui étaient monnaie courante sur les trottoirs de ce territoire où j'avais établi mon camp de base.

*

Et pour chaque plaie, une goutte de vin. Ou un verre. Ou plusieurs.

Les maris richissimes de l'Upper East Side collectionnent les bouteilles de vin rouge. Les caves à vin de leurs demeures des Hamptons constituent un genre de capital culturel, laissant entendre qu'ils ne sont pas que des consommateurs pleins aux as ; ce sont aussi des connaisseurs érudits et raffinés. Ils débouchent une bouteille de rouge pour le plaisir, pour le partage, mais aussi pour le pouvoir. À l'instar de la bonne œuvre d'art contemporain, le bon lalande de pomerol 94 renseigne vos convives sur ce que vous possédez, mais également sur ce que vous *savez*. À Manhattan, c'est le mari, parfois épaulé par l'autre mari à table, qui commande les bouteilles à plusieurs centaines de dollars lorsque les couples vont au restaurant.

Pendant ce temps, leurs épouses boivent, du blanc, en général (le rouge, disent-elles, les empêche de dormir), pour tenir le coup. Impossible de ne pas boire du vin lorsqu'on est une maman de l'Upper East Side avec des enfants en bas âge. À l'échelle nationale, les femmes font monter en flèche les ventes de vin… et toute personne ayant pour code postal 10021, 10075 et 10028 le sait. Le service de la Santé et de l'Hygiène mentale de la Ville de New York a constaté que les habitants de l'Upper East Side étaient plus sains que les autres New-Yorkais sur presque tous les plans. Mais il y a un point sur lequel ils sont à la ramasse : ils ont trente-cinq pour cent de risques en plus de boire avec excès qu'un autre New-Yorkais. En d'autres termes, un adulte sur cinq au sein de la tribu que j'étudie s'est pris une cuite au cours du mois dernier. Quelle proportion de ces gros buveurs sont des femmes ? En l'absence de statistiques, je m'appuierai sur mes recherches de terrain et sur ma propre expérience de participante plutôt active, par opposition à mon statut ordinaire de participante observatrice, pour donner une réponse quasi scientifique : beaucoup. Pour les noceuses, rien de plus normal que d'écluser quatre verres de vin chacune lors d'une soirée entre filles. Aux ateliers de travaux manuels et d'éveil où les mamans emmènent leurs bambins pour leur anniversaire, on sert du vin dès onze heures du matin. Les mamans de mon entourage buvaient – du vin blanc, de la vodka, de la tequila et, pour celles cherchant l'approbation de la gent masculine ou tout simplement à se démarquer, du scotch ou du whisky « de mec » – tous les soirs. Sauf le lundi. Ce jour-là, on faisait pénitence. On jeûnait à base de jus pour compenser les excès gastronomiques du week-end. De mardi à vendredi, l'alcool coulait à flots.

« Et le week-end, c'est "rien ne va plus, les jeux sont faits" », m'expliqua une amie à qui je demandais des précisions sur les règles de ce petit manège. Ce qui voulait dire, commencez dès le matin si vous voulez, puis buvez un peu de vin au déjeuner, un cocktail en apéritif et encore du vin au dîner. Pour nombre de mères que je connaissais à Manhattan – qui portaient des lunettes de soleil dans les couloirs de l'école les mercredis, jeudis et vendredis matin –, boire était une façon de s'apaiser, un genre d'automédication, de solution, de remède pour convoquer le sommeil, une récompense pour être sortie vivante de cette course en taxi, de ce crapahutage à travers la ville, de cette querelle avec la nounou. Apercevoir une femme au ventre creux mais au verre plein à ras bord lors d'un gala ou d'un dîner au restaurant, ou un chauffeur devant porter sa patronne jusqu'à la voiture n'avait rien d'exceptionnel. L'incident déclencherait peut-être quelques messes basses le lendemain si *vraiment* vous perdiez les pédales, mais il existait une sorte de compréhension élémentaire, un accord tacite : « On boit. On ne va pas en faire une affaire d'État. » Le spectre est large, bien sûr, entre pratiquer l'abstinence et être alcoolique. Mais ce qui me frappait lorsque je buvais en compagnie des femmes de mon entourage, c'était que, peu importent les raisons (psychologiques, sociales ou émotionnelles), quelque chose de tribal se dégageait de notre rapport à l'alcool. Boire est conforme aux règles de bienséance car cela fait partie intégrante de notre culture, et cela fait partie intégrante de notre culture car cela muselle les inquiétudes. « Ils devraient installer un bar aux urgences pédiatriques ! » s'exclama Candace après son aller-retour là-bas avec son fils.

Et encore, s'il n'y avait que l'alcool… Dans l'Upper East Side, la meilleure amie de toutes les filles s'appelle benzodiazépine. Nombre de mamans de Manhattan s'appuyaient sur des béquilles chimiques au quotidien : Ativan. Xanax. Valium. Klonopin. Ambien. Elles avaient toute la gamme et elles n'avaient pas peur de les ingurgiter. Il arrivait souvent qu'elles les fassent passer avec quelques lampées de vin, pratique chère à une styliste très glamour et mère de deux enfants qui finissait souvent la tête dans son assiette dans un restaurant en vogue de l'Upper East Side… à midi. Les femmes de mon entourage prenaient des anxiolytiques pour s'endormir. Elles les avalaient tout rond au milieu de la nuit, quand elles se réveillaient en sursaut, le cœur battant, paniquées par des problèmes d'école, d'argent, ou des doutes quant à la fidélité de leur mari. Elles en prenaient pour apaiser leurs nerfs avant de déposer les enfants à l'école ou avant un déjeuner mondain où il y aurait sans doute plus d'« amiennemies » que de véritables amies (la simple perspective de croiser la Reine des Reines des Abeilles à un événement, d'avoir à endurer ses sourires dédaigneux et son air narquois me donnait envie de me ruer sur une flasque). Et elles en reprenaient quand les effets se dissipaient. Loin de moi l'idée de juger, sincèrement. J'avais moi-même consommé des benzodiazépines pour « soigner » ma phobie de l'avion, et un jour dans l'ascenseur de l'école, entendant malgré moi une parfaite inconnue confier à son amie qu'elle avait horreur de prendre l'avion et que le Xanax n'arrangeait rien, je m'étais tournée vers elle pour lui suggérer, l'air docte et sans aucune retenue : « C'est parce qu'il faut le faire passer avec un bloody mary ! » Nous ne nous étions jamais vues auparavant, et encore moins adressé la parole.

Certaines femmes laisseront tomber les benzodiazépines et le vin quand les enfants auront grandi. Elles voient en ces substances un moyen de réprimer le stress généré par la responsabilité qu'elles ont vis-à-vis de leurs enfants et des personnes responsables de leurs enfants, et de tout le reste, tout le temps. Une fois que les gamins ne sont plus des bébés, et qu'ils vont à l'école toute la journée, cette phase où la maternité s'apparente à un corps-à-corps permanent se dissipe, tout comme leur recours aux cachets et à l'alcool. Or, pour une partie de ces mères, les substances ne se cantonnent pas à une phase définie. Les contraintes de la maternité ne font pas que susciter en elles l'envie impérieuse de boire ou d'avaler des pilules ; elles servent aussi à la dissimuler, en fournissant un prétexte tout trouvé, une couverture infaillible. Tout le monde s'en donne à cœur joie. Alors, personne ne remarque rien. Certaines de ces mamans nanties finiront par avoir un problème. À une antenne des Alcooliques anonymes située dans une église de l'Upper East Side, entre les devantures Prada et Ralph Lauren, sur Madison Avenue, des mamans sveltes et splendides, parées de Chanel, Céline et Valentino (dont les boutiques se trouvent à quelques pâtés de maisons au sud), profitent de l'offre de garde d'enfants proposée par l'association pour se rendre en catimini aux réunions. Elles représentent une sous-tribu secrète au sein d'une tribu, et jamais, au grand jamais, elles n'en toucheront mot à qui que ce soit. Aux réceptions, elles s'arrangent pour arriver avant les autres convives et demandent subrepticement qu'on leur serve quelque chose qui ressemble à du vin dans un verre à vin. À un dîner entre mamans chez Serafina, elles font passer un Schweppes avec une tranche de citron vert pour une vodka tonic. Elles disent qu'elles ne boivent pas à cause des antibiotiques, d'un mal de crâne ou d'un rendez-vous matinal le lendemain. Elles sauvent les apparences et font bonne figure, car c'est la règle, c'est comme ça. Aux réunions des Alcooliques anonymes, elles ne s'installent qu'à moitié sur leurs sièges, sans jamais vraiment se détendre, piaffant tels des pur-sang nerveux, les traits tirés par l'effort et les tourments. On se croirait à un déjeuner au Bilboquet, un restaurant devenu le QG banalisé de la tribu, juste au coin de la rue. Ne manquent que les verres de vin.

*

Mais le vin ne saurait atténuer les angoisses les plus tenaces. L'une d'elles étant, comme je m'en rendis compte après la soirée chez Rebecca, le fait d'être dépendante. Plus j'observais, plus j'écoutais les mamans de l'Upper East Side gravitant autour de moi, plus je déjeunais en leur compagnie, plus je buvais avec elles, et plus je comprenais qu'elles n'avaient, pour la plupart, pas leur vie en main et que leur existence, leur bonheur et leur identité reposaient sur des choses ou des personnes qui leur échappaient totalement.

J'en vins à penser que la dépendance économique à l'égard de leur mari valait des insomnies à nombre de ces femmes, qu'elles en aient conscience ou non. Sachant que leur mari pouvait les quitter pour une autre, la simple prise de conscience qu'elles n'étaient pas en mesure de subvenir à leurs besoins seules semblait ronger certaines femmes de mon entourage au moins autant que la douleur suscitée par la faim. Certaines me confièrent, à mi-voix, que tout comme leurs mères ou leurs grands-mères, elles avaient des comptes en banque secrets où elles mettaient de côté leur pension et d'autres sources d'argent auxquelles elles avaient accès, juste au cas où. Plusieurs femmes m'avaient mise au parfum à propos des « primes de fin d'année » que leur accordaient leurs maris, comme s'ils les considéraient davantage comme des employées que comme des compagnes. « Ma mère m'a conseillé de me faire offrir le plus possible de bijoux par mon mari. En guise d'assurance », ironisa un jour une femme avec qui, postée près des jeux, nous commentions le divorce d'une connaissance commune qui avait tourné à l'aigre, voire au scandale sur la place publique. Ayant étudié dans une prestigieuse université de l'Ivy League, mon interlocutrice avait obtenu son diplôme avec les félicitations du jury. Elle était également titulaire d'un master en management des entreprises. Mais elle n'avait jamais travaillé.

« Ce genre de femme attirée par les hommes du type "maître de l'univers", m'expliqua la psychologue et auteur Stephanie Newman quand je l'interrogeai sur l'anxiété et la dépendance économique, dans son cabinet de l'Upper East Side, pourra finir par se sentir marginalisée au sein de son propre foyer, craignant de ne pas être en mesure de se débrouiller toute seule, ni de subvenir aux besoins de ses enfants. » Et si son couple commençait à battre de l'aile, « le divorce ne résoudrait sans doute rien, ni sur le plan pratique ni sur le plan émotionnel, fit observer l'avocate et psychanalyste Rachel Blakeman, pour une femme dont la conception de soi est entièrement contenue dans l'idée de vivre le mariage idéal ». Pour beaucoup, en pareille situation, il n'y a aucun moyen de se dépêtrer de ce casse-tête (avoir épousé un homme riche et puissant) qui, de prime abord, paraissait être la panacée.

« Elle ne devrait pas draguer les maris des autres, comme ça ! » pestaient certaines femmes à propos d'une superbe banquière d'affaires française dont les enfants, plus âgés que les miens, étaient scolarisés dans une autre école, quand je leur demandais pourquoi tant de mamans de notre établissement semblaient ne pas trop l'apprécier. Elle venait d'intégrer le groupe après avoir épousé un riche New-Yorkais et avait l'air aussi déconcertée que moi quant aux pratiques de ségrégation entre genres. Tout comme moi, on la voyait souvent papoter avec les hommes lors des fêtes d'anniversaire des enfants ou aux concerts. Sans doute pour récolter de nouveaux contrats, supposais-je, ou pour essayer de s'amuser. La trouvant très glamour et intelligente, j'allais toujours vers elle quand je la croisais à un événement. Je mettais également un point d'honneur à placer mon mari sur son chemin. Si une femme le draguait, ne me rendait-elle pas service, après tout ? S'il était de bonne humeur, cela me facilitait la vie. Et puis, quelques instants d'émoustillement et de rigolade en toute sécurité n'étaient que broutille en échange d'une vie entière de fidélité. Seulement, pour les femmes persuadées que leur identité se résumait à leur mariage et à leur statut de mère, que leur mari était leur seul horizon de vie, la drague était anxiogène, voire terrifiante. Elle leur rappelait que tout cela pourrait très bien leur être arraché.

En plus d'être dépendantes financièrement, certaines de ces femmes étaient aussi sous la coupe des parents de leur mari. Les fortunes colossales de l'Upper East Side sont en grande partie intergénérationnelles ; par conséquent, des rapports étrangement infantilisants pour les jeunes adultes (parfois plus si jeunes, d'ailleurs) se tissent parfois entre leurs parents ou beaux-parents et eux. Plus d'une femme m'a fait part de cette étrange pression qui pesait sur ses épaules, celle de devoir plaire à tout prix à beau-papa et belle-maman, car ils tenaient les cordons de la bourse. « Mon mari est censé toucher un gros héritage, et de ce fait ses parents ont une véritable emprise sur nos vies », m'expliqua sans détour une femme tandis que nous marchions un peu en retrait du groupe lors d'une excursion scolaire. Une discussion badine sur les frais de scolarité, qui, m'avait-elle appris, étaient pris en charge par ses beaux-parents, nous avait amenées à évoquer ce sujet. Elle me montra l'agenda qu'elle tenait sur son iPhone et lut à voix haute une série de rendez-vous et de déjeuners mondains auxquels elle accompagnerait sa belle-mère, qu'elle passerait au préalable chercher en voiture. « Ce n'est pas que je n'ai pas envie de leur rendre service. C'est plus qu'il existe une sorte d'accord tacite stipulant que je le leur dois bien, puisqu'ils nous ont offert notre appartement en guise de cadeau de mariage et que mon mari travaille pour l'entreprise de son père. » Une autre femme m'a décrit une situation typique de l'Upper East Side : son mari et elle voulaient une maison en bord de mer, rien qu'à eux et leurs deux jeunes enfants. Les parents du mari avaient opposé leur veto, arguant que leur propriété à eux était bien plus spacieuse, qu'ils avaient de la place pour eux là-bas, et que, donc, leur projet n'avait aucun « sens ». Si les beaux-parents se montraient généreux sur les plans financier et émotionnel, leur magnanimité coûtait cher à la jeune génération, car ils s'ingéraient beaucoup dans leur quotidien. « Ce serait chouette d'avoir l'impression qu'on nous traite en adultes, me dit-elle d'une voix éteinte ; ce serait chouette d'avoir notre maison à nous et un minimum d'indépendance. » Au sein de la tribu que j'étudiais, sa situation était plus courante que l'inverse. Parmi les très riches de mon quartier, beaucoup vivent, d'une façon ou d'une autre, dans l'attente de voir leurs aïeux encore plus riches mourir, et ils ne savent pas très bien qu'en penser.

D'autres femmes avaient de l'argent « à elles » ; mais, bien souvent, cela signifiait qu'elles étaient dépendantes de leur *père* sur le plan financier tout en lui étant redevables sur le plan émotionnel. « Je n'ai vraiment pas à me plaindre, me dit une femme au sujet de la fortune conséquente de ses parents, fortune dont sa sœur et elle devaient hériter, et dont elle bénéficiait au quotidien par le biais d'un appartement financé par eux, de fréquents séjours à Aspen, de frais de scolarité pris en charge. Mais ça met mon mari dans une situation bizarre. » Il arrive souvent qu'un mari travaille pour le compte de son beau-père influent ou qu'il profite du réseau de ce dernier pour monter sa propre affaire, se forger des relations professionnelles et obtenir des contrats. Mais ce genre de situation est rarement simple, car la dépendance économique n'est presque jamais gratuite. Rachel Blakeman me fit la déclaration suivante : « Si vous avez l'impression d'y être gagnant sur le plan financier, quand votre bien-être et celui de vos enfants dépendent d'une tierce personne, souvent il vous en coûte énormément. Cela peut générer de la rancœur, un manque de confiance en soi, et tout un éventail de problèmes chez la personne et au sein du couple. »

Nos ancêtres femelles adeptes de la cueillette (et de la chasse, pour certaines, comme c'est toujours le cas des femmes agtas) avaient une certaine autonomie et voix au chapitre dans leur communauté, doublées d'un certain pouvoir au sein de leur couple car la nourriture qu'elles rapportaient, les calories qu'elles procuraient à la tribu les rendaient indispensables. Les choses n'ont guère changé. Ainsi, les femmes que j'avais choisies pour sujet d'étude, celles que je côtoyais et avec qui je partageais, de temps à autre, un café, semblaient empêtrées dans une situation plus critique encore que la simple dépendance économique. Dans de nombreux cas, leur identité paraissait contingente et indissociable du tissu relationnel, articulée autour du rapport à l'autre – à leurs amis, à leur belle-famille, à leurs parents, mais, surtout, à leurs maris et à leurs enfants. Si vous ne filez pas le parfait amour conjugal – et qui peut s'en vanter ? –, comment pouvez-vous être l'épouse parfaite d'un homme puissant ? Si vous n'avez pas des enfants parfaits – et qui peut s'en vanter ? –, comment pouvez-vous être une bonne mère, voire une mère parfaite ? Et comment, dans ce cas, ne pas perdre la face ? Le divorce n'est même pas envisageable, pas plus que de troquer les enfants imparfaits que vous aimez contre des bambins parfaits. De nombreuses femmes de mon entourage souffraient de cette singulière angoisse propre à leur culture et engendrée par le sentiment de n'être que l'extension ou le reflet des autres. De ce fait, même leur identité, même leur moi ne leur appartenait pas entièrement.

« Dieu merci, c'est terminé ! » s'exclama Candace tandis que nous déjeunions ensemble, la transition de son mari entre deux postes tout juste achevée. Je crus qu'elle faisait référence au stress que lui causait l'incertitude quant à l'endroit où il atterrirait ou à la perspective de devoir composer pendant un certain laps de temps sans revenu. Mais Candace secoua la tête : « Non, ce que je veux dire, c'est que *moi*, je peux enfin souffler un peu. Tant qu'il était en recherche, il fallait que je sois impeccable en toutes circonstances parce que c'est comme ça que ça se passe par ici, surtout quand tu as quelque chose à demander. Tu peux me passer le pain ? » Encore lui, ce stress unique en son genre. Au sein de cette culture ancrée dans la dichotomie honte/honneur, avoir un mari de rang supérieur faisait de vous une épouse de rang supérieur. Mais avoir une femme qui a du chien – belle, jouissant d'un corps et d'une garde-robe enviables et de connexions avec les épouses d'autres hommes influents – pouvait aussi confirmer le rang social et le statut professionnel du mari, voire l'aider à évoluer. La carrière du mari de mon amie avait bénéficié, entre autres, de l'allure racée qu'avait Candace dans ses robes Azzedine Alaïa, de son aisance relationnelle, de sa capacité à charmer toute personne pénétrant dans son orbite. Les épouses étaient les joyaux et les bouteilles de vin hors de prix des maris, la preuve de leur excellence, et les maris, la main qui nourrissait les épouses. Bonjour l'angoisse ! Une autre plaie. Une autre goutte de vin. Un autre verre. Et encore un autre.

*

Puis vint la plaie ultime, celle qui anéantit la volonté de Pharaon et lui brisa le cœur. Après avoir vu les poux et les furoncles s'abattre sur son peuple, les eaux du fleuve se changer en sang, les grenouilles, les mouches, les maladies, la grêle, les sauterelles et les ténèbres, Pharaon persista dans son refus, implacable. Alors Dieu dit : « À présent, je prendrai tous les premiers-nés, en épargnant les Israélites. »

Un jour, Candace m'a appelée, des sanglots dans la voix, et ce jour-là elle m'a ouvert les yeux sur une autre source d'anxiété chez les mamans étudiées ici, qui, *a posteriori*, paraît tout ce qu'il y a de plus évidente, mais qui m'avait complètement échappé. Elle était cachée dans les toilettes, loin des oreilles indiscrètes. Son fils s'était bien remis de la commotion cérébrale qui l'avait conduit aux urgences – du moins était-ce l'impression qu'il donnait. Au terme d'une semaine de « repos cérébral » dans une pièce obscure sans lecture ni écran, puis d'une autre semaine sans le moindre effort physique, il était de nouveau sur pied, aussi drôle, intelligent et énergique que jamais, comme sa mère. Mais il était survenu autre chose, quatorze jours après l'accident. À ces mots, je sentis mon cœur s'emballer. Je pris une profonde inspiration, aussi discrètement que possible, afin de rester calme, pour elle, quoi qu'elle ait à m'annoncer. Puis elle dit, au désespoir : « Sa *dent.* » Sa dent ? m'étonnai-je. Sa *dent*, c'est tout ? Une vague de soulagement m'envahit, mais elle poursuivit sur le même ton paniqué : « Elle est grise. Elle est *affreuse.* » Puis Candace fondit en larmes. À voix basse, je lui assurai que tout allait bien se passer, et je lui demandai ce qu'en avait dit le dentiste, cherchant à gagner du temps. Tout à coup, les mots affluèrent en masse et se précipitèrent hors de sa bouche en un flot chaotique : ce n'était qu'un accident. Un accrochage. Une collision entre un autre garçon et lui. Il y avait eu du sang. Rien de plus. Il allait bien. Mais voilà que cette quenotte avait viré au gris. Morte sur le coup. « Elle est là, dans sa bouche, morte », commenta Candace d'une voix lointaine et peinée.

J'entendais mon fils en bas âge qui jouait avec des casseroles et des poêles sur le sol de la cuisine. Je l'avais installé là, histoire d'avoir un peu de temps pour parler au téléphone. Mais, mentalement, je revoyais toutes les photos sur les murs de tous les appartements que j'avais visités avec Inga, de nombreux mois plus tôt. Aucun des enfants qu'on y voyait en portrait n'affichait de dent grise. Je méditai sur le fait que la moindre imperfection pouvait faire l'effet d'un désastre, d'une lame de fond titanesque, accablante, qui fauchait votre identité de bonne mère, de personne qui se sent en sécurité, pour l'emporter au large, vous entraînant vers les abysses. Candace pleura et pleura encore ; nichant le téléphone entre mon épaule et mon oreille, je lui dis que tout allait s'arranger, et je portai instinctivement mes mains à mon ventre. Car cet incident en disait bien plus long qu'il n'y paraissait.

Une dent parfaite avait été dévitalisée. C'était le fils de Pharaon et le fils de tout homme que Dieu venait de prendre. C'était juste une dent. Une histoire parmi tant d'autres. Mais elle signifiait que quelque chose ne tournait pas rond et que les choses pourraient tourner encore plus mal. Elle signifiait que nous pouvions les perdre. C'était l'ectoplasme logé au cœur de tant de comportements de mamans à Manhattan qui, jusqu'à ce jour, m'avaient semblé incompréhensibles et insensés. Le besoin d'être parfaite et de mener une vie parfaite, les joutes à même le trottoir, les coups de stress au sujet d'une poussette ou d'un matelas en matériaux non toxiques et la lutte pour faire entrer son fils dans la bonne école, le recours aux services d'un tuteur afin d'apprendre à votre fille à faire de la bicyclette… Telles sont les faune et flore bizarres et baroques qui jaillissent du terreau humide et fertile de l'angoisse. Je vous en supplie, me dis-je, une autre goutte de vin.

7

Jour de pluie

À un moment que je ne saurais précisément définir, j'étais partie en vrille. Au bout de quelques années de ma vie avec des enfants dans l'Upper East Side, je tenais moins de l'observatrice participante, moins de quelqu'un qui est dans la place mais encore un peu en dehors que de quelqu'un pour qui il n'y avait plus du tout de « dehors ». Mes rapports avec mes amis du sud de Manhattan s'étaient quasiment estompés : ces copines-là, je les voyais à Thanksgiving et parfois à Noël. Et alors, elles faisaient la lecture à mes enfants et elles les couvraient de cadeaux et de gâteries, tout en me taquinant affectueusement à propos de ma transformation, qu'elles trouvaient vraiment totale, étrange et tout de même quelque peu attendrissante. Elles avaient raison de dire que j'avais changé. Nous n'étions pas milliardaires, ça c'était certain. Notre chez-nous sur Park Avenue n'était pas immense (même si j'avais un placard entier dédié à mes sacs à main). Je mettais un point d'honneur à faire participer mes enfants aux tâches ménagères. Je ne leur organisais pas de fêtes d'anniversaire démesurées chaque année, et quand ils étaient invités à un événement que je trouvais vraiment *too much* – des places au premier rang juste derrière le marbre[1] lors d'un match des Yankees, une fête chez un camarade, dans sa maison des Hamptons avec pléthore d'activités dont une balade à poney et un numéro de funambules –, je veillais à ce qu'ils comprennent la chance inouïe qu'ils avaient. Je ne voulais pas que mes enfants croient que la vie entière se résumait à une extraordinaire succession de moments dorés. Je ne voulais pas placer trop haut la barre de leurs attentes, ni leur ôter la capacité de tirer du plaisir des endroits et des choses simples.

Mais j'étais une maman de l'Upper East Side, à présent ; au fil du temps, mes préoccupations étaient devenues les mêmes que celles de mes congénères : notamment, l'école où mes enfants étaient scolarisés. Est-ce que j'en faisais assez pour eux ? Est-ce que leurs professeurs faisaient bien leur boulot ? Est-ce que mes amitiés, en plus d'être gratifiantes et saines, se révélaient utiles (à moi, à mes enfants et à la carrière de mon mari) ? J'aspirais à une vie confortable et rigoureusement planifiée. J'aspirais à avoir un corps athlétique, de beaux vêtements et des chaussures Dolce&Gabbana ou Prada, même si je les achetais en solde, et le genre de teinte de cheveux qui nécessite de payer le coiffeur tous les deux mois. Je voulais une maison en bord de mer. Contrairement à beaucoup de mes amies du quartier, je voulais travailler : écrire des choses dont je pourrais être fière. Mais, comme elles, je voulais être une bonne épouse et, comme elles, je voulais par-dessus tout être une bonne mère. Pas juste une mère qui s'en sort bien, mais une maman qui fait tout ce qu'elle est censée faire, tout son possible, pour ses enfants.

1. Base d'un terrain de base-ball.

En habitante modèle de l'Upper East Side, en bonne citoyenne de l'Occident industrialisé que j'étais, j'avais une certaine conception de la maternité. Tout en étant adepte de la doctrine de la maternité intensive, j'avais bien conscience que ce concept était spécifique à la niche privilégiée dans laquelle je vivais et qu'il pouvait se révéler autodestructeur. La maternité, dans l'univers que j'avais tout d'abord observé avant d'en adopter les coutumes puis de les faire miennes, revenait à donner la vie puis à s'épuiser, à sacrifier des pans entiers de sa personne, parfois avec joie, parfois avec irritation ou exaspération, parfois dans l'angoisse, afin de protéger cette vie. Moi aussi, au côté des autres mamans privilégiées de mon entourage, je me faisais de la bile. Parfois, j'avais les nerfs en pelote à cause de mes enfants. Comme Candace, il pouvait m'arriver pendant quelques heures, ou toute une journée, d'être au trente-sixième dessous à cause d'une dent grise et de ce qu'elle laissait présager. Mais, comme chacun autour de moi, j'étais conditionnée par l'opulence de l'époque, les pédiatres et les écoles maternelles, désensibilisée à l'imminence du danger du fait de la vie que je menais, nichée dans un gratte-ciel douillet, me déplaçant dans un 4 × 4 molletonné. À cause de ce halo de sécurité, avec la complicité de cette vie placée sous le signe du relâchement des pressions de compétition entre espèces, de l'abondance et des vaccins, comme tous les Occidentaux j'exposais ma progéniture à des risques inconcevables pour nos ancêtres et pour les chasseurs-cueilleurs contemporains vivant comme nous l'avons fait pendant la quasi-totalité de notre préhistoire évolutionniste.

Faisant la part belle à l'indépendance – la leur et la nôtre –, nous plaçons nos nouveau-nés dans des transats posés à même le sol le temps d'une douche, puis nous embauchons des nounous que nous ne connaissons ni d'Ève ni d'Adam, ou seulement par recommandation ou *via* une agence, histoire d'essayer d'avancer un peu sur nos projets personnels, au lieu de porter nos bébés sur nous à longueur de temps et de les confier à des parents proches pour quelques minutes ou plus. Nous leur imposons un rythme de sommeil minuté et des repas à heure fixe au lieu de savoir quand ils aimeraient siester ou dormir. Et, à la grande surprise des mères et pères issus d'autres cultures, nous laissons nos enfants seuls dans des caisses en bois, loin de nous, des nuits entières. Là, ils dorment tout seuls… et ils pleurent. Nombre d'anthropologues ayant décrit cette pratique à des individus vivant au sein de peuples traditionnels – des chasseurs-cueilleurs et des fourrageurs qui laissent leurs bébés s'asseoir et crapahuter près du feu et leurs bambins jouer avec des haches et des machettes – rapportent l'indignation de ces derniers, atterrés par ce qu'ils considèrent comme une négligence insondable et cruelle de notre part. Quand ils apprennent que nous laissons régulièrement nos petits « pleurer un bon coup », ils sont tour à tour incrédules puis horrifiés. Comment, s'interrogent-ils, pouvons-nous nous montrer si insensibles envers la chose la plus précieuse et la plus dépendante qui soit : un bébé ?

Il n'y a pas que nos actes qui nous placent dans une position à part, nous, Occidentaux relativement privilégiés, il y a aussi nos croyances. Ici, nous ne doutons pas un seul instant que nos fratries de deux, trois, quatre, cinq, voire six enfants survivront, mais qu'en plus ces enfants s'épanouiront. Nous le prenons pour argent comptant. Ils se débarrasseront des rhumes, des grippes et de la varicelle s'ils les contractent, ils esquiveront les plus horribles de ces afflictions – celles qui défigurent, qui paralysent et qui tuent, comme la rougeole, la coqueluche ou la polio – grâce à la vaccination. Ils iront à l'école puis à l'université, nos enfants. À la fac de médecine, de commerce ou de droit. En temps voulu, ils se marieront et ils auront à leur tour des enfants. Ils feront notre fierté. Ils nous enterreront. Tel est notre script.

Ainsi occupée à remplir, jour après jour, mon rôle de mère dans l'Upper East Side, je ne me suis pas penchée de façon approfondie, appliquée ou sérieuse sur la frontière entre les territoires de la maternité et ceux de la perte, ni sur sa porosité. C'est un secret bien gardé, jusqu'au jour où ça vous tombe dessus.

*

Non, je ne peux pas être enceinte. C'est tout bonnement impossible. Telle la protagoniste d'une sitcom – ou d'une de ces tragédies de téléréalité de la chaîne Lifetime –, je regardais fixement les deux traits violets apparus sur le bâton gorgé d'urine avant de revenir au mode d'emploi figurant sur la boîte.

Pas moyen. C'était impossible. Certes, nous avions utilisé un moyen de contraception qui n'avait pas marché, il y avait deux mois de ça. Mais nous savions qu'il n'avait pas fonctionné, alors j'avais illico pris un contraceptif d'urgence prescrit par mon médecin, en suivant les instructions à la lettre. Puis j'avais eu mes règles. Peu abondantes, mais tout de même. À deux reprises. Il n'était donc vraiment pas possible que moi, quarante-trois ans, mère d'un tout-petit et d'un grand de sept ans, je puisse être enceinte. Quelle était la probabilité que la contraception d'urgence flanche après que la contraception normale avait flanché ? *Et quelle était la probabilité de se faire accidentellement engrosser à quarante-trois ans ?* Je voyais d'ici mes amies qui avaient subi FIV sur FIV me demander : « Comment tu as fait ça ? » Cramponnée au meuble recouvert de marbre de la salle de bains, je fus assaillie de réminiscences de légendes familiales au sujet d'ancêtres cherokees et écossais ayant eu des bébés à des âges si avancés que c'en était improbable. Les « bébés miracles », comme les appelait ma grand-mère, l'existence de cette formule suggérant, avec le recul, que ce genre de cas était assez fréquent pour avoir donné lieu à une expression consacrée. C'était donc possible. Ouais, enfin, à peine. Peut-être le test se trompait-il. J'empoignai le second, pleine d'espoir, les mains tremblantes, et je fis pipi dessus.

Quoique, méditai-je tout en tirant la chasse d'eau, le temps que le résultat apparaisse, ces deux traits violets expliqueraient peut-être deux, trois trucs. Au cours des dernières semaines avant ce moment fatidique sur la cuvette, j'avais cru dur comme fer que j'étais en train de vivre un début de ménopause subit et très précoce. Ou de perdre la raison. Ou de mourir. Ma tête me donnait l'impression d'être emplie de coton. Je n'arrivais plus à réfléchir. J'aboyais sur mes fils et mon mari. Tout – Où est mon téléphone ? Pourquoi les professeurs ne le soutiennent pas plus ? Quand est-ce qu'on va arrêter de nous prélever des frais pour les travaux de rénovation ? – m'irritait plus que d'habitude. Et j'étais si exténuée que je m'endormais à mon bureau ou dans la file d'attente à l'épicerie (« Excusez-moi, mademoiselle ? Euh… ») et au Pilates, sur le Reformer, en plein étirement. J'avais appelé mon médecin pour lui dire que ça n'allait pas très bien. Nous avions fixé un rendez-vous – à quel sujet, je n'aurais pas su dire : pour parler de l'effet que ça faisait d'être soudain prise de folie et de malaise, et d'un je-ne-sais-quoi aussi indéniable qu'ineffable – auquel j'attendais de me rendre. Le café ne dissipait en rien la fatigue, le brouillard et la sensation de faiblesse qui m'accablaient ; sa simple odeur me rendait malade.

Oh, mon Dieu. J'avais la *nausée*. À cause du café. Et d'autres choses, je m'en rendais compte, à présent. De plein d'autres choses. *Oh non*. Je baissai les yeux. Eh oui, bien sûr : deux traits violets, à nouveau. Recalée.

Évidemment, contre toute attente, j'étais enceinte.

*

Je suçais un bonbon au gingembre dans la salle d'attente de mon gynécologue. J'étais venue lui annoncer ce que nous allions faire, lui et moi. Contemplant toutes les couvertures de magazine autour de moi, couvertures qui montraient des femmes enceintes heureuses, radieuses, je méditais sur le caractère à la fois singulier et entièrement prévisible de la situation dans laquelle je me trouvais : en tant que – selon la formule de la primatologue et biologiste évolutionniste Sarah Hrdy – « bipède imberbe réceptif par intermittence sur le plan sexuel[1] » vivant à l'ombre de l'agriculture.

1. Sarah Blaffer Hrdy, *Mother Nature. A History of Mothers, Infants and Natural Selection*, Pantheon Books, 1999, pour la version originale. La préface originale, d'où est extraite cette citation, ne figure pas dans l'édition française publiée par Payot-Rivages en 2002 (trad. Françoise Bouillot). En l'absence de traduction officielle, la traductrice de l'ouvrage de Wednesday Martin propose sa propre version.

Tout au long de notre préhistoire évolutionniste, comme c'est toujours le cas chez de nombreux peuples que l'on peut qualifier de fourrageurs ou de chasseurs-cueilleurs, l'arrivée des bébés était souvent espacée de trois, quatre ou cinq ans. Après tout, une vie passée à glaner, à collecter des aliments et à n'ingurgiter que la quantité strictement nécessaire de calories par le biais de plantes, de fruits à coque et de viande (à petites doses) vous garantissait un corps très mince. Les femmes n'ayant pas un taux de graisse très élevé ovulent moins et ont moins fréquemment leurs règles que les autres – environ trois à quatre fois par an. Cet état de fait ajouté aux fardeaux que représentent la lactation, l'allaitement, le soin des enfants mené de front avec le fourragement à longueur de journée maintenait nos ancêtres dans un état de faible fertilité longtemps après chaque naissance. Et quand, de nouveau, un bébé arrivait, ils avaient sous le coude un petit de quatre ans pour les aider à s'occuper du nouveau-né. Or, installez les femmes à la ferme, situation considérablement plus sédentaire que la vie de chasseurs-cueilleurs, et fournissez-leur des calories en abondance et vous ne tarderez pas à voir monter en flèche les taux de graisse et de fertilité. Notre mode de vie actuel, rythmé par ses emblématiques menstruations mensuelles, s'est imposé à nous lorsque nous avons quitté les champs et les fermes pour investir les centres commerciaux, les pavillons de luxe et, bien sûr, les immeubles. Ainsi, les bébés espacés d'environ deux ans sont devenus la norme. Voilà pourquoi, dans n'importe quelle ville des États-Unis, vous apercevez des mamans qui promènent leur nourrisson dans une poussette tandis que le grand frère ou la grande sœur de deux ans se tient sur le marche-pied. Au fil du temps, la situation originale datant de la période pré-agricole a fini par nous sembler incongrue. Nous, les humains, sommes constamment en train de faire évoluer notre propre jeu.

J'en étais donc là. J'avais un enfant en bas âge et un autre en CE1 (je me contentais de hausser les épaules et de répliquer : « C'est un espacement des naissances digne du pléistocène », quand les gens me posaient des questions au sujet de la différence d'âge entre mes garçons) et j'étais enceinte de dix semaines, à vue de nez. Une fois dans le cabinet, où mon praticien m'avait invitée à entrer, je perdis toute contenance. Je lui expliquai, entre deux sanglots, ce dont mon mari et moi avions discuté après le jour des doubles doubles traits (à mon âge, avec un tout-petit, sans oublier mes antécédents médicaux, et ainsi de suite… c'était tout bonnement impossible). Mon gynécologue hocha la tête et prononça les mots qu'il fallait. Il me remit des formulaires signés de sa main, puis je pris congé pour me rendre à l'hôpital, où je remplis d'autres formulaires en vue de l'intervention. Je sentis un engourdissement dans toutes les extrémités de mon corps au moment où je remplissais les différents champs avant de tendre le dossier à la secrétaire qui me gratifia d'un silence compatissant et me dit, avec un petit sourire empathique, de revenir le lendemain matin.

Au lieu de regagner la maison ou mon bureau, je marchai jusqu'à Central Park et je m'assis près du lac, dans une petite pagode en bois abritée par les arbres. C'était un matin de semaine, ensoleillé et frais, mais pas froid, et il n'y avait presque pas un chat. Tout en observant quelques tortues qui barbotaient dans l'eau trouble nappée d'algues, je songeai à la maternité. Je me disais qu'il fallait être à la fois une maman aimante à la folie, généreuse sur le plan matériel mais aussi généreuse de sa personne, et un stratège à l'œil acéré capable de peser le pour et le contre, comme les mères oiseaux de David Lack. Je pensai aux concessions que sont amenées à faire les femelles en phase reproductrice, lorsqu'elles doivent, par exemple, diminuer le soin maternel apporté à leurs petits : ces moments, tous ces moments où, à travers l'histoire et la préhistoire évolutionniste, les femelles, toutes espèces confondues, ont eu à faire des choix difficiles concernant leur progéniture. Nourrir les jumeaux ou juste l'un des deux ? Parfois, il y a ça à donner, et pas plus. Envoyer ce petit à l'hospice des enfants trouvés, d'où il ne ressortira peut-être pas vivant, afin de pouvoir continuer à travailler pour subvenir aux besoins des enfants ayant déjà réussi à franchir la zone à haut risque qu'est la petite enfance ? Ou le garder à la maison pour se consacrer à son bien-être, compromettant par là même les chances de s'en sortir des autres ? Éjecter le bébé niché dans ma poche ventrale pour augmenter mes chances d'échapper au prédateur lancé à mes trousses ? Seulement si je suis une maman kangourou assez jeune pour avoir encore une chance de mettre bas, et pour être prête à miser sur des conditions écologiques idoines – de la nourriture en abondance, un temps clément, peu de prédateurs –, la prochaine fois. Et ainsi de suite.

Depuis la nuit des temps, la maternité dans sa globalité a toujours reposé sur ce genre de compromis et de choix cornéliens, comme nous le dit Sarah Hrdy. À l'instar de nos ancêtres *Homo sapiens* les plus anciens, et comme tout animal dans le monde entier, nous cherchons un équilibre entre le bien-être de notre progéniture, celui de notre progéniture à venir et le nôtre. Sinon, tout le monde mourrait. Ou s'en tirerait moins bien qu'il le pourrait. Qu'on soit favorisé ou pauvre, fait remarquer Hrdy, « les femmes passent en permanence des compromis entre subsistance et reproduction qui restent comparables[1] ». Le dilemme auquel j'étais confronté était vieux comme le monde, sans rien d'étonnant. Mais il me dévastait.

Je suis restée dans le parc, au bord de l'eau, pendant des heures. Quand il a commencé à faire sombre, je suis rentrée à la maison et j'ai longuement parlé à mon mari. J'ai laissé un message sur le répondeur de mon médecin, et il m'a rappelée peu après ; je lui ai dit qu'en fin de compte je n'allais pas subir l'opération planifiée le lendemain matin. Il m'a demandé si je désirais qu'on convienne d'une autre date, à quoi j'ai répondu que non, nous allions carrément laisser tomber. Quand mon mari et moi nous sommes écroulés sur notre lit quelques heures plus tard, nos enfants bordés dans leurs chambres respectives, je l'ai trouvé si moelleux, si confortable que j'en ai été émerveillée. Au seuil du sommeil, satisfaite et enfin apaisée, j'ai empoigné le bras de mon mari pour l'enrouler autour de moi. « On a de la chance », ai-je chuchoté, et il a acquiescé.

*

Être un bébé ou un enfant a toujours été une affaire relativement risquée. Au cours de la préhistoire, avant toute l'Histoire et même à l'heure actuelle, aucune autre phase du développement humain n'est plus périlleuse que la petite enfance et l'enfance, à part l'état de fœtus. Même dans un pays industrialisé comme les États-Unis, où les soins prénatals vont bon train,

1. Sarah Blaffer Hrdy, *Mother Nature*, *op. cit.*, p. 17.

la majorité des conceptions n'arrivent pas à terme. Une étude menée en 1988 a démontré que trente et un pour cent des grossesses reconnues sur le plan clinique se soldaient par une fausse couche. En ajoutant à cela celles qui ne sont pas détectées, beaucoup suggèrent que plus de la moitié des grossesses s'achèvent « spontanément ».

Aux États-Unis, une fois que vous êtes né, les pronostics vous sont très favorables, ainsi que dans de nombreux pays développés. Sur mille bébés nés aux États-Unis, près de neuf cent quatre-vingt-quatorze survivent à la petite enfance. Or, actuellement, un million de bébés meurent toujours dans le monde chaque jour, des suites de complications dues à des naissances avant terme, à la maladie ou à la malnutrition, dans la grande majorité des cas. Les risques encourus pendant la petite enfance et l'enfance étaient énormes jusqu'à il y a peu, et vertigineux au cours de notre préhistoire évolutionniste, et ils le sont toujours pour nombre de peuples traditionnels. Par exemple, quarante-trois pour cent des enfants vivant au sein de groupes de chasseurs-cueilleurs « intacts » n'atteignent pas l'âge de quinze ans. Et, selon les observations étonnantes de Sarah Hrdy, la moitié des femmes bochimans meurent sans descendance (et ce n'est pas faute d'avoir donné la vie). En moyenne, elles ont trois enfants et demi. Ces chiffres accablants sont incarnés par Nisa, une Bochiman dont l'anthropologue Marjorie Shostak avait réalisé une interview très fouillée, dans les années 1970 : Nisa avait subi deux fausses couches, mis au monde quatre enfants, dont deux étaient décédés avant l'adolescence et deux autres avant l'âge adulte.

Là où l'enfance est si périlleuse, comment la maternité pourrait-elle, dans toute sa fragile contingence, ne pas inspirer la terreur ? Même de nos jours, même dans un contexte où l'on oublie vite qu'être un enfant est dangereux ou a pu l'être un jour, et qu'être une mère tient de l'entreprise hasardeuse, j'ai commencé à me dire, en nous observant, mes copines anxieuses et moi-même, déposer et récupérer nos petits à l'école, les câliner ou rouspéter après eux que, finalement, on ne devait jamais *vraiment* oublier.

Au fond de nous, commençai-je à supputer, lorsque nous retenions notre souffle à l'aire de jeux, que nous guettions attentivement les étapes importantes du développement lors des séances d'activité, que nous relâchions la pression lors des soirées entre filles, cette vérité fondamentale sous-tendait notre façon d'être mères, cette calamité collective inéluctable : le fait que, depuis toujours, nous perdons nos enfants autant que nous les gardons près de nous. Enterrer nos enfants fait partie de notre expérience fondamentale, profonde, de la maternité, celle dont nous avons hérité, au même titre que les tenir dans nos bras ou les allaiter. Peut-être y a-t-il en nous ce besoin de consoler, soi-même et les autres, pour la perte de nos enfants, chaque fois que nous consolons nos enfants pour une égratignure au genou. Comme c'est le cas pour tant d'autres facteurs de pression qui concourent à forger notre identité, pour tant d'autres réalités qui tissent la toile de fond contre laquelle nous devenons mères, le programme « mère et perte » doit toujours être là, quelque part en nous, j'en acquis la certitude en vivant plusieurs années dans un endroit où régnait une sécurité optimale et ostentatoire, l'Upper East Side. Et à un certain niveau, le plus souterrain, ne peut-il pas influer sur la moindre décision que nous prenons pour nos enfants ? Ne sommes-nous pas tout le temps en train de nous ronger les sangs à ce sujet, même de façon inconsciente ? Tout comme Candace ?

Les psychologues de l'évolution qui s'attachent à comprendre l'impact de la perte sur les mères et sur les espèces dans leur ensemble formulent les choses ainsi :

> « La mortalité infantile joue un rôle crucial dans l'évolution des êtres humains. À toutes les phases de développement, et à toutes les époques et au-delà de l'histoire moderne, on associe l'enfance aux taux les plus élevés de mortalité. Comparativement à d'autres pressions évolutionnistes, comme la survie à l'âge adulte ou le fait de trouver un partenaire et d'avoir des enfants, les chances de ne pas réussir à contribuer de façon directe à sa lignée génétique durant l'enfance sont plus élevées. La pression évolutionniste qu'exerce potentiellement la mortalité infantile a sans doute impacté de manière considérable les parades mises en place par les humains pour s'adapter sur le plan psychologique. Malgré cette influence potentielle, la mortalité infantile est peut-être l'un des facteurs jouant dans la psychologie de l'évolution les moins étudiés[1]. »

Dans une ville comme Manhattan, au sein d'une tribu aussi favorisée que celle dont j'avais fait mon sujet d'étude, la tragédie vous heurte doublement et avec une force singulière. Tout d'abord, l'incident en lui-même vous atteint en pleine face, puis vient une douleur en résonance : la conscience que vous n'êtes ni dans une bulle dorée ni en sécurité, malgré tout le mal que vous vous donnez pour que ce soit le cas. Vous faites de

1. Volk et Atkinson, « Is Child Death the Crucible of Human Evolution ? » *Journal of Social and Cultural Evolutionary Psychology* 2 (2008) : 247-260.

l'exercice. Vous connaissez par cœur le numéro du pédiatre. Votre maison est assurée dans les moindres détails et méticuleusement organisée : vous payez un professionnel deux cents dollars de l'heure pour organiser votre intérieur et vous prémunir contre le chaos et l'incertitude. Et pourtant… Il suffisait de gratter un peu pour découvrir sous la surface que pratiquement toutes les mères autour de moi avaient perdu un enfant, ou avaient une sœur ou une meilleure amie à qui c'était arrivé, dans des circonstances à la limite de l'indicible. À deux semaines de grossesse ou à douze. À trente-neuf, un cordon qui s'enroulait autour du cou du bébé, un cep étranglant une fleur. Le nouveau-né étouffé par l'assistante maternelle qui l'écrase en se retournant dans son sommeil. La petite de deux ans qui fait une chute à l'aire de jeux – une petite chute de rien du tout, on n'aurait même pas dit qu'elle s'était cogné la tête – et qui décède d'une commotion cérébrale quelques jours plus tard. Le tout-petit qui dégringole par la fenêtre et meurt au beau milieu de la circulation, brisant les cœurs de toute la ville. L'enfant d'un an qui se rend au meilleur hôpital de la ville pour une simple opération, sans complexité particulière, et ne rentre jamais à la maison. Trois fillettes emportées par les flammes. La férocité du feu, de la perte. Ici. Juste ici. Dans notre monde. Dans l'Upper East Side, un endroit où l'on se sent en sécurité. Un endroit où tout est possible, jusqu'à ce que, un jour, ce ne le soit plus.

*

J'avais été très barbouillée pendant la grossesse, sujette à des nausées comme jamais je n'en avais connu, personne ne s'en était cependant alarmé. Pas un jour ne passait sans que je vomisse, mais j'avais déjà vécu cela lors de mes grossesses précédentes. Je vomissais dès le réveil, puis en me brossant les dents, puis sur le chemin de l'école lorsque j'accompagnais mon fils. Je vomissais en pleine conversation avec des mamans devant l'école ou au téléphone. Je vomissais dans des sacs à bord d'un taxi. J'y voyais un signe de bonne santé pour le bébé, car c'est ainsi que la majorité des gynécologues interprètent ce genre de symptômes. Pourtant, ce malaise et cet épuisement quotidiens n'étaient pas sans conséquences, et je culpabilisais de ne plus pouvoir jouer avec mon cadet comme il l'aurait souhaité. « On dirait que maman serait une flaque et que toi tu serais un petit garçon », suggérais-je avant de m'allonger par terre dans sa chambre. Il s'approchait alors avec tout son barda pour jouer près de moi. À un stade plus avancé de la grossesse, il se mit à me tâter les seins et le ventre en souriant. « Rigolo », réussit-il même à articuler un jour, à travers sa tétine, tout en palpant mes rondeurs.

J'avais perdu du poids, mais cela avait déjà été le cas lors de la grossesse précédente, et le bébé se développait bien. Il avait passé tous les examens de mesure, tous les examens génétiques et l'amniocentèse haut la main. Nous fûmes stupéfiés d'apprendre que c'était une fille – « Mais nous, on fait des garçons, pas des filles ! » avions-nous envie de protester auprès de qui avait effectué la manipulation – et c'est à ce moment précis que mon mari, dubitatif à l'idée de revivre cette aventure de A à Z, lui qui était désormais quinquagénaire, avait eu un déclic. De temps à autre, il lui arrivait de s'écrier, enthousiaste : « Il va y avoir un bébé ! »

En un sens, en un sens, ce bébé, il grignotait notre espace, il virait notre aîné de son berceau, il allait falloir débourser pour financer ses frais scolaires et universitaires, les travaux de rénovation nécessaires dans la maison et les services d'une nounou à temps plein pendant quatre ou cinq ans. Pour toutes ces raisons, j'avais eu la sensation, jusqu'à l'ultime seconde, que cet enfant ne pouvait pas venir au monde. Mais à présent, plus nous anticipions son arrivée, plus nous nous réjouissions de l'existence de ce petit être dont la venue se rapprochait. Nous faisions des préparatifs, nous élaborions des plans d'action, et nous dormions comme des bébés. J'avais envie que la petite porte mon nom de famille, et lorsque je fis part de cette décision à mon mari, qui était entré dans une colère noire à ce sujet pour les deux premiers-nés, il y consentit sans opposer de résistance. J'avais aussi décidé, sans consulter mon époux, que je voulais la baptiser Daphne. Comment aurais-je pu ne pas m'attacher à elle, à ce bébé qui voulait tant vivre ? Comment aurais-je pu ne pas lui donner un prénom ?

*

Quand on pense à New York, on ne s'imagine pas forcément un lieu où la nature foisonne, ce qui est pourtant le cas. Notre quartier, très arboré, offrait un accès à Central Park par une entrée verdoyante. Au petit matin, l'été, les oiseaux ne chantent pas : ils criaillent à tue-tête. Je les entendis avant même d'avoir posé le pied hors de l'ascenseur pour traverser le vestibule de notre immeuble et foncer dare-dare chez mon gynécologue, en ce jour humide. Je l'avais appelé l'après-midi précédent pour l'informer que j'avais peut-être des saignements ; c'était difficile de savoir précisément, vu que je portais des sous-vêtements noirs, et que, quand j'appliquais un Kleenex à l'endroit en question, c'était rose pâle, pas rouge – alors ça ne devait pas être bien grave, si ? D'une voix pincée, mon médecin me dit de m'allonger – à son ton, je compris qu'il me sommait de m'allonger *pour de vrai*, pas seulement de me vautrer à moitié comme font les mamans, tout en se relevant pour aller lire une histoire à un des mômes ou préparer le dîner – et de boire de l'eau puis de le rappeler rapidement. Ensuite, je téléphonai à mon mari, qui relativisa : « Tu saignes toujours quand tu es enceinte. Chaque fois. C'est comme ça que ton corps réagit. » J'acquiesçai dans un soupir, précisant que mon gynéco avait l'air de prendre mon cas très au sérieux, mais que tout allait bien se passer. La nounou de mes fils ayant accepté de rester plus tard, il se rendit à une soirée dans le cadre de son travail. « Ce n'est sans doute rien de grave », assurai-je à la nounou.

Quand je rappelai mon médecin peu après, conformément à ses instructions, il me dit de boire davantage d'eau et de rester absolument immobile jusqu'à notre rendez-vous du lendemain matin, à la première heure.

À présent, le portier nous ouvrait la porte, et les piaillements des geais bleus se firent assourdissants, poussant leurs cris pleins d'urgence si peu semblables à des chants d'oiseaux, au moment où nous émergeâmes du bâtiment, tout d'abord protégés par l'auvent, puis sous la pluie, pour nous diriger vers le coupé de ville noir qui nous attendait. C'est là que mon mari, pourtant pas du genre rugueux, demanda : « Pas de parapluie ? » D'ordinaire, quand il pleut, les portiers de notre immeuble vous escortent jusqu'à votre véhicule en vous abritant. Ce qui vous permet d'évoluer de la porte à la portière sans quitter votre bulle de confort dorée, sans accroc. Mais ça ne tombait vraiment pas très dru – pour l'instant – et l'homme éluda la réflexion de mon mari d’un haussement d’épaules, tout comme moi. Puis je me hissai à bord de la voiture et m’étendis sur la banquette arrière, la tête sur les genoux de mon cher et tendre, qui pesta : « Bordel, je sais pas ce qui cloche chez les gens. » Il détourna les yeux, regarda à travers la vitre tandis que nous traversions le parc – silencieux et désolé, et gris sous la pluie, loin du parc branché, bondé, insipide, des week-ends ensoleillés, non, le parc tel que je l’aimais : désert, calme et orageux – et secoua la tête. « Il aurait dû nous tendre un parapluie, putain ! Mon costume est trempé. »

*

« Vous voyez quoi, dans ce coin-là ? » demandai-je au médecin. Je n’étais pas nerveuse. On m’avait déjà dit de garder le lit, par le passé, pour éviter une fausse couche – la dernière fois remontait à environ un an et demi, songeai-je, les pieds appuyés contre les gants de toilette Minnie Mouse recouvrant les étriers, et tout s’était toujours *bien terminé*. Depuis des jours, Lily, la maman la plus calme que je connaisse, m’envoyait de longs e-mails pour me rassurer au sujet de ma grossesse, quand elle ne passait pas des heures entières à me consoler au téléphone, moi qui étais en larmes. Je suis donc restée alitée et nous avons fait appel à une aide médicale à domicile qui faisait des Sudoku et me mitonnait des penne à la bolognaise. Je regardais *The Real Housewives of Orange County*. Je racontais à Candace et Lily tous les épisodes par le menu, et l’oreille attentive et amusée qu’elles prêtèrent à mes récits détaillés me maintint à flot. Tout allait *bien se passer*, comme cela avait toujours été le cas : la fois où j’avais commencé à saigner (aucun doute sur la nature des pertes : elles étaient rouge vif) lors de ma première grossesse et où le docteur m'avait prédit cinquante pour cent de chances d'aller jusqu'au terme ; cette fois où, lors de mon premier accouchement, un marathon absurdement long, l'infirmière, voyant les signes vitaux de mon futur fils virer aux montagnes russes, s'était exclamée à l'attention du médecin : « Ce bébé n'arrête pas d'aller et venir, ça ne me dit rien qui vaille ! » ; les soucis avec l'ex-femme de mon mari et ses filles lorsque lui et moi tentions de commencer une nouvelle vie à deux ; les drames et les catastrophes à n'en plus finir. Tout finissait toujours par s'arranger.

« Je ne suis pas sûr que vous ayez vraiment envie de savoir », soupira mon gynécologue, affairé sous le drap rose pudiquement déployé sur le bas de mon corps. Puis il recula sa chaise à roulettes pour réapparaître dans mon champ de vision, et quand je commençai à m'appuyer sur un coude afin de me relever pour discuter, il me dit d'une voix très douce : « Restez allongée. »

Apprendre une mauvaise nouvelle en étant couchée sur le dos est assez incongru. À moins de fermer les yeux ou que votre interlocuteur se penche au-dessus de vous, vous regardez fixement le plafond en tendant l'oreille. Ensuite, en fonction de la nature et de la gravité de l'information, il peut se produire un phénomène, que j'avais jusqu'alors toujours considéré comme un cliché ou comme un ressort dramatique : vous pouvez vous retrouver à contempler votre corps en vue aérienne. Une voix prononçait les formules « membrane saillante » *et* « béance du col de l'utérus » *et* « son pied ressort plus ou moins de votre col », et je me demandais : « Comment est-ce que j'ai atterri ici ? Et c'est qui cette femme, là, qui a l'air si mal ? On dirait que son visage tout entier pleure : torve, rouge, il fond sur place. Ah ! et ses racines ne ressemblent plus à rien, soit dit en passant. »

Quand mon mari me prit la main, je réintégrai brusquement mon enveloppe corporelle. Une sensation douloureuse, un peu comme quand on se cogne le coude, sauf que là, au lieu du coude, c'est le corps tout entier, et je me sentais complètement abasourdie et aplatie, bizarrement, au moment où j'ai demandé d'une voix rauque et incrédule : « Quoi ? » J'apercevais mon gynécologue, à présent, et mes yeux fixaient son visage lorsqu'il me dit, tout en sobriété, avec un calme feint : « C'est le genre de choses qui ne finissent pas très bien, en général. » Il avait l'air livide et fatigué. Alors je me rendis compte que je me tordais les mains l'une dans l'autre – enfin, on aurait davantage dit que je cherchais quelque chose tout en frottant pour l'effacer – et je m'ordonnai mentalement de cesser.

« Donc vous pensez que je vais perdre le bébé ? » Je me sentais désormais presque sereine. Était-ce le plus mauvais scénario ? Allait-il m'annoncer autre chose de pire ? Cela m'aurait étonnée. D'abord nous n'avions pas été certains de vraiment désirer ce bébé, puis, à la toute dernière minute, nous avions décidé que si, et à présent on nous apprenait qu'elle ne verrait peut-être pas le jour, en fin de compte. Mais elle allait le voir, le jour. N'est-ce pas ? Tout allait bien se passer. Le gynécologue évoqua ce qu'on appelle un « cerclage cervical », un ou deux petits points de suture pour maintenir le col fermé, ce à quoi je répondis que je connaissais le principe, pour avoir écrit un article sur le sujet dans un magazine féminin. J'ajoutai qu'une des femmes interviewées dans le cadre du reportage avait, grâce à ce procédé, évité de commencer son travail avant terme, passant quelques semaines la tête en bas, et tout s'était arrangé.

Mon médecin, qui dut voir en mon laïus un tissu de jacasseries, hocha la tête et répéta qu'il m'envoyait à l'hôpital tout de suite.

« Genre, tout de suite, tout de suite ? » Il hocha la tête. Jusqu'à quand, voulut savoir mon mari, pressant fort ma main dans la sienne. « Eh bien… commença mon gynécologue, pour gagner du temps, comme je dus le constater, avec le recul, avant de répondre avec lenteur et précision : Ça dépend vraiment. Ça pourrait durer un bon moment. Ou pas. » Il connaissait à l'hôpital un spécialiste des cas à haut risque, poursuivit-il, précisant le nom du docteur en question – oh oui, je l'adorais, c'est lui qui m'avait fait mes trois amniocentèses, il était vraiment génial, continuai-je à dégoiser –, et ce dernier aurait peut-être d'autres idées. Alors, c'était parti. « Tout de suite ? » demandai-je à nouveau, consciente de lui avoir déjà posé la question mais incapable de me remémorer la réponse. Oui, fit-il, sans sourire. Tandis que je me préparais, il me dit qu'il aimait bien mes chaussures. Je lui expliquai qu'on appelait ça des « skimmers » et que c'étaient des chaussures de pluie ; eh oui, il n'y en a que pour les filles sur cette terre !

*

Une fois admise à l'hôpital, je demandai à une interne qui avait pénétré dans la chambre pourquoi mon lit n'était pas surélevé au niveau des pieds. Pourquoi m'avait-on allongée à plat ? L'idée n'était-elle pas de plutôt maintenir le bébé à l'intérieur ? Elle sourit. « Vous pensez vraiment que c'est une bonne idée de passer les dix-huit ou vingt prochaines semaines les jambes relevées ? Enfin… » Je la dévisageai, cette femme qui me souriait comme si nous partagions un secret, comme si nous savions des choses que les autres ignoraient. J'acquiesçai, en proie à la confusion, mon réflexe d'assentiment à peine affecté, semblait-il, par la prise de conscience que ce geste revenait à admettre l'imminence d'une tragédie. L'espace d'un instant, je saisis ce qu'elle voulait dire, j'y jetai un coup d'œil puis je le glissai sous le tapis.

Mais qu'est-ce qu'elle s'imaginait que je pensais, moi ? Moi, je pensais qu'il y aurait un moyen d'améliorer la situation. J'attendais de m'entretenir avec le gynécologue spécialiste des cas à haut risque, celui qui m'avait fait toutes mes amniocentèses, celui qui était tellement jeune, mignon et intelligent que toutes les mères – effectives et en devenir – l'appelaient Docteur Doogie à son insu, comme le médecin de la série. Aucun problème ne lui résistait, et il allait le prouver.

Comme on me ferait une échographie plus tard, mais pas avant des heures et des heures, mon mari allait rentrer un peu à la maison. Je lui remis la liste de tout ce que je voulais qu'il me rapporte quand il reviendrait, dans l'après-midi. Entre autres, du maquillage et des affaires de toilette, une série d'articles universitaires sur les femmes et les agressions, ainsi qu'un roman de Henry James que j'avais déjà lu quatre ou cinq fois. Et je voulais une photo de mes fils. Contempler leurs visages reviendrait un peu à lire et relire Henry James, encore et encore : je connaissais la fin de l'histoire, et je trouvais un certain réconfort, malgré la difficulté, voire la douleur, à tracer et retracer ces contours familiers à l'aide de mon œil et de mon esprit. Une aide-soignante m'apporta une portion de Jell-O d'un vert horriblement criard, et je la remerciai en lui demandant de la remporter avec elle, ce qu'elle fit avec un sourire compréhensif. Plus tard, un autre médecin vint me voir et me demanda comment j'allais, ce que je faisais dans la vie, et lorsque je lui répondis que j'étais écrivain et chercheuse, elle me mit en garde : « Ne faites pas de recherches sur ce qui vous amène ici, je vous en prie. Ça vous rendrait folle. » Je lui promis de m'abstenir, puis je fondis en larmes et elle me murmura quelques mots aimables, comme tous les gens ici. Montrant la photo de mes deux jeunes fils que j'avais accrochée à côté de mon lit – mon aîné hilare tandis que son petit frère, encore bébé, hurlait à pleins poumons, sans doute parce que son frère le pinçait hors champ, ou peut-être sans raison –, je lui dis que j'avais déjà deux enfants. « Si ce n'était pas le cas, je ne crois pas que je pourrais encaisser ça, poursuivis-je. Alors les choses pourraient être pires. » Elle me dévisagea un moment, puis finit par dire, à voix très basse, la tête inclinée sur le côté : « Ça pourrait être pire, mais ça pourrait être mieux aussi », et elle n'avait pas tort.

*

« Voici le bébé ; voici son pouls », m'annonça l'échographiste, incapable de me regarder dans les yeux. Puis elle s'enfuit, oubliant son support à pince et ses lunettes. « Je ne vais pas y aller par quatre chemins, annonça Docteur Doogie en pénétrant dans la pièce, jetant un œil à l'échographie projetée sur le mur de la silhouette de mon superbe bébé, flottant dans son monde tout gris tissé d'ombre au grain si particulier, ce monde mystérieux qui ignore tout et qu'on ignore, le bruit de son cœur qui battait fort, apaisant, rassurant, comme une chose qui ne cessera jamais.

— D'accord », pépiai-je. Tout allait bien se passer.

Il commença son topo, parlant à toute vitesse, comme s'il avait hâte d'en avoir fini – cette particularité me frappa bien avant que les mots n'atteignent mes tympans puis mon cerveau. Résultat : Daphne était condamnée. Pas moyen qu'elle s'en sorte. Enfin, si, il existait des mesures exceptionnelles, mais les probabilités de la sauver ainsi étaient infimes, à vous fendre le cœur, à vous filer la nausée. Sans parler des risques énormes pour moi. Infection, hypertension artérielle, décès. Daphne était en train de mourir au creux de moi, tout bonnement trop prématurée, trop mal en point pour survivre dans le monde extérieur, même au sein d'une des meilleures unités de soins intensifs en néonatalité de la planète. La voix poursuivait son exposé, basse et pressée, voire pétrie d'urgence, ferme, une voix raisonnée alors même qu'elle verbalisait des choses irraisonnées, insensées et impossibles. *Il ne va pas y avoir de bébé. Elle ne vous faisait pas vraiment coucou, en fait, lors de la dernière échographie, la semaine dernière. Vous ne vouliez pas d'elle, puis vous avez changé d'avis, et maintenant vous n'êtes plus en mesure de l'avoir.*

Je lâchai un « Non », juste histoire de le faire taire, de lui signifier : « Non, attendez, vous avez pensé à... », de l'aiguiller vers un autre angle d'approche, de le guider jusqu'à l'autre bout de la pièce, de la phrase ou de l'idée, là où Daphne se portait bien, jusqu'à cet endroit où les choses brisées peuvent être récupérées et rafistolées. Mais j'avais dû hurler au lieu de parler, car la doctoresse à côté de lui émit un « Oh, mon Dieu » très délicat avant d'enfouir son visage dans ses paumes.

Puis elle tendit la main pour allumer la lumière, et la pièce prit une allure criarde et aseptisée, et il n'y avait plus aucun moyen de se cacher, ni d'éluder quoi que ce soit. Plus de belles ombres grenues, plus de bébé Rorschach à contempler, pour vous bercer, pour vous emmener loin d'ici.

Parfois, les femmes souhaitaient qu'on déclenche le travail afin de pouvoir accoucher du fœtus non viable, expliquait le médecin, et d'autres préféraient « laisser la nature poursuivre son cours » et expulser le fœtus… « Elles sont *folles*, ou quoi ?! » demandai-je sans m'adresser vraiment à personne. Mais, apparemment, Docteur Doogie s'était mis en tête que j'avais vraiment envie de savoir, et il reprit : « Disons que, pour tourner la page, certaines tiennent à vivre cette étape, et voir le… »

Je le coupai à nouveau. « Quelle taille fait-elle ? » m'enquis-je, péremptoire, à quoi il répondit : « Nous ne sommes pas vraiment… », mais j'avais besoin de savoir, là, tout de suite, et je m'écriai dans un quasi-hurlement : « Quelle taille fait-elle ? *Dites-moi combien elle pèse !* » Il me donna une estimation, et je fondis de nouveau en larmes, mais la décision fut facile à prendre, elle s'imposait, maintenant que je savais. Elle était une personne, à mes yeux, et je ne pouvais la laisser s'amenuiser jusqu'au néant ; non, je ne pouvais pas imposer à mon enfant un adieu lent, à petit feu. Je remarquai que mon mari avait les yeux clos, et il les garda ainsi un long moment, tandis que je l'observais. Daphne me rouait de coups de pied, à présent, et baissant les yeux, je me rendis compte d'à quel point j'avais l'air absurdement enceinte pour quelqu'un qui entame à peine son sixième mois. Étant petite et ayant déjà eu deux bébés, j'avais commencé à gonfler très tôt, et ma grossesse paraissait beaucoup plus avancée qu'elle ne l'était en réalité, et en cet instant il m'était insoutenable de songer à l'immensité du néant qui s'était creusé à l'endroit précis où, juste avant, il y avait eu un corps en pleine métamorphose, en pleine croissance, des projets, une chambre fraîchement décorée, un bébé.

Si on laissait la nature suivre son cours, expliquait le médecin, le processus pouvait prendre quelques jours, me faisant soudain saisir ce qu'on entend quand on emploie l'expression « acculé comme un animal sauvage ». J'étais prise au piège, prostrée dans un coin qui ne cessait de se rétrécir, et je me servais de mots pour tenter de m'extirper de là, mais je peinais à articuler – les mots s'échappaient de ma bouche sous forme de souffles et de râles hoquetants, et je pestais contre moi-même.

« Elle ne souffre pas, m'assurait maintenant Docteur Doogie, et vous n'avez rien fait de mal. » Et lorsque je lui demandai : « Comment vous le savez ? Comment vous savez que ce n'est pas ma faute ? », il grimaça et ferma les yeux un moment, puis les rouvrit et dit : « Parce que je le sais. Je sais que ce n'est pas votre faute, c'est tout. » Quelque chose venait de percer sous le masque, au moment où il avait prononcé cette phrase… Soudain, il était une personne s'adressant à une autre personne, s'efforçant de l'amadouer pour la ramener sur terre.

*

La veille de l'intervention, je suis restée seule à l'hôpital, après avoir convaincu mon mari de passer un peu de temps à la maison avec les enfants. Puisqu'on m'avait installée non loin des salles de travail et d'accouchement, j'entendais des bébés pleurer dans mon sommeil. Je me réveillai en sursaut à maintes reprises, consciente de me trouver dans l'hôpital où j'avais mis au monde mes fils, mon premier réflexe étant de songer, paniquée : « Où est mon troisième bébé ? », croyant que les vagissements étaient ceux de ma petite fille, posée tout près de moi.

Docteur Doogie, qui devait se charger de l'opération, s'est présenté le lendemain matin pour m'apprendre, un brin penaud, qu'elle avait été programmée à quinze heures. Il était désolé pour le retard, m'a-t-il assuré, avant de jeter un œil à ce que je lisais et de papoter un peu au sujet de Henry James. Puis j'ai attendu, d'abord seule, puis avec mon mari, à discuter et à ne rien faire. Je ne pouvais pas manger ; de toute façon je n'en avais pas envie. Daphne donnait des coups de pied très violents, battant si fort des jambes qu'on voyait les impacts à travers ma blouse d'hôpital. C'était dû, m'expliquèrent les médecins, au fait que le liquide amniotique se tarissait goutte à goutte. Pour moi, on aurait vraiment dit qu'elle était en train de suffoquer. Je n'arrêtais pas de lui répéter, *in petto* et tout haut, que j'étais désolée, et que ce serait bientôt fini. À un moment, je me suis tournée vers mon mari et j'ai déclaré : « On a eu des bons moments », une phrase que je lui sors toujours lorsque quelque chose de terrible est en train de se produire, et il a souri.

Je croyais que ça irait quand ils m'ont emmenée jusqu'à la salle d'opération en fauteuil roulant, expérience aussi théâtrale que dans ces émissions télévisées où l'on fait ce trajet du point de vue du patient qui se fait véhiculer. Tout allait bien jusqu'au moment où nous avons enfin franchi le seuil de cette pièce plongée dans un silence sinistre et baignée d'une lumière criarde, et où tous ces gens vêtus d'une blouse stérile, d'une charlotte et d'un masque verts ont entrepris de me transbahuter du fauteuil à la table d'opération (c'est comme ça qu'on dit ?) tandis que Daphne se débattait et donnait des coups de pied ; et bien qu'on m'ait expliqué que son agitation était due à la quasi-absence de liquide amniotique et qu'elle ne survivrait pas, ou peut-être précisément *à cause* de cette explication, ses gesticulations me parurent si pathétiques que j'ai lâché une phrase du genre : « Je vous en prie, dépêchez-vous, je n'en peux plus, elle tape trop fort. » J'ai vu une des infirmières en larmes (elle portait un masque de chirurgie rose), puis, l'instant d'après, Docteur Doogie m'a pris la main et m'a parlé. Il m'a demandé si je portais quoi que ce soit d'insolite, tel un piercing, dont mieux valait l'informer, ce qui m'a fait rire, et alors il m'a énuméré toutes les surprises qu'il avait eues dans ce registre. Il a gardé ma main dans la sienne un long moment, ce qui était à la fois gênant et rassurant, un peu comme lors d'un rendez-vous galant, mais avec quelqu'un qui s'apprête à pratiquer une intervention chirurgicale sur votre bébé agonisant qui n'a pas la moindre foutue chance de s'en sortir, et que vous ne pouvez pas rester là à vous tourner les pouces en attendant le moment de l'expulser. J'ai demandé à l'anesthésiste ce qu'elle allait m'administrer et elle m'a répondu : « De quoi vous faire dormir », alors Docteur Doogie lui a fait les gros yeux et l'a reprise : « Je crois que vous ne vous rendez pas compte de ce qu'on est en train de gérer, là. Dites-lui *précisément* ce que vous lui administrez et quelle dose *précise* vous lui injectez. » Elle a obtempéré – c'était une sorte de benzodiazépine – et je me souviens de lui avoir demandé de m'injecter la plus forte dose, histoire de me mettre K-O tout en s'assurant que je ne succombe pas à l'anesthésie. Et je voulais une cicatrice bien propre, ai-je réussi à articuler avant de sombrer ; j'avais des enfants et je me passerais bien de mourir d'une infection à la noix tout à fait évitable.

*

À mon réveil, mon gynécologue était là, mon mari aussi, et nous avons bavardé, puis Docteur Doogie s'est présenté, sans doute pour prendre la température et voir comment j'allais. Il a dit bonjour et a demandé : « Vous vous rappelez ce dont on a parlé après l'opération, quand vous étiez en train de revenir à vous ? » J'ai écarquillé les yeux en grand, vaguement inquiète, me demandant bien de quoi il pouvait s'agir, essayant de me souvenir. Je n'en avais aucune idée. « De quelque chose qu'on ne peut pas répéter devant mon mari ? » ai-je risqué, ce qui a fait rire tout le monde sauf Docteur Doogie, qui a fini par quitter la pièce, me laissant à mes conjectures. *Mais, bon sang, qu'est-ce que j'avais dit ?* Aujourd'hui encore, je me demande toujours ce que j'ai bien pu sortir ; aujourd'hui encore, ma réaction à la perte de Daphne consiste à me demander ce que j'ai bien pu chuchoter à l'oreille de Docteur Doogie au moment où je refaisais surface, émergeant du noir total. L'inquiétude mêlée d'angoisse qui me tourmente prend la forme d'un cordon ombilical noir me reliant à lui, et à elle.

Les médecins avaient tous employé les termes « grossesse » et « fœtus » pour évoquer la situation et l'ensemble des démarches envisageables. On ne pouvait pas sauver le fœtus. Les médecins ne pouvaient prendre aucune mesure pour éviter la mort du fœtus. On ne pouvait ni revenir en arrière, ni retourner la situation, ni enrayer le processus. Le fœtus n'était pas viable. Ensuite, les travailleurs sociaux qui prirent le relais après l'« intervention » l'appelèrent « le bébé ». Ce brusque basculement sémantique était sans doute intentionnel. Désactiver la mère en vous afin que vous puissiez supporter l'opération. Réactiver la mère en vous à présent que le bébé est mort et évacué, afin que vous puissiez entamer votre deuil. Comme nous avons toujours procédé depuis que nous pleurons nos bébés, c'est-à-dire depuis l'éternité. L'assistante sociale m'a demandé si je désirais qu'il y ait des obsèques, et j'ai répondu que non. Mon médecin m'avait déjà posé la question, me précisant que, si nous ne jugions pas cette étape nécessaire, elle aurait des funérailles « hospitalières », ce qui, en substance, signifiait qu'elle serait mise au rebut au même titre que tout autre déchet médical. « Alors qu'elle n'en est pas un », s'était-il empressé d'ajouter. À quoi, j'avais répondu : « Eh bien, moi je pense que si », puisque nous n'avions pu donner à la science la moindre de ses cellules souches, ni utiliser aucun de ses tissus à d'autres fins. À présent, l'assistante sociale désirait savoir si je voulais une boîte souvenir. Elle contenait un bonnet de nouveau-né, m'expliqua-t-elle, le certificat de décès, ainsi qu'une petite empreinte de main et de pied, et je crois que je grimaçai, outrée par cette pratique choquante frisant le ridicule. Je tentai d'imaginer ce que je ferais d'une telle boîte. L'enfouir dans un recoin sombre tout en haut d'un placard ? La reléguer dans un box de stockage ? Quoi ? Nous parlâmes de cette sensation d'isolement qui me minait (qui, mais dites-moi qui, perd son bébé au sixième mois de grossesse ? Normalement, on se sent hors d'atteinte dès la douzième semaine ; qui le savait ? Et *pourquoi* ?) et elle me fit remarquer que toutes les femmes accueillies dans cette aile de l'hôpital avaient perdu leur bébé au deuxième ou troisième trimestre. *Une aile entière dans la même galère*, songeai-je. Voilà qui était rassurant.

*

La maternité ne se forge pas qu'à partir du territoire des vivants, elle est également façonnée par celui des morts. Personne ne m'avait prévenue. Ni les pédiatres, ni les magazines dans le vent du type *Fit Pregnancy* et *New Mom !*. Mais en me tournant vers l'anthropologie, vers les livres déjà sur mes étagères et vers ceux que j'ai achetés après avoir perdu Daphne, pour tâcher de comprendre, j'ai découvert ce secret colossal et authentique déployé à travers les âges et à l'infini, semble-t-il, sans jamais s'élimer. Les pertes endurées par Nisa, la femme bochiman, m'aidèrent à donner du sens à la mienne. C'est ainsi que j'appris autre chose, une leçon si évidente qu'elle ne m'avait jamais effleuré l'esprit : lorsqu'un bébé meurt, le monde s'arrête. Une pause ténue mais tout à fait réelle, une pause qu'on ne peut ni annuler ni nier. Puis, à petits pas, au fil des semaines, des mois et des années, il incombe à toute personne qui aimait ce bébé ou cet enfant, à toute personne ayant jamais aimé un bébé ou un enfant, de refabriquer le monde, de le remettre sur les rails. Vient encore une nouvelle tâche, du travail en plus : trouver, de quelque façon que ce soit, la force de continuer à vivre dans un monde où une telle infamie a pu se produire. À vivre jour après jour avec ce goût amer dans la bouche et avec le sentiment d'injustice, la sensation implacable et anxiogène d'avoir été retournée puis mise à nu, d'être vulnérable. Le besoin impérieux, à la fois pathologique et logique, de mettre à l'abri votre tout-petit, celui qui reste, la peur devenue obsessionnelle qu'il se fasse faucher par une voiture, qu'il tombe dans une piscine ou que, d'une façon ou d'une autre, il s'éteigne. Depuis combien de temps, me demandais-je, jour après jour, semaine après semaine, les femmes éprouvaient-elles cette peur, l'avaient-elles connue, puis oubliée, puis vue resurgir ? Elle était inscrite en nous, je le savais.

Lorsque la fille de trois ans de Lily mourut – de façon tout à fait inattendue, très fulgurante, des suites d'un rhume, principalement –, nous avons toutes gémi comme des pleureuses, nous nous sommes toutes effondrées, nous toutes qui l'aimions, nous toutes qui aimions nos enfants, et toute personne qui en avait entendu parler. Les vaguelettes libérées par Lily nous atteignirent en premier, nous, ses amies. Puis, à partir de nous, elles rayonnèrent jusqu'à nos amis les plus proches, puis jusqu'à leurs amis, puis jusqu'à chaque femme et chaque homme ayant un petit dans une maternelle de Manhattan. Nous étions hébétés, les traits tirés, hâves, les yeux rougis, quand nous accompagnions nos enfants à l'école, quand nous discutions dans les couloirs ou au téléphone. Nous pleurions encore et encore. Nous pleurons toujours. Même celles d'entre nous qui connaissaient quelqu'un qui connaissait quelqu'un qui connaissait quelqu'un. Non. Comment est-ce arrivé ? Non, ce n'est pas possible. Qu'est-ce qui s'est passé, au juste ? Pourquoi ? Mais sa mère, qu'est-ce qu'elle va faire ?

Flora avait trois ans et neuf mois. Ses cheveux fins et clairsemés étaient blonds, ses yeux étaient immenses et bleus. Elle mangeait comme un goret et elle détestait qu'on lui touche la tête. Elle aimait la cuisine, l'école et la danse classique. Elle commençait tout juste à devenir elle-même. Un soir, environ une semaine avant qu'elle ne s'effondre, sa grande sœur et elle sont venues chez nous jouer avec mes fils, et pendant que je m'habillais pour sortir avec Lily et mon mari, on a frappé un tout petit coup à ma porte. Flora portait un cadeau emballé dans du papier de soie blanc avec un nœud doré. « C'est pour toi », a-t-elle dit d'une voix timide, souriant, scrutant ses pieds, puis s'enhardissant, l'espace d'un instant, pour me regarder dans les yeux. Je m'agenouillai et je l'embrassai. « Merci, Flora. » Elle avait marché si loin, parcouru tout le long couloir de notre appartement, loin de sa mère, de sa grande sœur et des autres enfants, loin de la pièce chaude, lumineuse où *Le Chat chapeauté* passait à la télévision, pour venir m'apporter mon présent. Elle m'aida à ouvrir le paquet – contenant une jupe confectionnée par Lily –, puis elle prit congé en empruntant de nouveau le couloir, toute seule, comme une grande. Plus tard, quand je racontai cette anecdote à Lily, elle émit un bruit proche de la suffocation et déclara : « Elle devenait de plus en plus courageuse. Elle faisait de plus en plus ce genre de choses. »

Elle était là, et l'instant d'après elle était partie. L'esprit ne saisit l'information que par fragments, par bribes infimes. Ce n'est pas : « Elle a disparu », mais : « Elle ne portera plus ce tout petit pull égayé de fleurs jaunes, ces bottes de pluie roses. » Son casier, à l'école, celui qui accueillait son petit sac à dos rose et toutes ses productions hebdomadaires artistiques, est vide. Je tiens son parapluie de princesse à la main mais jamais plus elle ne l'ouvrira, elle ne peut pas, elle ne peut plus. Combien de temps ? Combien de temps faut-il pour assembler les pièces en un tout intelligible, puis pour intégrer le fait qu'on l'a perdue, intégrer la réalité de sa disparition ?

Chez les géladas, les chimpanzés et les gorilles des montagnes, on a observé des mères porter, toiletter et dorloter les dépouilles de leurs tout-petits. Bien souvent, elles se livrent à ces pratiques pendant si longtemps que les reliques des bébés se momifient. Dans le cas des chimpanzés et des géladas, les mères transportent les cadavres de leur progéniture de façon atypique (par les membres, avec une seule main, ou par la bouche) laissant entendre que, si elles continuent à s'en occuper avec délicatesse, elles ont bien conscience que les bébés ne sont plus. Quand j'y pensais, je me sentais en phase avec elles, pareille à un animal, traînant avec moi mes espoirs déçus, ma désillusion, mon cœur en miettes et mon instinct d'avenue en avenue, tout comme Lily, supputais-je. On ne saurait comparer la perte d'un jeune enfant, d'une petite personne que vous avez connue et aimée pendant près de quatre ans et les adieux à un bébé que vous n'avez jamais rencontré. Loin de moi cette idée. Mais il arrivait à Lily de dire : « J'ai l'impression que tu me comprends parce qu'il t'est arrivé une chose terrible, à toi aussi. » À nous toutes. Mais surtout à celle ayant vécu le comble de l'horreur, à Lily. Et à Nisa. Et à tant d'autres, appelées à endurer une tristesse singulière, universelle, ordinaire et pourtant d'une extraordinaire atrocité.

*

Il me fallut un bon moment pour me rendre compte, pour vraiment comprendre que je n'étais plus enceinte. Un jour, je rassemblai tous les vêtements de grossesse et d'après-naissance (les hauts et les soutiens-gorges d'allaitement, les pulls tout doux dotés de fentes incongrues pour faciliter la tétée) et je les fourrai dans un sac de courses que je déposai sur le palier de service, lieu dédié aux ordures ménagères, au recyclage mais aussi aux objets susceptibles d'être récupérés, au sein de ce cycle (de rigueur dans notre genre d'immeubles) où les affaires passent des propriétaires au concierge, du concierge à sa famille, puis de sa famille à l'Église. « Ça, c'est fait », me suis-je dit.

C'est alors qu'un brouillard s'abattit sur moi : je passais mon temps à chercher mes clés, je répondais quatre fois au même mail, et j'enrageais. J'enrageais contre moi-même pour avoir égaré mon portefeuille et jeté mes chaussures à la poubelle après les avoir ôtées, comme si c'était tout ce qu'il y avait de plus naturel. J'enrageais en m'apercevant que j'avais mis mon téléphone dans le réfrigérateur. J'enrageais contre mon médecin, qui ne comprenait pas que j'avais la maladie d'Alzheimer. Comment expliquer, sinon, cette incapacité à me rappeler ce que j'avais dit, ce que j'avais fait, où j'étais allée et ce que j'avais dit que je ferais ? J'avais froid en permanence. Dans la chambre de mon fils aîné, je tombai sur le dessin suivant : deux bonshommes en forme d'allumettes, dont l'un avait un gros ventre, un tout petit corps et des croix à la place des yeux ; l'autre avait une boîte dont s'échappaient des sortes de lignes. « Qu'est-ce que c'est ? » demandai-je. Ce à quoi mon fils répondit : « C'est quand le bébé est mort. C'est le docteur et sa machine. » Il rédigea des lettres, une à Daphne, une à Flora. « Je suis content que tu sois ma petite sœur, même si tu es morte », écrivit-il à Daphne. « Tu me manques, envoie-moi de tes nouvelles, si tu peux », disait-il pour clôturer sa missive à Flora.

Nous étions abandonnés ensemble, semblait-il, notre petite famille était embourbée dans son chagrin. Mon mari ne saisissait pas la profondeur de mon angoisse existentielle et de ma colère (comment l'aurait-il pu ?) et, les jours les plus difficiles, j'avais l'impression d'être emmurée et séparée même de lui, comme s'il n'était plus qu'un personnage évoluant sur la toile de fond tissée par ce que j'avais perdu. J'essayais de me remettre au travail, persuadée que l'écriture me ferait du bien, mais mon esprit n'était plus du tout fiable, il refusait de coopérer. Je n'arrivais plus à trouver les mots ; parfois, il s'agissait de termes que tout un chacun pourrait oublier, comme « éphémère », mais à d'autres moments, même « ceci » ou « aussi » m'échappaient. Alors j'appelais Candace ou mon ami Jeff, le professeur de littérature, pour leur demander de m'aider à retrouver ce que j'avais en tête, ce que j'essayais d'exprimer. Ils tâchaient de m'apporter leur soutien afin de traverser cette phase de désorientation et d'amertume, un mot après l'autre.

Parfois, le monde extérieur, c'est-à-dire hors de ma maison, semblait se retirer très loin, comme le reflux de la marée. Avec le recul, les choses auxquelles j'avais accordé de l'importance, sur lesquelles je m'étais focalisée – mon travail, bien sûr, mais aussi les démarches pour nous trouver, à mes fils et moi, une place au soleil dans un monde qui m'était, à l'origine, tout à fait étranger et m'avait presque rendue étrangère à moi-même, mais avait fini par devenir familier, puis quasi normal – me paraissaient ridicules, tordues et réfractées qu'elles étaient par le prisme de la perte. À quoi bon ? Quelle importance que j'écrive un nouveau livre ?

Quelle importance que mes fils soient invités ou pas à une fête d'anniversaire ou qu'on les exclue de telle ou telle session de jeu ? Pourquoi auparavant en avais-je fait une montagne ? Vulnérable et à vif, j'avais tiré au clair une chose : désormais, j'en avais ma claque des petits jeux mesquins qui rythment la vie des mères à Manhattan. Et je ne ferais plus preuve d'aucune patience. Si quiconque me regardait de haut, me promis-je, ou se permettait de dire ou de faire un truc méchant à mes mômes, je lui montrerais de quel bois je me chauffais, et je l'entraînerais jusque dans les limbes de la douleur avec moi, histoire de lui rentrer une ou deux choses dans le crâne à propos de ce qui comptait vraiment. Je mettais au défi la Reine des Reines des Abeilles – qui, à ce qu'on disait, avait récemment, dans les couloirs de l'école, attrapé brusquement puis abaissé le col du manteau d'une mère qui refusait de lui dire où elle l'avait acheté, avant de la railler pour son manteau « bon marché » – de s'approcher de moi. Heureusement, pour elle comme pour moi, sans doute, elle s'abstint de le faire.

Or il se produisit autre chose. Chaque jour, sans exception, j'échangeais avec certaines des mères que je croisais à l'école de mon aîné et à la garderie de mon cadet. « On a fait plusieurs amniocentèses et les résultats étaient toujours les mêmes, mais on continuait à attendre, à garder espoir. Alors, j'étais vraiment très avancée quand… Enfin tu vois, quoi », me confia un jour, autour d'un café, une femme si riche que c'en était presque risible et dont l'attitude était ridiculement vaniteuse, indifférente. À présent, elle me regardait dans les yeux en disant : « Je sais ce que tu vis, et je compatis, vraiment. » J'étais lessivée, exténuée mais elle avait insisté pour me voir. Nous ne nous connaissions pas très bien. Et voilà que je fondis en larmes – au sujet de Daphne, et de son bébé à elle, aussi – et qu'elle me dit : « Je vais t'aider. » Elle le ferait. Elle le fit. Elle en était, et elle le savait. Toutes en étaient. À ma grande surprise, les mères, dont beaucoup m'avaient à la base rebutée avec leur air hostile, autocentré, superficiel, me montrèrent leur vrai visage, le vrai visage de la maternité.

Une par une, quotidiennement, jour après jour, elles prirent de mes nouvelles. Elles m'emmenèrent déjeuner, elles me firent porter des fleurs et elles nous invitèrent dans leurs maisons de vacances. Elles m'envoyèrent des e-mails juste pour dire bonjour. Elles me racontèrent leurs propres histoires. « J'ai perdu des jumeaux à vingt-deux semaines de grossesse. Enfin, je veux dire, l'un est mort-né et l'autre a vécu deux semaines de plus, mais ensuite il est décédé. Et je voulais juste te dire que je comprends. Vraiment. » Une autre maman d'élève me confia qu'elle avait perdu son bébé à la dix-neuvième semaine de grossesse et frôlé la mort tant elle avait perdu de sang. Et tandis qu'on lui faisait subir une transfusion après l'autre, elle rêvait de ses autres enfants. Nous arpentions la piste cavalière de Central Park en tenue de sport, et elle m'écoutait et je l'écoutais, et je me demandais combien d'autres femmes, à cet instant précis, dans le parc ou dans les bâtiments voisins, et combien de mères contenues dans des cercles concentriques de plus en plus éloignés à travers la ville, le pays, le monde, songeaient à des pertes similaires pile à ce moment-là – pile au moment où, émergeant d'un virage, nous tombâmes sur ce que mon cadet appelait « l'arbre biscornu », l'endroit idéal où s'asseoir quand on est une personne de petite taille et que le bras de quelqu'un qui nous aime nous maintient en place d'une main sur le dos.

Des femmes me relatèrent des histoires de bébés perdus la semaine ou la veille du terme. J'appris d'une femme que j'avais toujours trouvée d'une froideur dépassant l'entendement qu'elle avait retrouvé sa fille de presque six mois décédée dans sa chambre : mort subite du nourrisson. Une autre me parla de sa petite fille, morte, sans cause apparente, huit mois après sa venue au monde. Elle me raconta cette histoire d'un ton presque badin, comme si ce qui comptait *vraiment*, c'était ma propre perte – je tendis alors la main pour la poser sur son bras. « Jamais ça ne pourra aller, mais ça ira quand même », déclara-t-elle avec un sourire qui semblait s'excuser, comme nous restions plantées sur le trottoir.

Prenant conscience que j'avais disqualifié sans appel et bien trop hâtivement certaines mères dont la réserve ou l'attitude grégaire, tribale jusqu'au bout des ongles, m'avaient blessée, voire intimidée, j'éprouvai de la honte, de la confusion et du soulagement en proportions égales. Nombre de celles que j'évitais comme la peste, les ayant prises pour des garces, se montraient pleines d'égards. Elles proposaient d'accueillir mon fils chez elles pour une soirée pyjama, ou de l'emmener au cinéma. Elles me faisaient livrer à dîner. Et lorsqu'on nous invitait hors de New York pour le week-end, nous répondions présents. Nous mangions, nous discutions et nous nagions avec nos enfants et les leurs dans leurs piscines. Nous avions baptisé cette période le « Dead Baby Tour ». Je croyais que ma perte élargirait le gouffre entre elles et moi, or elle le combla. Elles aussi avaient connu la perte. Il faudrait, plaisantions-nous avec les autres mères en deuil, faire imprimer des tee-shirts portant l'inscription : « J'ai vomi pendant six mois… et tout ce que j'ai eu, c'est ce tee-shirt pourri. »

Certains jours ça allait, d'autres ça allait moins bien, et d'autres ça n'allait pas du tout. Mais les mères de mon entourage, dont certaines m'avaient chargée sur le trottoir, maniant le Birkin avec dextérité, dont certaines m'avaient bien fait sentir que mon fils et moi étions des parias en nous excluant de leurs sessions de jeu, ne me laissèrent pas tomber. Quelques-unes comptant parmi celles qui m'avaient bizutée et harcelée venaient partager un verre de vin à la maison. Elles s'asseyaient, tout ouïe, faisant montre d'une incroyable et admirable capacité à être là, à être simplement là, avec ma douleur et ma rage, et à se soucier de ma personne. Pendant des semaines, des mois, et pour certaines, pendant des années.

*

L'un des changements majeurs survenus au cours de cette dernière décennie en anthropologie, une des découvertes qui a révolutionné le domaine, c'est la prise de conscience de l'évolution de la façon coopérative d'élever notre progéniture. Élever des enfants au sein d'une famille nucléaire est un phénomène très récent, une infime interférence sur l'écran de la vie de famille. Avant cela, jamais l'être humain n'avait élevé ses enfants en les laissant seuls, isolés, coupés de leurs semblables, ou avec le concours d'une seule autre personne, le géniteur. Anormale, cette démarche rend la tâche ardue, et les choses ne « devraient pas » se passer ainsi. En effet, depuis l'aube de l'humanité, nous avons toujours fait appel à d'autres femelles (des parentes ou des bonnes âmes prêtes à rendre service) pour nous aider à élever notre progéniture. Nous avons majoritairement vécu comme Nisa – au sein de clans nomades plurifamiliaux, où chacun se souciait de tous, où chacun s'occupait de tous, et où tout le monde élevait les enfants de tout le monde. Ce mode de fonctionnement s'observe toujours dans les petites villes des Caraïbes, où n'importe quel adulte peut remonter les bretelles à n'importe quel enfant, s'en donne à cœur joie, et se fait obéir. Ou à Hawaï, où enfants comme parents nouent des relations très fortes avec des personnes à qui le *hanaï* les lie : des oncles et des tantes, des relations honoraires indispensables qui se sentent vraiment concernées par le bien-être et l'éducation d'un enfant qui n'est pas de leur sang. Non, ce n'est pas le feu, ni la chasse, ni la dyade hétérosexuelle qui nous a donné une longueur d'avance, s'accordent désormais à dire les anthropologues ; c'est plutôt la propension de nos ancêtres femelles à s'occuper des bébés des autres, à les porter, à les tenir dans leurs bras, à les surveiller, voire, parfois, à les allaiter. Voilà ce qui explique, en grande partie, pourquoi *Homo sapiens* a prospéré et continue de prospérer quand les autres hominidés et pré-hominidés ont mordu la poussière. Cette histoire d'interdépendance, cette coutume immémoriale selon laquelle chaque femme prend soin des bébés des autres explique peut-être la capacité unique des femmes à nouer des amitiés très profondes avec leurs semblables. Elles comptent les unes sur les autres pour s'aider mutuellement à s'occuper des enfants, à ne pas sombrer dans la folie et à survivre. Au sein de ce réseau d'interconnexions, la perte de l'enfant de l'autre m'affecte énormément, car il ou elle est un petit peu le mien.

Je savais cela. J'avais étudié les notions de reproduction communautaire et d'allaitement collectif à l'université et lors de recherches ultérieures. J'avais réfléchi et écrit sur ces phénomènes. Mais, désormais, je les ressentais dans mes tripes.

En plus d'être traumatisant pour les mères qui ne l'avaient pas vécu, ce qui m'était arrivé devait aussi agir comme un rappel quasi insoutenable sur celles qui étaient passées par là. Or, elles ne cessèrent pas pour autant de prendre de mes nouvelles, ni d'avoir envie de savoir. Les rapports entre femmes avec enfants à Manhattan sont bien souvent conditionnés par un esprit de compétition et une agressivité ahurissants – comme en attestent l'étalage vestimentaire et les regards glaçants qui vous toisent de pied en cap dans l'ascenseur de l'école. Mais, comme je l'ai appris après avoir perdu Daphne, ces femmes sont également capables de coopération et de soutien quand il s'agit de prendre soin les unes des autres en s'occupant des enfants de chacune. Tout comme les mères des petites villes, tout comme les mères d'antan, les femmes avec enfants dans l'Upper East Side tissent des réseaux relationnels remplissant à la fois une fonction de soutien moral et de substitution dans le soin à l'enfant. Elles ne m'ont pas laissée tomber, car elles ne le pouvaient pas.

8

Notes de terrain – synthèse

Au terme de six années de recherches de terrain dans l'Upper East Side de Manhattan, parmi un groupe d'approximativement cent cinquante mères ayant des enfants en bas âge et vivant dans une zone d'une centaine d'hectares environ, mon immersion dans la tribu que j'avais prise pour sujet d'étude et mon identification avec ses membres étaient totales. Rien ne laissait présager pareille issue. À l'origine, j'étais un nouvel élément tout juste transféré dans ce groupe spécifique de primates d'ordre supérieur : une fois arrivée à maturité sexuelle, j'avais quitté un groupe assez éloigné de celui-ci sur les plans géographique et culturel, pour m'établir au sud de l'île, adoptant les pratiques et les attitudes en vigueur dans ce nouvel habitat, avant de migrer vers la partie la plus septentrionale de l'île, une véritable niche de surabondance, en quête d'opportunités pour ma progéniture et moi. Je ne pratiquais pas la religion chère à ma tribu d'étude ; j'obéissais à des coutumes distinctes des leurs pour ce qui était de l'embellissement personnel, des costumes et des ablutions, jusqu'au jour où je me familiarisai avec leurs us – et même alors, je persistai à éviter de m'y conformer ; mes schémas migratoires saisonniers étaient différents des leurs ; et mes ressources très limitées, par comparaison. Pas étonnant, donc, que, comme de nombreuses nouvelles venues cherchant à s'intégrer au sein de groupes de primates humains et non humains des quatre coins du monde, j'aie un statut d'ordre inférieur et que je doive subir une sorte de bizutage, qui vira au harcèlement, infligé par des membres de rang supérieur – lesquels, en général, avaient hérité de ce statut élevé grâce à leurs pères ou à leurs maris – pendant de longs mois après mon arrivée au sein de la tribu. Parfois, j'eus même l'impression que je n'en verrais jamais la fin.

Cependant, le biologiste Robert Sapolsky et d'autres confrères en sont arrivés à la conclusion, au terme d'années de travail de terrain parmi les primates non humains, que, si un statut peu élevé peut être source de stress et si un statut élevé obtenu par héritage donne accès à toutes sortes d'avantages, le rang social est peut-être plus flexible et moins figé chez les primates que nombre de chercheurs ne le croyaient jusqu'alors. Par exemple, un babouin de rang inférieur pourra, en forgeant des coalitions habiles (en épouillant les autres ou en faisant leur toilette, en formant des alliances lors de différends, en partageant sa nourriture, en s'occupant des tout-petits des autres), s'octroyer des conditions de vie agréables et récolter des résultats tout aussi plaisants pour lui et pour sa progéniture. Sapolsky et d'autres vont plus loin, suggérant qu'au sein des groupes de primates non humains le taux de stress est moins élevé chez les bêtas que chez les alphas. Possible, en effet, que la vie soit plus belle quand on ne se situe pas au sommet de l'échelle, où l'on doit en permanence se prémunir contre l'envie suscitée chez les autres et leurs tentatives de nous renverser.

Si les conséquences de ces découvertes pour les humains demeurent floues, au terme de mois de travail assidu pour trouver des alliées et bâtir des coalitions, j'ai fini par être satisfaite de mon rang, de mes liens d'amitié et, but suprême pour un primate, des perspectives qui s'offraient à ma progéniture, ceci après plusieurs années de vie dans le giron de ce que je finirais par considérer comme ma tribu. L'amélioration de mon sort était, en partie, imputable à mon « travail » sur le plan social : cultiver des liens et des affiliations pour mes fils et moi ; persévérer avec opiniâtreté (mais sans grande dignité, il faut bien le dire) dans mes tentatives de créer des alliances tout en ignorant qu'on m'ignorait, évitant ainsi de perdre la face ; capitaliser sur les attentions éphémères d'un mâle alpha. Cependant, l'événement catalyseur de ce changement de statut subit aura sans doute été la perte d'un fœtus à un stade très avancé, qui me valut une vague de compassion inopinée de la part de mes congénères. Cet incident a très certainement fait resurgir une propension bien ancrée en nous à la générosité, à l'altruisme et à l'empathie entre femmes ayant évolué selon le modèle de la reproduction communautaire et dont les ancêtres s'occupaient régulièrement des enfants de leurs parentes et d'autres membres du clan. Si ces coutumes n'ont plus cours dans notre environnement, où les conditions écologiques et environnementales ont changé de façon radicale, il est évident que, lorsqu'il s'agit de reproduction communautaire, de prendre soin des autres de façon mutuelle et collective et de se soucier d'eux, tout simplement, comme le dirait l'anthropologue Steve Josephson, « le programme est resté gravé en nous ».

Dans *Journal d'ethnographe* de Bronisław Malinowski, la face cachée, très personnelle, de l'étude ethnographique officielle intitulée *Les Argonautes du Pacifique occidental* (1922 pour la version originale ; 1963 pour la version française), où l'anthropologue narre sa vie parmi les îliens de Trobriand, au large de la Nouvelle-Guinée, nous le voyons perdre pied, voire les pédales. Lui qui s'était établi dans un archipel reculé au nom d'une « science » sociale naissante dont les praticiens s'échinaient à se démarquer des missionnaires, des marchands et des administrateurs coloniaux se dépeint à maintes reprises comme « perdu ». Cet éminent pionnier de l'anthropologie est pris de rage envers ses informateurs, qui s'éclipsent parfois sans demander leur reste après avoir obtenu leur dose de tabac, faisant fi de leur « engagement » à lui offrir en retour quelques vérités au sujet d'eux-mêmes et de leur culture. Il s'y ouvre d'une série de doutes sur le plan tant personnel que professionnel, et même d'une sorte de chute libre émotionnelle et psychologique alors même qu'il tâche de s'adapter à un environnement déroutant (la vie sous la hutte, le soleil cuisant, une langue étrangère et un mode de vie tout à fait inconnu). Il se croit, de façon cyclique, atteint d'une maladie mortelle. Il est anxieux, seul et frustré du point de vue sexuel.

J'ai beaucoup songé à Malinowski, sur qui j'avais rédigé ma thèse, tout en suivant mon petit bonhomme de chemin dans l'Upper East Side. J'ai songé à l'honnêteté virulente avec laquelle il a décrit une énigme qui lui échappait alors qu'il en était le principal protagoniste. J'ai songé à l'homme faillible, rancunier, mesquin et pas du tout scientifique, à l'image superficielle et peu objective que son écriture personnelle pouvait, par moments, donner de lui, celle d'un homme aux antipodes de la voix professionnelle, décontractée, analytique, distante, dont il use dans *Les Argonautes*. Malinowski et une poignée de confrères ont, ni plus ni moins, inventé l'anthropologie, une discipline qui m'a toujours été chère pour deux raisons : le solide mariage qu'elle offre entre art du conte et connaissances approfondies, et la juxtaposition, périlleuse mais indéniable, du vécu personnel d'un élément extérieur et du récit englobant d'une culture. Je ne suis pas une anthropologue au sens académique du terme : je ne me suis pas spécialisée en anthropologie à l'université, même si j'ai étudié cette matière et qu'elle a, par la suite, servi de point d'ancrage à ma carrière puisque je me suis attachée à la comprendre, à la mettre en mots, par écrit dans des ouvrages, et par oral en enseignant son histoire lors de mes cours de *cultural studies*[1]. Je ne suis pas non plus allée dans quelque endroit reculé pour observer et consigner les comportements de

1. Ensemble de disciplines ayant pour objet l'étude de la culture des sociétés industrialisées, notamment par l'analyse de phénomènes aux formes complexes comme la littérature, le cinéma, la mode ou la publicité. (Source : *Grand dictionnaire terminologique*.)

chimpanzés, de babouins, de singes et de grands singes, à la manière des primatologues. L'anthropologie et la primatologie étaient des disciplines et des prismes que j'ai étudiés, dont je suis tombée amoureuse, au point de les appliquer à ma propre expérience quand j'ai changé d'habitat et que j'ai dû m'adapter à une nouvelle vie dans une autre culture, une société dont les rites, les croyances et les rituels m'ont tout d'abord valu de me sentir déroutée, étrangère.

Bien que je n'aie pas quitté Manhattan et que je n'aie pas eu à apprendre une nouvelle langue, les expériences relatées par Malinowski dans son *Journal* (l'exaspération et le déracinement culturel) résonnent néanmoins au plus profond de moi. J'aspirais à m'intégrer, à faire partie du groupe, et j'éprouvais parfois un profond ressentiment envers ces individus autour de moi qui semblaient n'avoir qu'indifférence ou mépris à l'égard de quiconque n'était pas des leurs. Constatant que mes tentatives d'approche et les marques de sympathie ne suscitaient ni réciprocité ni la moindre réaction, je me sentais mal-aimée ; j'ai subi une sorte de choc culturel au contact d'un environnement et de mœurs si inédits, si inconnus, mais aussi à force d'être ignorée et laissée sur la touche ; et, de temps en temps, j'ai dû réprimer une envie mesquine de tourner en ridicule les sujets que je m'évertuais à comprendre. Bien souvent, sachant pourtant que le bizutage qu'on me faisait endurer n'avait rien de personnel, j'ai eu envie de montrer les crocs. (« En général, mon sentiment envers les indigènes tend décidément à : “Qu'on extermine les brutes !” » écrivit Malinowski dans un accès de rage[1].) Beaucoup de ces

1. Bronisław Malinowski, *Journal d'ethnographe*, trad. Tina Jolas, Éditions du Seuil, coll. « Recherches anthropologiques », 1985, p. 83.

« états d'âme suscités par les recherches de terrain » me parlaient au quotidien.

Mais, au final, la tribu de mamans que j'avais étudiée et au sein de laquelle j'avais vécu pendant des années m'avait agréablement surprise. Je n'ai pas le souvenir de m'être sentie plus humiliée que lors du bizutage intense subi au cours de mes premiers mois et de mes premières années de recherches sur le terrain. Mais, à l'inverse, jamais je ne me suis sentie plus soutenue, plus dorlotée, plus entourée de vraies amies qu'après la perte de ma fille mort-née, Daphne. Parmi les autres mères que, jusqu'alors, j'avais trouvées inexorablement « autres », celles qui me tendirent la main – celles que je jugeais hautaines, voire cruelles, celles qui m'avaient donné l'impression de me regarder de haut, de me railler, de m'ignorer, de me réduire à l'état de paria en m'excluant de leurs sessions de jeu, celles qui avaient elles-mêmes subi une perte ou dont les sœurs, les amies avaient vécu cette épreuve – le firent avec une détermination, un dévouement et une générosité qui me laissèrent pantoise. Ensuite, elles finirent par oublier, je crois, ce qui les avait amenées à moi et les avait motivées à se montrer si adorables et magnanimes à mon égard, elles qui, à l'origine, s'étaient montrées si froides, indifférentes voire, de temps à autre, carrément mauvaises. Puis elles continuèrent à être aimables, tout simplement. « Comment on est devenues amies, déjà ? Je suis tellement contente qu'on se connaisse… C'est par le biais de l'école, non ? » me demanda une copine aux cheveux étincelants, le nez chaussé de lunettes noires Chanel, plongée dans ses réminiscences comme nous nous attardions un peu au soleil, après le café du matin. Inutile de lui rappeler ce qui l'avait conduite vers moi, puisque nous étions proches, à présent. Le noyau de notre amitié étant enfoui en profondeur, je ne voyais pas l'intérêt d'aller le déterrer. Je laissai couler.

Il m'arrive toujours de croiser des jeunes mamans dans l'Upper East Side, des amies d'une amie, ou qui siègent à un comité ou à un conseil avec quelqu'un de ma connaissance – des connexions ténues –, dont l'animosité et l'air distant m'interpellent, de prime abord, lors des deux ou trois premières confrontations. Je suis loin de porter un regard de Bisounours sur mon espèce, mais désormais, devant l'indifférence d'une autre mère, son air distrait ou sévère, ou une réflexion désobligeante ou une pique destinée à prouver sa supériorité, j'ai la présence d'esprit de me dire, l'expérience aidant, que dans l'adversité une dimension plus noble et plus profonde de cette femme me serait sans doute révélée.

*

Le primatologue Frans de Waal est l'un des pionniers de ce secteur émergent qu'est l'empathie animale, discipline qui s'intéresse non seulement aux primates mais également aux canidés, aux éléphants et même aux rongeurs. Tous ces mammifères, mais les primates en premier chef, explique-t-il, « sont sensibles à leurs émotions mutuelles et réagissent en voyant l'un des leurs en difficulté[1] ». Cette affirmation somme toute assez modeste, il y a bien longtemps que de Waal, Jane Goodall et Robert Sapolsky la martèlent en s'appuyant sur des preuves tirées des recherches qu'ils ont menées sur le terrain des années durant. Il existe des milliers de cas avérés, fait remarquer de Waal, de

1. Frans de Waal, *Le Bonobo, Dieu et nous. À la recherche de l'humanisme chez les primates*, trad. Françoise et Paul Chemla, Les Liens qui libèrent, 2013, p. 10.

chimpanzés consolant leurs congénères contrariés en les prenant dans leurs bras ou en les embrassant. Les grands singes « iront volontairement ouvrir une porte pour permettre à un compagnon d'avoir accès à des denrées alimentaires, même si ce faisant ils en perdent eux-mêmes une partie[1] ». Les sapajous ont tendance à solliciter des récompenses pour les autres : ainsi, lorsqu'on leur propose de choisir entre deux jetons, ils préféreront le plus « social » des deux, celui qui gratifiera à la fois le sapajou prenant la décision et son compagnon. La science rechigne à accepter tout ce qui a des relents d'anthropomorphisme (le fait de projeter nos propres caractéristiques humaines sur les animaux), car ce genre de théories passent pour mièvres, sentimentales et imprécises.

On ne peut pourtant plus ignorer la multitude de preuves démontrant que les animaux prennent soin les uns des autres, même si, bien souvent, il leur en coûte. Le glaçon que la science a pour cœur fond lorsqu'il s'agit d'approuver une version de notre histoire évolutionniste « qui tienne moins du bain de sang » (selon la description de De Waal), une version qui mette l'accent sur le fait que la coopération et la compassion nous ont autant façonnés que les conflits belliqueux et l'indifférence. Cette hypothèse au sujet des origines coopératives de l'humanité s'est fait jour à force d'observer le comportement des primates non humains au quotidien. Certes, les chimpanzés peuvent faire preuve de violence et d'agressivité, et leur soif indéniable de pouvoir susciterait, c'est certain, l'admiration du plus sanguinaire des gestionnaires de fonds spéculatifs de Manhattan. L'attitude de certains primates non humains

1. *Ibid.*, p. 9.

confine au machiavélisme, affirme de Waal (qui, au début de sa carrière, s'est même penché sur l'œuvre de Machiavel afin de mieux comprendre comment les chimpanzés, son sujet d'étude, « font du relationnel et des manigances », et pourquoi ils sont capables d'achever un rival sans ciller). Pourtant, ces mêmes créatures vivent en communautés très soudées et sont susceptibles de se prodiguer mutuellement de grandes attentions, à l'instar d'une femelle baptisée Daisy qui, ayant un faible pour les copeaux de bois, avait amassé tous ceux qu'elle récupérait… dans le but de remettre l'intégralité de sa réserve à un mâle malade appelé Amos, afin qu'il puisse se confectionner un nid de convalescence plus confortable. Ayant deviné ce qu'Amos pourrait éprouver en extrapolant son propre ressenti – « J'adore ces copeaux de bois, ils sont si douillets ! » –, Daisy avait décidé de se priver (pas de copeaux pour elle ce jour ou ce soir-là) pour pallier l'inconfort d'Amos. Cet acte d'altruisme n'était pas le fruit – du moins, pas exclusivement – d'un calcul lui ayant fait miroiter ce à quoi elle pourrait prétendre en retour. Non, il était motivé par un profond sentiment d'empathie. Comme l'observa de Waal, c'était comme si Daisy rembourrait les oreillers du lit d'hôpital accueillant une personne à qui elle tenait, sachant que cela lui ferait du bien.

*

Pourquoi prendre soin des autres ?

De Waal avance l'hypothèse que, « pour les mammifères au moins, les soins maternels sont la forme typique de l'altruisme, le modèle de toutes les autres[1] ». Accueil-

1. *Ibid.*, p. 56.

lir un fœtus en gestation, donner votre corps (et, comme en attestera plus d'une mère humaine, votre esprit) à une chose qui se développe en vous, la mettre au monde, puis sécréter du lait pour l'allaiter (ou l'approvisionner de quelque façon que ce soit), en faire le centre de votre univers non pas pour quelques heures ou quelques jours, ou même quelques semaines, mais pour des *années*... ces actes que la maternité nous conduit à réitérer jour après jour rendent poreuse la frontière entre soi et l'autre, entre l'intérêt individuel et une compassion, une empathie totale pour cette autre créature à qui l'on prodigue tant de soins, avec une ferveur absolue qui nous *exténue*, au sens premier de « rendre ténu ».

Sarah Hrdy, elle, suggère que l'empathie, la profonde compréhension mutuelle qui nous incite à faire pour les autres ce que nous savons que nous aimerions qu'ils fassent pour nous, même si cela a un coût, puise son origine non seulement dans les soins maternels mais également dans la reproduction communautaire, dans sa sagesse et dans la philosophie du « il faut un village pour... », guère plus citée de nos jours dans l'Occident industrialisé que par Hillary Clinton, mais toujours manifeste et largement répandue au sein d'autres cultures, où, comme on dit dans plusieurs langues et pays d'Afrique occidentale, « un enfant a de nombreux parents ».

Sarah Hrdy, l'anthropologue Kristen Hawkes et, plus récemment, Katie Hinde ont démontré que, selon les termes employés par de Waal, « l'esprit d'équipe est né [...] de la prise en charge collective des enfants, pas seulement par les mères mais aussi par tous les adultes présents[1] ». Si l'on comptait quelques hommes parmi ces adultes, il s'agissait majoritairement, comme

1. *Ibid.*

l'ont démontré Hawkes et Hinde, d'autres femmes – des parentes ou des bonnes âmes qui prêtaient main-forte au besoin, et que l'on aidait en retour quand il le fallait. La science laisse entendre qu'un partisan de la reproduction communautaire ne se contente pas de faire le bien… il se fait aussi du bien. Selon de Waal, les macaques rhésus illustrent avec éloquence l'idée que les soins maternels et la prise en charge collective des enfants *font du bien* à ceux qui s'y collent. Chaque printemps, lorsque les macaques rhésus mettent bas, les femelles juvéniles se démènent avec passion pour tenter de se rendre utiles… et poser la main sur les nouveau-nés. Elles restent à proximité, toilettant avec un soin attentif et sans relâche les mères de ces nourrissons, par qui elles semblent subjuguées, jusqu'à ce qu'une maman daigne accorder à la baby-sitter un moment. Alors, la juvénile s'empare prestement du bébé, animée par un zèle dévorant, comme le rapporte de Waal, « le prena[n]t dans les bras, le promena[n]t, le renversa[n]t pour inspecter ses parties génitales, lui lécha[n]t le visage, le nettoya[n]t de tous côtés, mais finissa[n]t par s'assoupir en étreignant fermement le bébé[1] ». Chaque fois, sans exception, elles s'assoupissent ainsi, le bébé au creux des bras, et selon une séquence réglée comme du papier à musique, « donna[n]t l'impression qu'elles [sont] en transe ou peut-être en extase[2] ». En serrant très fort les bébés contre elles, les baby-sitters libèrent l'ocytocine dans leur cerveau et leur sang, cette hormone qui les berce et les plonge dans un sommeil exquis. Immanquablement, elles reviennent à elles au bout de quelques minutes afin de rendre les bébés à leurs mères.

1. *Ibid.*, p. 55.
2. *Ibid.*

En observant ainsi nos cousins primates et en se livrant à des expériences de neuro-imagerie extensives, l'anthropologue James Rilling a conclu que nous avions « des préférences émotionnelles pour la coopération qui ne [pouvaient] être surmontées que par des efforts de contrôle cognitif[1] ». En d'autres termes, notre réflexe premier est de prendre soin de l'autre ; seul notre esprit nous empêche d'agir en ce sens dès que l'occasion se présente.

*

Au final, nos deux fils furent admis dans des écoles de l'Upper West Side, et comme mon mari et moi travaillions tous les deux, les allers-retours entre leurs établissements et notre quartier à l'heure de pointe nous parurent au-dessus de nos forces. Nous avons donc déménagé de l'autre côté de la ville. Les mamans de l'Upper West Side sont réputées plus désinvoltes, plus affables et plus décontractées que celles de l'Upper East Side, et dans l'ensemble mon expérience corrobore cette image. Ici, personne ne se prend trop la tête à propos de qui joue avec qui après les cours ; leurs petites jambes pataudes guident spontanément les bambins jusqu'à l'aire de jeux la plus proche une fois que la cloche a sonné. Ici, il est très rare qu'on me charge ; jamais je n'ai l'impression de ne pas être assez bien habillée. Et j'habite plus près de Candace et Lily, à présent.

Pourtant, il m'arrive d'être un peu nostalgique de la propreté impeccable de l'Upper East Side, de cette

1. James Rilling, *in* Frans de Waal, *Le Bonobo, Dieu et nous*, *op. cit.*, p. 54.

sensation de sécurité, de la somnolence formelle et bien lustrée si chère à ce quartier. Quand l'envie me prend de voir mes copines de l'Upper East Side ou de me replonger dans l'ambiance (déjeuner chez Sant Ambroeus, passage en revue des nouveaux arrivages chez Charlotte Olympia, ou shopping sur Madison Avenue), ce n'est ni très long ni bien compliqué de franchir le parc. Nombre de mes amies de l'Upper East Side ayant des enfants scolarisés dans l'Upper West Side, il nous arrive aussi de nous retrouver de mon côté du monde. Comme tant d'autres habitants du nord de Manhattan, je transite de l'un à l'autre. Mais ces deux quartiers demeurent très distincts à mes yeux, comme pour la majorité des New-Yorkais. Cette différence, j'ai appris à l'aimer, à la percer à jour, à l'accepter depuis que je ne patauge plus dans les tranchées de l'Upper East Side, à tenter de le décoder par le menu, d'y faire mon trou, bon gré mal gré.

J'ai dû mettre mon Birkin au rancart. Lors d'un séjour touristique à Paris, j'ai consulté un médecin dans le VIe arrondissement au sujet d'un engourdissement dans le bras qui persistait. Les neurologues que j'avais vus à New York avaient écarté les scénarios graves, mais n'avaient aucune solution concrète à me proposer, aucune cause à suggérer. J'étais dans l'incapacité de me servir d'un clavier, ce qui s'avérait gênant, c'est le moins qu'on puisse dire, pour un écrivain. Durant ce voyage, j'avais passé plusieurs jours à me masser l'avant-bras droit et à me ronger les sangs. Assise derrière son bureau, la doctoresse parisienne très chic sonda, en bonne Parisienne chic, mon récit d'auteur incapable d'écrire, mais aussi ma tenue, mon sac et le moindre détail de mon apparence. Puis elle prononça son verdict d'une voix éminemment française. Elle désigna le coupable – mon sac – en ces termes : « *It's ze Birkahn, or ze writing. You shoooooze.* » « C'est le Birkin ou l'écriture. À vous de choisir. »

Lily a eu des jumelles il y a deux ans, et elle m'a choisie comme marraine. Je vois les filles presque tous les mardis et je prends très au sérieux ma mission consistant à être gaga d'elles et à les gâter. Elles regorgent d'énergie, de curiosité et de beauté, et avec elles on ne s'ennuie pas une seule seconde. Je ne connais personne qui prenne son rôle de maman plus à cœur que Lily ; pour ce qui est de gérer les enfants, elle est plus douée et plus calme que jamais je ne l'ai été avec un seul môme à la fois. Parfois, nous parlons de Flora, et elle me confie que ça ne s'arrange pas, que c'est toujours aussi dur, mais que, bien souvent, elle est heureuse ; alors je lui dis que je crois comprendre.

Mes fils sont grands, à présent. Ils savent faire toutes ces choses que nous, les Occidentaux, tenons tant à ce qu'ils maîtrisent : lire, écrire et compter, principalement. Je les enjoins à faire leur lit, à décrocher de leur iPad, à rédiger des mots de remerciement, à regarder les adultes dans les yeux et à parler poliment. Et puis la flemme me gagne et j'arrête de les seriner. En été, nous allons à la plage et je les observe en train de nager dans la piscine et de faire de la balançoire. Je les vois se joindre à des bandes de gamins qu'ils connaissent, ou pas, sur la plage et dans le quartier, tandis que je parle de la pluie et du beau temps avec les mères et pères que je connais, ou pas, assimilant le fait que, même en un lieu aussi précieux, policé et favorisé que l'Upper East Side ou son annexe, l'East End, l'enfance peut se révéler turbulente, spontanée, facile, et la maternité, relativement simple. De quoi se sentir bien.

Plusieurs fois par an, mon mari et moi partons en voyage sans les garçons – en Europe, la plupart du temps, ou vers d'autres destinations où ses affaires le mènent –, et quand nous sommes en vadrouille, je me languis de mes fils. Je m'émerveille des différences énormes entre le rapport à l'enfance et à la maternité d'un continent à l'autre. Et de constater à quel point les coutumes d'une toute petite tribu nichée dans un tout petit coin d'une toute petite île peuvent paraître étranges, fascinantes et émouvantes vues de si loin. Je songe aux paroles de Charles Darwin, pas celui dont l'œuvre a été vulgarisée et brandie aux quatre coins du globe pour faire l'apologie de l'individualisme dans tout ce qu'il a d'impitoyable, et pour justifier la notion du « gène égoïste », mais le Darwin père de famille, celui qui perdit trois enfants et qui eut tant de mal à s'en remettre, manquant devenir infirme, mais qui aida son épouse à en élever sept autres jusqu'à l'âge adulte, et qui parvint à trouver un équilibre entre son métier-passion et son rôle de parent, et dont les enseignements nous sont si précieux : « Les instincts sociaux poussent l'animal à trouver du plaisir dans la société de ses semblables, à éprouver une certaine sympathie pour eux, à leur rendre divers services[1]. »

*

Oui, je me sentais super enjouée, pleine de compassion et de générosité, contente à la fois de la mère et de l'écrivain en moi, ce jour où nous nous sommes retrouvés à une garden-party très bon enfant sur l'immense

1. Charles Darwin, *La Descendance de l'homme et la Sélection sexuelle* (1871), trad. Edmond Barbier, Complexe, 1981, vol. I, p. 104.

pelouse immaculée d'une immense demeure immaculée dans les Hamptons, il y a peu. Je venais de conclure le contrat d'un livre et de remettre le manuscrit à mon éditeur. Le titre faisait parler de lui à Hollywood. Dans les cercles fermés où j'évoluais toujours, les ragots allaient bon train et cette actualité faisait jaser. Les gens avaient envie d'en savoir davantage. La plupart se montraient bienveillants et m'exprimaient leur soutien : les parents de camarades et connaissances de mes fils, des personnes avec qui j'avais sympathisé en qualité de mère, me souhaitaient que ça marche, que le livre soit une réussite, sans oublier de poser une kyrielle de questions facétieuses sur les noms que je comptais citer. Tandis que nous discutions de ce sujet entre autres choses, comme la nouvelle école de nos enfants et leur acclimatation, mon fils aîné vint me voir. Écarlate, il se plaignit dans un souffle : « Maman, je me sens pas très bien. » Je me retournai et plaquai ma main sur son front ; il avait une fièvre carabinée. « Prends cette bouteille d'eau et va t'asseoir à l'ombre de l'arbre, là-bas, où il n'y a personne, et j'arrive tout de suite pour te ramener à la maison, mon chéri », lui dis-je, balayant l'assemblée du regard à la recherche de mon mari et de mon fils cadet.

C'est à cet instant qu'elle se matérialisa : la Reine des Reines des Abeilles, la plus mesquine des Mamans Mesquines. Je ne m'étais pas trop mal débrouillée pour l'éviter pendant de longs mois, me carapatant vers la cage d'escalier si jamais je l'apercevais dans un couloir à l'école, faisant volte-face pour parler à de vraies amies si j'avais le malheur de la croiser dans une soirée, et priant pour qu'elle passe son tour. Mais là, malgré moi, j'émis une sorte de hoquet, croisant les doigts pour qu'elle se dirige dans une autre direction.

D'ordinaire, elle ne me calculait même pas – et pour cause : pourquoi relever l'existence de quelqu'un que vous ne remarquez pas ? Même à travers le prisme ouaté de la reproduction et de la prise en charge communautaires, même quand je lui trouvais *in petto* des excuses (elle souffrait de troubles de l'alimentation ; apparemment, son mari la trompait ; ce ne devait pas être facile tous les jours d'être elle, même en Chanel nouvelle collection de pied en cap), toute interaction avec elle restait surhumaine. Les anecdotes récentes au sujet de sa méchanceté étaient légion. Elle s'en prenait à des femmes devant leurs amis, leur crachant au visage qu'elles étaient laides, qu'elles étaient stupides ou que quelque chose ne tournait pas rond chez leurs mômes. Je voyais en elle un tyran au cœur de pierre, ou pis encore, une impératrice sans oripeaux, nonobstant sa garde-robe Chanel. Comme elle était riche et influente, les gens qui levaient les yeux au ciel dans son dos étaient trop pétrifiés pour lui dire ses quatre vérités à propos de ses babouineries désobligeantes. Les directeurs d'école et consorts mettaient des œillères car les contributions de Madame n'étaient pas négligeables. Les autres encaissaient docilement ses remarques cassantes et s'attablaient à ses côtés lors des repas mondains, dans l'espoir de récupérer des miettes de… de quoi, au juste ? D'opportunités ? D'argent ? D'un froufrou ou d'un ruban arraché à l'une de ses panoplies de luxe ?

« Bonjour », fit-elle, l'air de regarder à travers moi. Mon esprit fit un bond et cahota. Je tressaillis.

« Oh, désolée, mais mon fils… » commençai-je, désarçonnée, regardant frénétiquement de gauche à droite, cherchant des yeux une issue de secours. Elle se fichait éperdument de ce que j'avais à dire et m'interrompit comme si je n'avais aucun droit de réagir à son salut.

« On m'a parlé de votre récit, enfin, de votre livre ou… peu importe ce que c'est. Comment ça s'appelle, déjà ? » Elle examina les lieux du regard, en quête d'interlocuteurs plus intéressants. Mon fils aîné me tapota le coude.

Je donnai à Madame le titre du livre avant de me tourner vers lui pour le rassurer en lui confirmant que oui, on allait y aller, tout de suite.

« Hum, c'est pas mal, comme titre, dit-elle d'un ton neutre, son regard effleurant mon fils avec indifférence, le temps d'un instant.

— Oh, merci. On doit y…

— J'imagine que c'est l'éditeur qui l'a trouvé. » Ce n'était pas une question, mais une affirmation. Impossible que tu aies pu pondre un bon titre, et encore moins un bon livre, etc. Je me ressaisis et fis volte-face pour lui tenir tête. Elle esquissa un sourire narquois.

« Non, il est de moi, ce titre », assénai-je d'une voix dure, la dévisageant sans ciller, à présent. Mon fils toussa. Fendue d'un rictus sarcastique, elle répliqua : « Mais oui, bien sûr. » L'espace d'une seconde, je me vis réagir comme l'avait fait une femme du sud de Manhattan, *downtown*, un jour que la Reine des Reines des Abeilles avait insulté son jeune fils. À ce qu'on racontait, elle avait posé la main sur l'épaule de Sa Majesté avant de proférer, solennelle : « Personne. Ne. Peut. Vous. Sentir. » Puis elle s'était contentée de tourner les talons. Elle avait l'étoffe d'un Paul Bunyan, cette femme qui en avait, et son acte légendaire était passé à la postérité *via* les chansons et les ragots.

Or, sans me laisser le temps de décider que dire ou que faire, mon fils interrompit ma rêverie. Comme au ralenti, en bon petit garçon obéissant, formaté par des années d'entraînement, il tendit la main à Sa Majesté, en toute innocence. Je me vis, toujours au ralenti, tel un héros de film d'action, couvrir d'un bond la distance qui les séparait, intercepter cette menotte d'un geste théâtral en hurlant : « NOOOOOOOOOOOOOOOOON ! » Pour lui épargner, à cette autre maman, un de ces rhumes de rentrée tant redoutés. Pour veiller sur elle, comme l'avaient fait celles qui m'avaient témoigné de la compassion, car elle courait, de toute évidence, un danger. Je me vis affalée sur le gazon, ma robe maculée de terre et de verdure à cause de mon acte de gentillesse héroïque. La Reine des Reines des Abeilles m'adressa un regard plein de surprise et de gratitude.

Puis ce fut le retour au réel sur une pelouse ensoleillée, et je ne bougeai pas d'un iota lorsqu'elle saisit la main de mon fils, mollement, sans lui manifester le moindre intérêt. Je l'éloignai d'elle sans même articuler un « au revoir », avant de prendre congé de nos hôtes et de les remercier à la hâte, ayant trouvé mon mari et mon cadet. Et je remarquai, en me retournant pour embrasser une dernière fois la fête du regard, que Sa Majesté, sur le départ, elle aussi, s'essuyait les yeux et le nez avec la main dont elle s'était servie pour accepter la salutation de mon fils tout fébrile. Oui, la même main.

Mon fils s'en tirerait très bien avec un peu d'ibuprofène et de repos, je le savais. Le soleil amorçait sa descente sur fond d'azur lumineux, et je sentis une puissante vague de bonheur déferler sur moi sans se presser, tandis que notre petite famille rentrait à la maison, vitres baissées pour mieux se gorger de cet après-midi magnifique.

SOURCES

Baumeister, Roy, et Tice, Dianne. « Anxiety and Social Exclusion. » *Journal of Social and Clinical Psychology* 9, n° 2 (1990) : 165-195.

Beck, Taylor. « Estrogen and Female Anxiety : Study Suggests Lower Levels Can Lead to More Mood Disorders. » *Harvard Gazette*, 9 août 2012.

Bell, Adrian, Hinde, Katie, et Newson, Lesley. « Who Was Helping ? : The Scope of Female Cooperative Breeding in Early Homo. » *PlosOne*, décembre 2013 (http://www.plosone.org/article/info%3Adoi%2F10.1371 %2Fjournal. pone.0083667).

Bennetts, Leslie. *The Feminine Mistake : Are We Giving Up Too Much ?* New York : Voice, 2007.

Blurton-Jones, Nicholas. « The Lives of Hunter-Gatherer Children : Effect of Parental Behavior and Parental Reproductive Strategy. » *In* Pereira, Michael E., et Fairbanks, Lynn A., eds. *Juvenile Primates : Life History, Development, and Behavior*. New York : Oxford University Press, 1993 : 309-326.

Bogin, Barry. « Evolutionary Hypotheses for Human Childhood. » *Yearbook of Physical Anthropology* 40 (1997) : 63-89.

Campbell, A., et Haussman, M. « Effects of Oxytocin on Women's Aggression Depend on State Anxiety. » *Aggressive Behavior* 39, n° 4 : 316-322.

Carmon, Irin. « Strong Proof : "Drink" and "Her Best-Kept Secret". » *Sunday Book Review, New York Times*, 13 novembre 2013. Consulté en ligne le 14 avril 2014 à l'adresse suivante : www.nytimes.com/2013/11/17/books/review/drink-and-her-best-kept-secret.html

Cronk, L., Chagnon, N., et Irons, W., eds. *Adaptation and Human Behavior : An Anthropological Perspective.* Hawthorne, NY : Aldine de Gruyter, 2000.

Deans, Emily, MD. « Dieting Can Make You Lose Your Mind ». Édition en ligne, *Psychology Today*, consulté le 24 mars 2011, à l'adresse suivante : www.psychologytoday.com/blog/evolutionary-psychiatry/201103/dieting-can-make-you-lose-your-mind.

De Waal, Frans, *Le Bonobo, Dieu et nous. À la recherche de l'humanisme chez les primates* (titre original : *The Bonobo and the Atheist : In Search of Humanism Among the Primates*). Trad. Françoise et Paul Chemla. Paris : Les Liens qui libèrent, 2013.

Donner, Nina, et Lowry, Christopher. « Sex Differences in Anxiety and Emotional Behavior. » *European Journal of Physiology* 465 (2013) : 601-626.

« Generalized Anxiety Disorder : An In-Depth Report. » *New York Times*. Consulté en ligne à l'adresse suivante : www.nytimes.com/health/guides/disease/generalized-anxiety-disorder/print.html.

Gesquiere, L., *et al.* « Life at the Top : Rank and Stress in Wild Male Baboons. » *Science* 333 (2011) : 357-360.

Glaser, Gabrielle. « Why She Drinks : Women and Alcohol Abuse. » *Wall Street Journal*, 13 juin 2013. Consulté en ligne le 12 avril 2014.

——. *Her Best-Kept Secret : Why Women Drink – and How They Can Regain Control*. New York : Simon & Schuster, 2013.

Grant, Adam M., et Schwartz, Barry. « Too Much of a Good Thing : The Challenge and Opportunity of the Inverted U. » *Perspectives on Psychological Science* 6 (2011) : 61.

Hays, Sharon. *The Cultural Contradictions of Motherhood*. New Haven, CT : Yale University Press, 1996.

——. « The Ideology of Intensive Mothering. » In *From Sociology to Cultural Studies : New Perspectives*, ed. Elizabeth Long. New York : Blackwell, 1997.

Hewlett, Barry, et Lamb, Michael, eds. *Hunter Gatherer Childhoods : Developmental and Cultural Perspectives*. Piscataway, New Jersey : Aldine Transaction, 2005.

Hoffman, Stephan, et Asnani, Anu. « Cultural Aspects in Social Anxiety and Social Anxiety Disorder. »

Depression and Anxiety 27, nº 12 (décembre 2012) : 1117-1127.

Hrdy, Sarah Blaffer. *Mothers and Others : The Evolutionary Origins of Mutual Understanding*. Cambridge, Massachusetts : Harvard University Press, 2009.
——. *Les Instincts maternels* (titre original : *Mother Nature. A History of Mothers, Infants and Natural Selection*). Trad. Françoise Bouillot. Paris : Payot, 2002.

Konner, Melvin. *The Evolution of Childhood : Relationships, Emotion, Mind*. Cambridge, Massachusetts : Harvard University Press, 2010.

Kramer, Karen. « Variation in Children's Work among Modern Maya Subsistence Agriculturalists. » Thèse. University of New Mexico, 1998.
——. *Maya Children : Helpers at the Farm*. Cambridge, Massachusetts : Harvard University Press, 2005.

Lurey, David. *The Anthropology of Childhood : Cherubs, Chattel, Changelings*. Cambridge, Royaume-Uni : Cambridge University Press, 2008.

Malinowski, Bronisław. *Journal d'ethnographe* (titre original : *A Diary in the Strict Sense of the Term*). Trad. : Tina Jolas. Paris : Seuil, 1985.

Mauss, Marcel. *Essai sur le don. Formes et raison de l'échange dans les sociétés archaïques*. Préface de Florence Weber. Paris : Presses universitaires de France, 2007.

Offer, Shira, et Schneider, Barbara. « Revisiting the Gender Gap in Time-Use Patterns : Multitasking and Well-Being among Mothers and Fathers in Dual-Earner Familie. » *American Sociological Association* 76, n° 6 (2011) : 809-833.

Sapolsky, Robert. *A Primate's Memoir : A Neuroscientist's Unconventional Life Among the Baboons.* New York : Scribner, 2002.

——. « Peace Among Primates » et « How to Relieve Stress ». Consultables à l'adresse suivante : www.beinghuman.org/mind/robert-sapolsky.

Scutti, Susan. « Binge Drinking – Rich Women Most Likely to Binge Drink. » *Medical Daily*, 24 avril 2013. Consulté en ligne le 14 avril 2014.

Shostak, Marjorie. *Nisa : une vie de femme* (titre original : *Nisa : The Life and Words of a !Kung Woman.*) Trad. Françoise Bouillot. Paris : Payot/Rivages, 2010.

Small, Meredith. *Our Babies, Ourselves : How Biology and Culture Shape the Way We Parent.* New York : Random House, 1999.

——. *Kids : How Biology and Culture Shape the Way We Parent Young Children.* New York : Random House, 2002.

Smith, Harriet J. *Parenting for Primates.* Cambridge, Massachusetts : Harvard University Press, 2005.

Smuts, Barbara. « The Evolutionary Origins of Patriarchy. » *Human Nature* 6, n° 1 (mars 1995) : 1-35.

Sterck, Elisabeth, *et al.* « The Evolution of Female Social Relationships in Nonhuman Primates. » *Behavioural Ecology and Sociobiology* 41 (1997) : 291-309.

Stockley, P. et Campbell, A., eds. *Female Competition and Aggression : Interdisciplinary Perspectives. Philosophical Transactions of the Royal Society/ Biological Sciences*, octobre 2013.

« Summary of Vital Statistics 2012, The City of New York : Pregnancy Outcomes. » Département de la Santé et de l'Hygiène mentale de la Ville de New York, 2014.

Symons, Jane. « Caveman Fasting Diet May Leave Women Diabetic. » *Express* (qui héberge le *UK Daily* et le *Sunday Express*), 27 janvier 2013. Consulté en ligne le 13 avril 2014.

« Take Care Upper East Side. » *Community Profiles*. Département de la Santé et de l'Hygiène mentale de la Ville de New York, 2006.

Thompson, Clive. « The Ecology of Stress. » *New York Magazine*, 15 septembre 2010. Consulté en ligne à l'adresse suivante : http://nymag.com/nymetro/urban/features/stress/10888/

Volk, A. A., et Atkinson, J. « Is Child Death the Crucible of Human Evolution ? » *Journal of Social and Cultural Evolutionary Psychology* 2 (2008) : 247-260

Walter, Chip. « Why Are We the Last Apes Standing ? How Childhood Helped Modern Humans Conquer the Planet. » *Slate*, 29 janvier 2013. www.slate.com/articles/health_and_science/science/2013/01/evolution_of_childhood_prolonged_development_helped_homo _sapiens_succeed.html.

Warner, Judith. *Mères au bord de la crise de nerfs. La maternité à l'ère de la performance* (titre original : *Perfect Madness : Motherhood in the Age of Anxiety*). Trad. Marie-Sylvie Rivière. Paris : Albin Michel, 2006.

Weisner, Thomas, et Gallimore, R. « My Brother's Keeper : Child and Sibling Caretaking. » *Current Anthropology* 18 (1977) : 169-190.

REMERCIEMENTS

Je tiens à exprimer ma gratitude envers les jeunes mamans qui m'ont appris à devenir une mère de l'Upper East Side. Au départ, je me méfiais d'elles autant qu'elles se méfiaient de moi, mais elles ont prouvé ce qui n'a échappé à aucun primatologue : que nous sommes des êtres remarquablement sociaux et affiliatifs façonnés en grande partie par notre rapport au rôle de parents, processus long, intense et extrêmement collaboratif au sein de notre espèce. Le groupe de mères de l'Upper East Side qui nous ont pris sous leur aile, mon projet et moi, se sont révélées des guides indigènes habiles et généreuses, elles m'ont ouvert la voie tout en me donnant accès au système de croyances qui la sous-tendait, et ce avec intelligence, humour et une bonne dose de facétie. Elles m'ont fait part d'anecdotes désopilantes ou poignantes touchant à toutes les questions majeures qui taraudent les primates : le pouvoir, le rôle de parent, la sexualité, l'angoisse, la perte, pour n'en citer que quelques-unes. Elles m'ont emmenée en coulisse, m'ouvrant leurs chez-elles, partageant avec moi leurs idées, leurs pensées, leurs sentiments et – denrée non négligeable pour nous, grands singes – leur nourriture. Grâce à elles, je me suis émancipée de mon statut initial d'intruse pour goûter à la chaleur du feu de camp dont on se délecte en bonne compagnie. Je suis au moins aussi redevable aux amis qui m'ont prêté une oreille attentive, qui m'ont conseillée et qui m'ont aidée à contextualiser les choses. Merci, alors, à Regan Healy-Asnes, Lindsay Blanco, Jackie Cantor, Vivien Chen, Amy Fusselman, Elizabeth Gordon, Lauren Geller, Barrie Glabman, Judith Gurewich, Marjorie Harris, Eva Heyman, Suri Kasirer, Jennifer Kingson, Kelly Klein, Ellen Kwon, Nancy Lascher, Simone Levinson, Wellington Love, Eve MacSweeney, David Margolick, Jennifer Maxwell, Jackie Mitchell, Liz Morgan Welch, Arianna Neumann, Solana Nolfo, Jeff Nunokana, Debbie Paul, Rebecca Rafael, Barbara Reich, Tina Lobel-Reichberg, Jessica Reif-Cohen, Atoosa Rubenstein, Erica Samuels, Jen Schiamberg, Caroline Schmidt, Adam Schwartz, Carole Staab, Dana Stern, Rachel Talbot, Amy Tarr et Amy Wilson.

Son travail d'édition perspicace, incisif et dénotant d'une grande patience, Trish Todd l'a entrepris avec la sensibilité d'une mère qui sait exactement dans quelle mesure les autres mères se montrent protectrices avec leurs bébés. Elle s'est comportée (et se comporte toujours) en chamane du livre *par excellence**. Merci à Richard Pine, qui a répondu à l'appel du devoir et bien plus encore, et à Sandi Mendelson, qui jamais ne connaît de répit. Bethany Saltman m'a apporté une aide incommensurable en ce qui concerne les recherches. Je suis également reconnaissante aux professeurs Katherine MacKinnon, Richard Prum, Katie Hinde et Dan Wharton pour avoir pris le temps d'éclairer la lanterne d'une néophyte et pour ne pas avoir laissé ses méprises initiales au sujet de leur vision du monde ébranler leur générosité et leur force d'âme. Toute imperfection dans les parties scientifiques de cet ouvrage serait entièrement de mon fait. Merci également aux spécialistes Heidi Waldorf, MD, Dennis Gross, MD, Stephanie Newman, PhD, et Rachel Blakeman, JD/LCSW, dont les connaissances et apports au sujet de la beauté et de l'angoisse ont nourri ma réflexion sur ces sujets.

Sans le dévouement de plusieurs alloparents qui s'occupent de mes enfants, jamais je n'aurais pu écrire ce livre. Merci à Carlos Fragoso, Elizabeth Dahl et Sarah Swatez. Mes enfants se sont beaucoup attachés, à travers des liens vrais, pleins de sens, à leurs cousins, oncles, tantes, grands-parents et demi-sœurs, à qui je dois beaucoup. Merci à ma propre mère, qui a trouvé, je ne sais trop comment, le temps de m'insuffler l'amour de l'anthropologie, de la biologie, de Gloria Steinem, de Jane Goodall et ses chimpanzés de Gombe, alors qu'elle élevait trois enfants loin de sa famille sans aucune nounou. Un merci tout particulier à mon amie Lucy Barnes, qui avec sa générosité et sa gentillesse légendaires n'a presque pas laissé passer un jour dans me demander : « Alors, ça avance, ton livre ? », et qui a fait de moi la marraine de ses filles, Sylvie et Willa.

Mes enfants, Eliot et Lyle, m'ont appris à prendre le risque que représente l'amour maternel. Je vous aime, mes petits ouistitis. Et enfin, mon lecteur le plus fidèle, le meilleur choix que j'aie jamais fait, c'est mon mari, Joel Moser. Grâce à lui, je suis devenue mère, et j'ai appris que, si la vie de couple est une anomalie et une interférence infime sur l'écran de l'évolution humaine, on peut très bien s'y sentir chez soi. Et pour cela, il a ma reconnaissance éternelle.

TABLE DES MATIÈRES

Introduction 9

1. Comme il faut 29
2. Personne ne veut jouer avec moi 69
3. « Indigénisation » : Maman veut un Birkin 109
4. Manhattan Geisha 143
5. Soirée filles à la maison 175
6. Un Xanax et un bloody mary : mamans de Manhattan au bord de la crise de nerfs 219
7. Jour de pluie 260
8. Notes de terrain – synthèse 303

Sources 323
Remerciements 331

MIXTE
Papier issu de
sources responsables
FSC® C003309

10/18, une marque d'Univers Poche,
est un éditeur qui s'engage pour
la préservation de son environnement
et qui utilise du papier fabriqué à partir
de bois provenant de forêts gérées
de manière responsable.

Imprimé en France par CPI

N° d'impression : 3027506
X07208/01